加强判解研究
推进司法改革

肖扬
二〇〇〇年
七月一日

2014年第1辑
总第67辑

判解研究

中国人民大学民商事法律科学研究中心　主办
王利明·主编

人民法院出版社

图书在版编目(CIP)数据

判解研究.2014年.第1辑:总第67辑/王利明主编.—北京:人民法院出版社,2014.10
ISBN 978-7-5109-1054-8

Ⅰ.①判… Ⅱ.①王… Ⅲ.①判例-研究-中国-丛刊②法律解释-研究-中国-丛刊 Ⅳ.①D920.5-55

中国版本图书馆 CIP 数据核字(2014)第221810号

判解研究
总第67辑(2014年第1辑)
中国人民大学民商事法律科学研究中心 主办
王利明 主编

责任编辑 吴秀军 兰丽专
出版发行 人民法院出版社
地　　址 北京市东城区东交民巷27号 邮编 100745
电　　话 (010)67550626(责任编辑) 67550558(发行部查询)
65223667(读者服务部)
客服 QQ 2092078039
网　　址 http://www.courtbook.com.cn
E-mail courtpress@sohu.com
印　　刷 三河市国英印务有限公司
经　　销 新华书店
开　　本 787×1092毫米 1/16
字　　数 258千字
印　　张 15.75
版　　次 2014年10月第1版 2014年10月第1次印刷
书　　号 ISBN 978-7-5109-1054-8
定　　价 38.00元

目录 CONTENTS

◇海外案例选介

◇调查与研究

以开放心态融入互联网　以法治方法规制互联网

奚晓明*

贯彻实施党的十八届四中全会所提出的全面推进依法治国的重大部署，要求人民法院通过加强审判体系建设，促进法治实施体系、监督体系和保障体系建设，这既是人民法院在新时期承担的重要任务，也是人民法院面临的重大挑战。完成这个任务，需要人民法院与时俱进，积极应对经济社会的变迁，发挥司法裁判的法治实施功能；需要人民法院深入研究问题，及时提出符合法治精神的解决思路和方案；需要人民法院直面现实需求，以法治方法平衡社会利益、调节社会关系、规范社会行为，让人民群众在每一个司法案件中感受到公平正义。

近些年，中国乃至全世界最引人瞩目的变化就是现代信息技术产业体系的发展，信息网络技术的广泛应用。在我国，信息产业和网络技术成为推进经济结构战略性调整的重要内容。互联网以前所未有的速度发展，互联网技术日新月异，互联网产业蓬勃繁荣，互联网已经成为我国经济创新发展的关键性基础设施。云计算技术、大数据技术、移动互联网等新技术纷纷登场。互联网的第二次浪潮

* 最高人民法院党组成员、副院长、审判委员会委员，二级大法官。

已经到来!

与前一次互联网浪潮相比，这次互联网浪潮至少呈现出几个特色：一是互联网与传统行业的高度融合。无论是零售业、房地产、旅游业还是金融业、教育等等这些传统行业，都开始拥抱互联网，融入互联网，并在此基础上，推出产业创新。二是线下产业与线上产业的无缝对接。从互联网到物流网，从线上到线下，实现了无缝对接。三是社交网络的发展使互联网趋向内容社区与商务的高度结合。四是从传统互联网全面转向移动互联网。

在互联网技术及产业大发展的时代背景下，以开放的心态融入互联网，既是现实的需求，也是发展的要求。只有以开发的心态融入互联网，才能全面贯彻最高人民法院推进司法公开的工作部署，加快信息化建设步伐，才能顺利完成审判流程、裁判文书、执行信息公开三大平台建设，构建开放、动态、透明、便民的阳光司法机制。一言以蔽之，只有以开放的心态融入互联网，人民法院的工作才能与时代同步，才能满足国家治理体系和治理能力现代化的要求。

与此同时，互联网的发展也对司法审判提出了新的需求。例如，传统行业与互联网的结合，使不少诉讼具有了传统诉讼所没有的因素和特点；社交网络的发展，引发了大量的名誉权、隐私权诉讼；社交网络与电子商务的高度结合，引发了大量的侵害商业信誉的案件；互联网产品及服务形态的变化，使网络服务提供者的责任方式和责任形态更加复杂等等。

为了解决这些问题，最高人民法院公布了《关于审理利用信息网络侵害人身权益民事纠纷案件适用法律若干问题的规定》（以下简称本司法解释），这是最高人民法院继2013年《关于审理侵害信息网络传播权民事纠纷案件适用法律若干问题的解释》（2013年1月1日施行）、《关于办理利用信息网络实施诽谤等刑事案件适用法律若干问题的解释》（2013年9月10日施行）后，有关涉互联网案件的又一个司法解释，也是最高人民法院贯彻党的十八届三中全会提出的加大依法管理网络力度的重要举措。

这个司法解释，涉及亿万网民的切身利益和互联网行业的发展，关系到互联网秩序的构建和人们互联网行为的规范，只有准确地把握其规范目的，理解其精神实质，才能达到应有的目的，实现既有的目标。

我认为，适用这个司法解释，应当重点处理好以下五个方面的问题：

一是处理好权益保护与信息自由的关系。利用互联网侵害他人人身权益，最重要的表现形式就是通过网络信息的传播造成他人损害。要保护民事主体的人身权益，就意味着要在一定程度上限制信息的自由传播，这就必然会涉及权益保护与信息自由的关系。本司法解释的一个非常重要的原则是，要在权益保护与信息自由之间取得平衡，既要对人们的人身权益给予充分的保护，也要最小限度地限制信息的自由传播。例如，在适用侵权责任法第三十六条第二款时，司法解释第五条、第七条、第八条所构建的规范体系是：一方面，要求通知人的通知必须明确指出涉嫌侵权信息的网络地址，否则不产生通知的效力。另一方面，在有效通知的前提下，网络服务提供者仍可自主判断是否采取删除等措施。这种安排能够使网络服务提供者准确定位涉嫌侵权的信息，不因模糊通知、宽泛通知而“误删”信息。同时，也能够最大可能地保证非侵权信息的继续传播。

处理好权益保护与信息自由的关系，在实体判断上，还要注意互联网技术发展和产品类型与裁判标准的互动关系。例如，微博、微信等新的社交媒体急速发展的背景下，人民法院在裁判过程中就要注意互联网技术对于人们交往方式的改变，以及由此改变所导致的人们言论尺度和容忍限度的变化，要根据互联网技术的发展，根据社会的通常标准判断言论自由的限度，保护人们的合法权益。

处理好权益保护与信息自由的关系，还要注意对不同主体的不同要求。司法解释第十条贯彻了权利义务相一致的原则，专业媒体、自媒体以及不同影响力的自媒体，从互联网中获得的利益不同，所负担的注意义务也不一样。影响力越大，所负担的注意义务就越高，这一判断标准，在尊重互联网技术发展的同时，保障了不同主体应享有的言论自由，保护了民事主体的人身权益。

二是处理好司法手段与其他手段之间的关系。对互联网的管理、规制和调整，是一个全方位的事业，需要立法、行政和司法手段的协同配合，缺一不可。但是，要看到，司法手段，尤其是民事诉讼手段往往是事后的规制方式，是一种下游规制。对互联网的有效规制，同时也需要从立法和行政手段入手，完备的法律规范体系是依法规范互联网秩序的前提，高效的依法行政是规范互联网秩序的重要保障，在不少情形下，这些上游和中游的规制手段和方法更有效率，不可替代。在此意义上，人民法院应当清醒地认识到民事诉讼对互联网规制的边界和效力，实事求是，既要最大限度地发挥司法的事后调整功能，也要看到立法与行政手段的不可或缺性，及时提出司法建议。例如，针对违法收集、利用个人信息的行为，通过司法手段尤其是私法手段予以规制和惩罚，在效果上往往不如通过行政手段或刑罚手段好。在制度上，需要公益诉讼等制度予以配合。所以，需要人民法院根据实践发展，深入研究，逐步探索，妥善处理好立法、行政和司法的关系。

三是处理好互联网秩序与互联网发展的关系。开放、自由、规范、有序的互联网秩序的实现，需要准确确定网络服务提供者的权利和义务。一般而言，赋予网络服务提供者的审查义务越重，网络秩序就越规范。但是，过重的审查义务必将阻碍互联网的发展，也必将阻碍以信息化、互联网化为特征的新的技术革命的发展。但是，网络服务提供者所负担的义务过轻，则可能会导致互联网秩序混乱不堪，互联网发展的成果难以为人民群众所享有，失其本来的意义。

在司法上，妥当认定网络服务提供者的权利义务范围，应重点理解本司法解释第六条、第七条、第九条规定的精神，重点注意以下几点：一是网络服务提供者采取的措施是否"及时"，应当根据网络服务的性质、有效通知的形式和准确程度、网络信息侵害权益的类型和程度等因素综合判断。并且，同时也要考虑到侵权信息的数量与技术实现的可能性。二是网络服务提供者及时采取措施后的"免责"，是指"双向免责"，既免除对被侵权人的责任，也免除对网络用户的责任。三是在判断网络服务提供者是否"知道"的因素上，要结合具体案情，避免僵化。

四是处理好个人信息保护与个人信息利用之间的关系。个人信息的电子化、数据化，在相当大的范围内，使个人信息从传统隐私权的范围中脱离出来，具有独立保护的意义。《全国人民代表大会常务委员会关于加强网络信息保护的决定》在法律层面已经确立了个人信息尤其是个人网络信息保护的原则。要看到，在大数据时代，包括个人信息在内的信息收集和利用，具有十分重要的、甚至是基础性的意义。从其他国家尤其是欧盟和美国的立法和司法实践来看，个人信息保护的严格程度与其互联网产业的发展呈反相关关系。因此，个人信息保护与个人信息利用之间的关系也是司法层面必须慎重对待的问题。

处理好个人信息保护与个人信息利用的关系，在司法层面，应注意以下几点：一是要认识到个人信息的范围处于不断发展过程中。本司法解释所列举是目前常见的、对于个人比较重要或敏感的信息，但个人信息的范围显然并不限于此。二是要注意公共利益的把握。在一定范围内公开他人个人信息在不少场合是必要的，人民法院应在实践中逐步将公共利益等例外逐步类型化。三是要重视个人的信息自主权。即使权利主体自身公布的信息，在满足司本司法解释规定的条件下，也有权要求网络服务提供者予以删除。

五是要处理好诉讼机制与责任形式的适用。利用互联网侵害人身权益案件，相当突出的特点是互联网的匿名性、互联网技术的偏在性。从而在事实上导致侵权人处于技术优势地位。为了解决这种事实上的不平等性，本司法解释第四条明确规定，人民法院根据原告的请求，可以要求网络服务提供者提供涉嫌侵权的匿名网络用户的个人信息，人民法院在必要情况下可以采取民事诉讼强制措施。需要注意的是，在民事诉讼强制措施的使用上，人民法院应当重点注意：一是强制措施的目的是为了惩罚妨害民事诉讼的当事人；二是人民法院要求网络服务提供者提供涉嫌侵权的网络用户的个人信息必须以原告在诉讼中请求为前提；三是人民法院采取强制措施以网络服务提供者能提供无正当理由拒不提供为条件。所以，这就要求人民法院在采取相应措施时应当考虑技术上的可行性。

关于责任形式，应重点注意以下几点：一是要认识到不同责任形式的不同作用，根据原告请求，综合运用多种责任形式，实现侵权责任功能的最大化和最优化；二是要看到各种责任形式的利弊，避免责任形式运用不当，导致被侵权人损害加大或二次损害；三是要看到精神损害赔偿的保护、调整、补偿和惩罚等多种功能，根据具体案件，发挥精神损害赔偿多重功能的特点；四是要充分发挥财产损害赔偿的效用，以加大侵权人的违法成本、合理分配维权成本为基本的价值导向，通过司法实践进一步发挥司法解释的制度功能。

总而言之，在互联网时代，人民法院只有以开放心态融入互联网，以开拓精神研究互联网，以法治手段规制互联网，提升司法裁判应对互联网社会的能力，应势而动、顺势而为，才能为创造自由、开放、规范、有序的互联网环境提供司法保障！

论房屋买卖预告登记对租赁合同效力的影响

蒋卫君[*]　邱　鹏[**]

一、案例与问题

团结公司与大西洋公司签订了一份《商品房买卖合同》，约定团结公司将A商品房出售给大西洋公司，并办理了房屋买卖预告登记。随后，大西洋公司付清全款，办理了A商品房的产权登记，取得了房屋产权证书。但在房屋买卖合同办理预告登记后至大西洋公司办理产权登记前的期间里，在大西洋公司不知情的情况下，团结公司又将A商品房出租给天空公司开办酒店，约定租赁期共计20年。租赁合同未办理登记备案。

大西洋公司取得房屋所有权后，向天空公司发出通知函称，团结公司与天空公司之间的租赁合同，系在大西洋公司不知情的情况下签订的，未经大西洋公司同意，因此属于无效合同。接通知后，天空公司称，根据房屋所有权未经变更登记不发生转移的原则，在签订租赁合同时，A商品房并未登记过户给大西洋公司，团结公司仍然是A商

* 北京师范大学法学院博士研究生，中国医学科学院北京协和医学院副研究员资格。
** 最高人民法院执行局法官助理。

品房的所有人，租赁合同早于所有权变动，因此，租赁合同合法有效。

本案案情并不复杂，但涉及的问题颇有意义，即：房屋买卖预告登记后，又将该房屋出租的，租赁合同效力如何。该问题牵涉对合同法第229条、物权法第20条法律漏洞的认定及填补问题。

二、法律漏洞的认定及填补

（一）法律漏洞的认定

追求完满，是人之天性。但天地不全，岂人力所能与耶！① 一部法律制定时，即使穷尽人间智巧，也不敢自夸已臻完满。相反，现代法学理论普遍认为，凡制定法皆可能存在法律漏洞。② 法律漏洞，也即“法律体系上之违反计划的不圆满状态”③，具体所指就是“法律依其内在目的及规范计划，应有所规定，而未设规定”④，可视之为“理想很丰满、现实很骨感”的法学例证。依学者见解，构成法律漏洞必须具备两方面的条件：一是违反计划性，即依法律之内涵目的，本应对某生活类型问题予以规定，但却未予规定；二是不完满性。遇到特定现实问题时，因该问题所属生活类型未被法律规定，人们无法直接找到法律答案。⑤

依据不同的标准，可将法律漏洞分成若干类型。以法律对系争问题是否设有规范为标准，法律漏洞可分为明显漏洞与隐藏漏洞。明显漏洞又称公开漏洞，是指依法律的内涵体系及规范目的，应对某个法律问题积极设置规定却未加规定。隐藏漏洞则指法律对某个问题虽然已经设有规定，但根据法律的内涵体系及规范目的，必须针对该问题的特殊情况设置限制性的特别规定，却付之阙如。⑥

---

① 唐僧师徒返程时在石板上晾晒被浸湿的经文，不料却被石板沾破，导致佛经不全，因生此浩叹。见吴承恩：《西游记》，人民文学出版社1980年版，第1186页。

② 梁慧星：《民法解释学》，法律出版社1995年版，第247页。

③ 黄茂荣：《法学方法论》，台湾大学法律学系法学丛书编辑委员会1993年版，第328页。

④ 王泽鉴：《民法概要》，北京大学出版社2009年版，第18页。

⑤ 参见曲茂辉：《类推适用的私法价值与司法运用》，载《法学研究》2005年第1期。

⑥ 参见崔建远：《我国民法的漏洞及其填补》，载《吉林大学社会科学学报》1995年第1期。

（二）法律漏洞的填补

法律漏洞应予填补，这是“司法不得拒绝裁判”原则的必然要求，因为既然法无明文规定不是法官推脱审判责任的理由，那么填补法律漏洞就成为其应负的义务，否则审判将无法进行。填补法律漏洞大致有两种方法：一靠习惯，二靠法理。在法理方法中，类推适用与目的限缩是重要的两种。

“类推适用者，就法律所未规定之事项，适用类似事项之规定也”①，通俗地说就是，A类案件无法律规定，而B类案件有法律规定，如果A类案件与B类案件类似，则可将B类案件的法律规定适用于A类案件。逻辑本质上，类推适用迥异于从一般到特殊的演绎、也不同于从特殊到一般的归纳，其并不完全符合形式推理的要求，实际上是一种以形式推理为表现形式之实质推理。② 在这里，实质推理的关键就是对“类似性”的认定，这种类似必须是“与法律评价有关的重要观点上——彼此相类”③：首先，应探求某项法律规定之规范目的（法律理由），其次，则需进一步判断能否基于同一法律理由，将该规范类推适用于其他未为规定的事项。④

“目的性限缩，系指对法律文义所涵盖的某一类型，由于立法者之疏忽，未将之排除在外，为贯彻规范意旨，乃将该一类型排除在该法律适用范围外之漏洞补充方法。”⑤ 与类推适用在于扩张法条适用范围相反，目的性限缩则在于限制法条适用范围。如此，仅从文本字面含义看，应被某法条涵盖的待决案件，基于立法目的考虑，却将被排除在该法条的适用范围之外。

类推适用和目的性限缩，功效各异，用武之地也自不相同。对照前述明显漏洞和隐藏漏洞的概念，可以发现，类推适用适于填补明显漏洞，而目的性限缩则正合填补隐藏漏洞。

---

① 李宜琛：《民法总则》，台湾地区台北正中书局1977年第6版，第24页。

② 参见张保生：《法律推理的理论与方法》，中国政法大学出版社2000年版，第245页。

③ ［德］卡尔·拉伦茨：《法学方法论》，陈爱娥译，台湾地区五南图书出版公司2000年版，第290页。

④ 参见王泽鉴：《民法概要》，北京大学出版社2009年版，第18页。

⑤ 杨仁寿：《法学方法论》，中国政法大学出版社1999年版，第152页。

三、相关法条之审视与分析

与本文所讨论问题关系最密切的是合同法第229条、物权法第20条。合同法第229条规定了“买卖不破租赁”原则，即租赁物在租赁期间发生所有权变动的，不影响租赁合同的效力。但该条是否考虑到这样一种情况，即所有权的变动虽然发生在租赁期间，但是预告登记却在租赁之前，此时，是否仍应绝对贯彻“买卖不破租赁”原则？换言之，该条是否存有隐藏漏洞？而物权法第20条有关预告登记效力的核心表述是，预告登记后，未经预告登记的权利人同意，处分该不动产的，不发生物权效力。这里有两个问题需要探讨：其一，所谓“处分”具体何指？将预告登记对抗的行为仅限于“处分”是否存在明显漏洞？其二，未经预告登记人权利人同意，处分该不动产的，一律不发生物权效力，是否过于绝对，有无存在隐藏漏洞？

“买卖不破租赁”原则，自19世纪发展至现代，已经有了较为丰富的内涵，在很多国家，其适用时也需遵循一定的条件，绝非合同法第229条聊聊数语所能涵盖。例如，租赁物应限于不动产或者依法设有登记制度的某些特定动产，租赁物须已交付承租人使用，租赁合同须依法办理登记备案等。关于登记备案这一要件，学者指出，成立在前的租赁权之所以具有对抗成立在后的物权的效力，正是因其备案而具有了公示性，因而成了“物权化”了的租赁权。而未有公示表征之租赁权，则纯属普通债权，得被物权所破除，物权优于债权的一般规则仍得适用。这样才使得第三人不致因对租赁关系一无所知，贸然买下房屋，受到未曾预料的损害或负担。① 可以看出，第一，租赁合同应办理登记备案后才具有一定的对世效力，才可适用“买卖不破租赁”原则，否则，承租人不得以“买卖不破租赁”为由，要求买受人接受租赁合同的约束。一些地方立法已经对此作出了相应规定，如《上海市房屋租赁条例》第15条第2款就规定：“房屋租赁合同未经登记备案的，不得对抗第三人。”② 第二，在租赁合同已办理登记备案的情况下，债权性质的租赁权

---

① 参见张明敏：《“买卖不破租赁”规则的法理分析——兼谈“买卖不破租赁”规则在未来民法典上的定位》，载《山东大学法律评论》2003年第00期。

② 参见薛文成：《关于租赁合同的若干问题》，载《民事审判指导与参考》2008年第4集。

之所以能与所有权比肩一搏，仅就法技术而言，就是通过公示，租赁权已经升格为物权性质的权利，按照物权冲突时“先来后到”的处理原则，自然应赋予先成立的租赁权有对抗后发生的所有权变动之效力。而房屋买受人的请求权因预告登记获得物权效力后，其与已作登记备案的租赁权的角力，同样应以时间先后论定输赢。如果房屋买卖预告登记在先，租赁合同登记备案在后，则房屋买卖预告登记“胜出”，可排除租赁权的对抗效力，也即排除“买卖不破租赁”原则的适用。综上，未办理登记备案的租赁合同案件，以及房屋买卖预告登记在租赁之前的案件，均不符合“买卖不破租赁”原则之应有内涵，超出了合同法第229条的规范意旨，故应对该条作目的性限缩，排除其对该两类案件的适用。本文开头所揭案例中，租赁合同未经登记备案，且房屋买卖合同的预告登记在租赁合同订立之前，因此，应无“买卖不破租赁”原则的适用空间。

鉴于我国现行民事立法不认可负担行为与处分行为的区分，① 只能以所有权的处分权能为参照来解读该条中的“处分”内涵，即是指所有人对财产（生产资料和劳动产品）进行消费和转让的行为，对财产的消费属于事实上的处分，对财产的转让属于法律上的处分。② 准此以言，物权法第20条所指“处分”仅包括对已作预登记之不动产的消费和转让，而未能将所有权的抛弃、限制物权的设定等在传统上即属于“处分行为”的情形囊括在内，也未考虑到租赁、借用等负担行为可能会对预告登记权利人造成的损害，范围过于狭窄，似存法律漏洞。在前揭案例中，尽管团结公司将A商品房出租给天空公司的行为，不属于对A商品房的“处分”，大西洋公司也能依约成为A商品房的所有人，但团结公司与天空公司长达20年的租赁合同，将使大西洋公司对A商品房非自愿地丧失20年的实际占有和使用权能，其所有权在很大程度上被架空了。租赁合同若继续有效，大西洋公司当然可向天空公司收取房租，但这种不期而至的房东地位，实在是超乎其购买A商品房时的合理预期，也将严重打击其对预告登记效力的合理信赖。进而言之，如果房屋买卖的预告登记不能对抗其后签订的租赁合同，将极易诱发出卖人以签订超长期租赁合同的方式来规避法律，预告登记保护买受人利益的法律效果将大

① 王利明：《民法》，中国人民大学出版社2007年版，第147页。

② 王利明：《民法》，中国人民大学出版社2007年版，第242页。

打折扣。基于物权法第20条保护买受人利益这“同一法律理由”，可以认定物权法第20条存在明显漏洞，应将其类推适用于“处分”之外的出租行为。

预告登记对房屋出卖人行使所有权的自由予以了限制，但限制本身并不是目的，其目的是为了保全预告登记权利人的权利，因此，该限制应以能够保全权利人的权利为边界，如果预告登记后，房屋出卖人又为的处分行为对预告登记的请求权不构成任何妨害，该处分行为的效力自不应受到预告登记的任何影响。① 因此，如直接依据物权法第20条的文义，认为凡未经预告登记权利人同意，处分行为一律无效，未免过于绝对，有扩大该条规范意旨之虞。故，物权法第20条同样存有隐藏漏洞，也应对其作目的性限缩，将那些对预告登记请求权不构成妨害的处分行为排除在适用范围之外。同理，对于房屋出卖人又作出的租赁行为，也应视其是否妨害了预告登记权利人的权利而评价其效力。租赁合同虽订立于预告登记之后，但租期于房屋所有权变动前结束，对预告登记权利人实现请求权未构成任何影响，自不应否定租赁合同之效力。反之，租赁期限超出房屋所有权变动之日，对预告登记权利人已经变现的所有权构成“未曾预料的负担”，超出部分应归无效。

合同无效可以分为合同绝对无效和合同相对无效。合同绝对无效，也即合同对于任何人都属于无效；而合同相对无效，则是指合同相对于特定第三人无效。在合同相对无效的情况下，仅特定第三人能主张合同无效，且该合同也仅在其与特定第三人的关系上归于无效。② 民法之所以要区分合同的绝对无效和相对无效，其逻辑在于前者对应的合同通常侵害的是社会公共利益，而后者对应的合同则仅仅侵害了特定第三人的利益，其违反的是“针对特定人保护的规定或命令，保护范围应只及于特定人，仅仅做对特定人的无效处理”。③ 合同相对无效制度的设计，在鼓励交易和权利人保护之间寻求了一种良性的平衡，即交易仍然有效，但是赋予某个特定第三人主张其无效的权利。④ 前揭案例中，租赁合同超出房屋所有权变动之日的部分，侵害的正

① 参见杨立新、宋志红：《预告登记的性质、效力和范围探索》，载《法学杂志》2006年第4期。

② 参见王利明：《民法》，中国人民大学出版社2007年版，第164～165页。

③ 参见龙卫球：《民法总论》，中国法制出版社2002年版，第523～524页。

④ 参见李文涛：《合同的绝对无效和相对无效——一种技术化的合同效力评价规则解说》，载《法学家》2011年第3期。

是大西洋公司这一特定第三人的利益，因此，该部分应被认定为相对无效，如果大西洋公司主张其无效，则其不对大西洋公司发生法律效力，大西洋公司基于所有权当然可以收回A商品房。但此时，租赁合同在团结公司与天空公司之间仍然有效，天空公司可继续要求团结公司履行合同，团结公司因A商品房已被大西洋公司收回而不能履行提供租赁物义务的，应当向天空公司承担履约不能的违约责任。

四、结论

房屋买卖合同预告登记对之后的租赁合同效力的影响，应以租赁期是否侵害房屋买受人的权益为界，分别判断。结合本文所揭案例具体而言，即是：租赁合同订立时起至大西洋公司获得房屋所有权时止的租赁合同部分，可认定为有效；但之后的租赁合同部分，则属相对无效，在大西洋公司主张其无效的情况下，其对大西洋公司不具有法律约束力。

由上可见，有关房屋买卖合同预告登记与其后租赁合同效力的"故事"，虽然情节简单，但在适用法律时却会迭遭法律漏洞，也可谓"步步惊心"。推而言之，看似简单的案件，因法律漏洞的存在，也会让以"三段论"模式简单获取答案的希冀落空，而面对法律漏洞，法律研习者不可躲闪回避，亦不可拘泥于字表文义，机械套用，惟有通过恰当方法填补法律漏洞，才可求得较具合理性与妥当性的结论。判

对安全保障义务人补充责任条款司法适用的检视

王玲芳*

我国侵权责任法第37条明确规定，宾馆、商场、银行、车站、娱乐场所等公共场所的管理人或者群众性活动的组织者，未尽到安全保障义务，造成他人损害的，应当承担侵权责任。因第三人的行为造成他人损害的，由第三人承担侵权责任。管理人或者组织者未尽到安全保障义务的，承担相应的补充责任。对该条中补充责任的规定，从制定之初就引起激烈讨论，在制定之后对相应补充责任的性质及具体适用规则也存在不同观点，本文从梳理司法实践适用该条款的实际状况出发，检视适用中出现的问题并对该条适用进行限缩解释。

一、对侵权责任法第37条第2款司法适用的检视

（一）回顾近两年相关案件的裁判状况

本文从统计北京市某中级人民法院2012、2013年全

* 北京市第一中级人民法院法官，中国人民大学民商法学博士研究生。

年审结的安全保障义务案件①出发，就涉及第三人侵权时，安全保障义务人承担补充责任的适用情况进行统计，并指出司法审判中存在的问题，为进一步分析原因、寻求法律适用方法奠定基础。

1. 审判中追加侵权第三人的情况

2012年，全年审结的二审安全保障义务案件中，涉及第三人侵权的占该类纠纷的24%，其中未先行追加第三人，亦未表述第三人情况的案件，占36%；追加第三人的，占55%。

2013年，全年审结的安全保障义务案件中，涉及第三人侵权的案件占该类纠纷的21.6%，其中能够确定第三人的有25%，不能确定具体第三人的有75%，在能够确定第三人实施侵权行为的案件中，无一例被追加为共同被告。

2. 补充责任适用的不统一

2012年，在审理的第三人侵权责任纠纷中，法院判决安全保障义务人承担部分终局责任为83%；判决承担补充责任，且安全保障义务人享有追偿权的案件为17%。

2013年，在审理的第三人侵权责任纠纷中，法院判决安全保障义务人承担部分终局的补充责任为25%，承担部分终局责任的为37.5%，另有判决安全保障义务人全责的为25%，驳回原告诉讼请求的占12.5%。

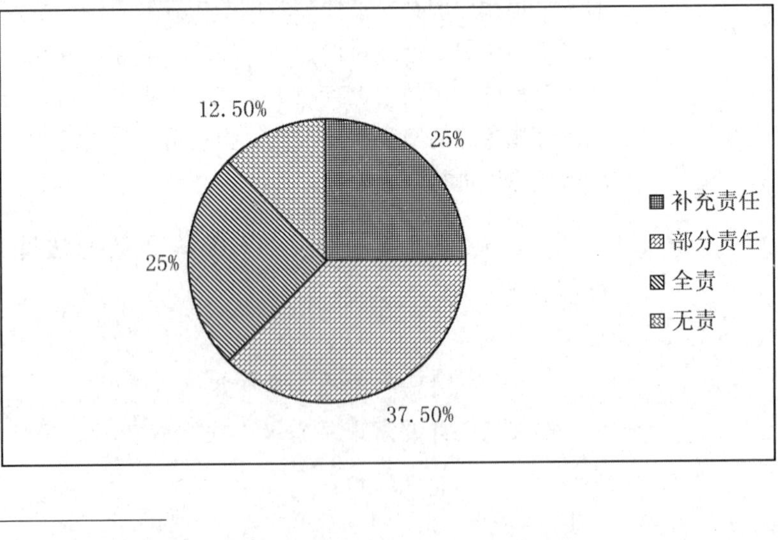

① 北京某中级人民法院主要负责审理二审案件，就本文查阅的涉及安全保障义务的案件，2012年全年审结45件，2013年全年审结37件。

在上述案件中，虽第三人非案件当事人，但在事实查明中均明确有第三人直接侵权的事实，对第三人和安全保障义务人赔偿顺序的表述，对补充责任的具体承担方式，对承担补充责任后的追偿权利均不统一。

通过对2012、2013年两年的二审违反安全保障义务条款的适用，可以看出在司法实践中适用安全保障义务条款的无序，判决中不阐述安全保障义务人违反的作为义务，不论述不作为责任成立的因果关系，遇有第三人侵权时，对责任形态、是否享有具有追偿权均不统一，带来的后果是使安全保障义务的归责原则倾向于结果责任，凡是有损害就有赔偿，脱离了侵权责任构成要件，成为分配正义观念下的“深口袋”，破坏了侵权责任法预见性的功能。

（二）适用补充责任不统一的原因分析

1. 安全保障义务责任认定的难点

违反安全保障义务的侵权形态属于不作为侵权，不作为侵权因要求行为人必须采取作为的方式去履行特定的义务，如未履行则承担不作为的侵权责任。这种作为的义务需来自于法定或约定的义务，否则将会加大对行为人自由的限制。不作为的侵权责任构成要件中因果关系的判断是难点，他不同于一般侵权责任中的认定方法。在违反安全保障义务的案件中，如果行为人尽到了安全保障义务是否就一定能避免损害的发生，这一问题并不能得到确定的答案。在安全保障义务人违反行为后，即使安全保障义务人采取了合理措施，并不一定就能避免或者减轻受害人的损害后果。易言之，安全保障义务人的合理措施可能会避免或减轻损害后果的发生，也可能不会减轻损害后果的发生。① 特别是对经营者防范刑事案件的安全保障义务的判断，如果在公交车上要求司机防范乘客可能遭受的犯罪分子的人身伤害，实际上大部分公交工具的运营者所提供的保障乘客安全的服务很难做到保镖公司的安全服务标准。所以，义务人即便尽到了谨慎的注意义务也无法防止第三人不去侵害被害人的人身或财产，此种结果的发生是义务人相当难以控制的。② 正是因为违反安全保障义务的不作为行为与损害后果的因果关系难以确定，才会使

① 杨会：《论安全保障义务人承担补充责任的原因》，载《河北法学》2013年第7期。

② 王利明：《人身损害赔偿疑难问题——最高法院人身损害赔偿司法解释之评论与展望》，中国社会科学出版社2004年版，266页。

司法实践中对是否违反安全保障义务的认定过于恣意，判决安全保障义务人承担的责任方式脱离了补充责任要求的顺序性。

2. 为及时有效的救济损害

司法审判中，对补充责任适用的混乱和无序，一方面，暴露了裁判者对第三人侵权时安全保障义务人承担的责任形态理论知识的匮乏，表现在：第三人侵权，安全保障义务人亦有过错时，适用补充责任的比例不到三分之一，即便判决内容表述为补充责任，但判决补充责任承担的损害范围与法律规定不同，在判决安全保障义务人承担部分终局责任或连带责任时，对承担此种责任形态的法律依据，没有论述，虽然法律适用仍表述为侵权责任法第37条，但判决结果却大相径庭；另一方面，脱离补充责任，直接判决安全保障义务人承担与其过错相适应的部分终局责任，又是审判实践面对无法明确第三人、及时救济受害人的现实应对。实践中，第三人无法查明，或诉讼阶段尚未查明时，特别是涉及人身伤害、偷窃、毁坏财产的案件，公安部门尚处侦查中，如以未先行追究第三人的侵权责任为由，不予受理或裁驳，将不利于被害人的及时救济。有学者亦认为当初设置补充责任的种种理由，如以补充责任避免连带责任适用困境，补充责任能较好地平衡受害人和不作为加害人人间的利害关系，这些观念在事实和理论方面都显得似是而非。不作为补充责任将积极寻找加害人、调查事实的成本完全加在受害人身上，不利于对受害人的合理保护。① 而在考察域外瑞士联邦法院的相关裁决时，已经突破了法定的顺位体制，该法定的顺位对于法官并不具有强制性，法院仍可以根据具体情况和公平原则做不同的分担裁决。②

在查明安全保障义务人确实存在不作为的侵权事实时，裁判者根据安全保障义务人的过错程度和不作为的原因力比例，确立了安全保障义务人承担终局的部分赔偿责任。虽然这种做法初衷是为了及时救济受害人，但违背了适用补充责任的重要概念即先诉抗辩权，从而影响了判决的公信力。

---

① 刘海安：《侵权补充责任类型的反思与重定》，载《政治与法律》2012年第2期。

② See W. V. H. Rogers, Unification of Tort law: Multiple Tortfeasors, Kluwer Law International, 2004, p. 248; Dessermontet and T. Ansay (ed.), Internation to Swiss Law, Kluwer Law International, 1995, p. 139.

二、对侵权责任法第37条第2款的解读和适用

（一）对相应补充责任的认识分歧

因第三人的侵权行为造成他人损害时，管理人或组织者未尽到安全保障义务的，承担相应的补充责任。就“相应的补充责任”的性质、适用具体规则，仍存在争议。对相应补充责任的性质，杨立新教授认为：补充责任是不真正连带责任的一种，有限的补充责任与全部补充责任相对，有限补充责任在承担了有限的补充赔偿责任之后，不产生对直接责任人的追偿，因为既然补充责任人承担的责任是与其过错程度和行为的原因力相适应的责任，那么，就应当自己负责，不得追偿。① 郭明瑞教授认为：相应的补充责任是对补充责任中的一种限制，补充责任人承担的责任应与其过错相应，并以此为限度。补充责任人是否承担责任后可否追偿，应依责任发生的原因具体分析。相应的补充责任人承担的相应的补充责任是对自己过错行为承担的责任，因此，相应的补充责任人承担责任后不享有追偿权。②王利明教授指出：相应的和补充的是矛盾的，因为相应的就不会是补充的，补充的就不会是相应的。而我国侵权责任法创造性地确立了相应的补充责任，即对补充责任作出了严格的限定，这从根本上已经改变了补充责任的传统内涵。张新宝教授认为：补充责任是与连带责任、按份责任并列的一类责任类型，相应补充责任人的责任承担应综合考虑其过错大小和原因力理论进行判断，同时在赔偿时应考虑各方的经济状况问题。③ 可见，上述学者对补充责任性质的认识不同，但能够取得一致的是有限补充责任是补充责任一种特殊类型，并且因为补充责任人不再享有再行追偿的权利，所以一定程度上已经改变了传统补充责任的内涵，其有限的责任体现在与其过错和行为原因力，故其补充责任具有了一定自己责任的含义。

就安全保障义务人是否享有追偿权的问题上，我国法律规定前后并未一概而论。《最高人民法院关于审理人身损害赔偿案件适用法律若干问题的解

---

① 杨立新：《不真正连带责任类型体系及规则》，载《当代法学》2012年第3期。

② 郭明瑞：《补充责任、相应的补充责任与责任人的追偿权》，载《烟台大学学报》2011年第1期。

③ 张新宝：《我国侵权责任法中的补充责任》，载《法学杂志》2010年第6期。

释》第6条第2款中规定，补充责任人在承担补充赔偿责任后，享有对直接责任人的追偿权。而侵权责任法第37条第2款的补充责任则规定承当“相应的补充责任”，这是与补充责任人过错和行为原因力相适应的补充责任，于是不再产生对直接侵权人的追偿权。在审查某中院两年审结的第三人侵权的安全保障责任的案件中，判决安全保障义务人承担的部分终局责任，均是在查明安全保障义务人的过错和行为原因力的基础上，判决安全保障义务人承担部分比例责任，但是由于没有体现补充责任中的顺序性，所以在司法适用该条款时并不能体现为补充责任的特征，反而产生承担按份责任的错觉。可见，侵权责任法第37条已经改变过去可以追偿的内容，补充责任人不能再行就其承担的补充责任向侵权第三人进行追偿。

（二）侵权责任法第37条第2款补充责任的适用要求

《最高人民法院关于审理人身损害赔偿案件适用法律若干问题的解释》第6条第2款中规定，补充责任人在承担补充赔偿责任后，享有对直接责任人的追偿权。而侵权责任法第37条第2款的补充责任则规定承当“相应的补充责任”，法条的变迁需要我们重新认识有限补充责任的适用要求。有限补充责任的基本规则是：第一，在有限的补充责任中，构成直接责任与补充责任的竞合，受害人应当首先向直接责任人请求赔偿，直接责任人应当承担侵权责任。第二，受害人在直接责任人不能赔偿、赔偿不足或者下落不明时，无法行使第一顺序的赔偿请求权或者不能满足请求权的要求时，可以向补充责任人请求赔偿。补充责任人承担补充责任的范围是相应的，即与其过错程度和行为的原因力相适应的范围内。第三，补充责任人承担的相应的补充责任大于未承担的赔偿责任的，只以未承担的赔偿责任为限，补充责任小于承担的赔偿责任的，只以相应的责任的范围进行补充责任。①

上述基本规则在审判中适用时，直接面临的问题是：直接责任人没有赔偿能力或者无法确定侵权第三人的情形如何判断？对赔偿能力的确认是通过审判程序确定抑或是通过执行程序？最高人民法院在《侵权责任法条文理解与适用》中，对审判实践中在适用本条时的要求是人民法院应当将实施侵权行为的第三人追加为共同被告，但第三人不能确定的除外。审判实践中可以

---

① 杨立新：《论不真正连带责任类型体系及规则》，载《当代法学》2012年第3期。

发现，判决主文中会表述安全保障义务人承担一定百分比的补充责任，对侵权第三人是否有赔偿能力是通过执行程序加以确定，并未在判决的经审理查明中表述。那么对无法明确的侵权第三人应以何种方式明确？是否经过先诉程序，或者公安部门的结论，还是其他方式？特别是部分涉及人身伤害、偷窃、毁坏财产的刑事案件，公安部门尚处侦查中，民事案件如何与刑事附带民事诉讼相协调？这些问题既没有法律明确的规定，司法实践中也缺乏相关的探索。在付某诉某物业公司的财产损害赔偿一案①中，法院认为付某室外天然气管道被破坏，该物业公司作为该小区的管理者、服务者，安全管理服务不到位，造成付某产生损失，故判决该物业公司承担付某的全部损失。在这起案件中，对侵权第三人没有任何的审查，且判决物业公司承担终局的全部损害，虽适用了侵权责任法第 37 条，但适用的结果却着实让人遗憾。

三、安全保障义务人承担侵权责任形态的探讨

在考察近两年的适用第 37 条第 2 款的情况后，我们可以发现在侵权第三人和安全保障义务人同为案件被告时，法院对两被告的责任划分并非全为补充责任，有相当比例判决的是按份责任及少部分的连带责任，究其原因既有裁判者对补充责任的认识不够，更重要的原因是安全保障义务人的不作为侵权行为不仅仅是为损害的发生提供条件，实践中根据安全保障义务人的具体不作为的类型，已经与第三人的侵权行为构成了无意思联络的数人侵权，适用侵权责任法第 11、12 条的规定，第三人和安全保障义务人对损害承担连带责任或按份责任。所以本文认为，在适用侵权责任法第 37 条第 2 款的补充责任时，应当将其适用范围限缩在竞合的侵权行为形态内，才能适用补充责任，否则便会出现问题。

（一）与相应补充责任对应的是竞合的侵权行为

补充责任所对应的侵权行为形态是竞合的侵权行为，具体是言是提供机

---

① （2013）一中民终字第 03140 号民事判决，业主付某以其室外天然气管道被破坏，造成其生活费用上的格外支出，要求物业公司赔偿相关损失。经查明，该业主室外天然气管道产权人系物业公司，法院认为：天燃气管道被破坏，物业公司作为该小区的管理者、服务者应对业主的财产提供安全保障义务，由于物业公司安全管理服务不到位，造成付某房屋外的燃气管道被破坏后无法使用，由此给付勇造成的经济损失应承担民事赔偿责任，遂判决物业公司承担全部损害赔偿责任。

会的竞合侵权行为，在两个竞合的行为中，从行为为主行为的实施提供机会，使主行为的实施能够顺利完成的竞合侵权行为。① 而之所以设置补充责任，则是因为实际上，安全保障义务人的不作为与受害人的损害后果可能存在，也可能不存在。既然安全保障义务人的不作为与受害人的损害后果之间的因果关系可能存在，那么安全保障义务人就应当向受害人承担侵权责任，否则有失公平。同时，安全保障义务人的不作为与受害人的损害后果之间的因果关系可能不存在，所以，在责任承担方式上应当给予安全保障义务人一定的优惠，在赔偿顺位上后于第三人，赔偿范围上只有部分损害，这就是安全保障义务人承担补充责任的具体原因。② 所以，适用补充责任的前提是竞合的侵权行为，其中安全保障义务人不作为的行为只是提供条件，而非与直接行为直接结合或分别实施均能导致全部损害。但是审查具体案件时，安全保障义务人所违反不作为义务，并非全是条件性质的不作为，其不作为行为可能是导致损害发生的主要原因力又或者与侵权第三人的侵权行为具有同等原因力，此时两种侵权行为已经不再是竞合的侵权行为，而属于共同侵权的类型，故安全保障义务人所承担的责任形态也不再只有补充责任一种。

（二）其他国家和地区对违反安全保障义务责任形态的判定

美国法院在20世纪90年代之前，对过失违反侵权预防义务的侵权责任普遍适用按份责任，之后，美国法院逐渐对该类案件适用连带责任。美国法学会《侵权法重述·第三次·责任分担篇》第14条规定："因未就某一故意侵权行为的具体风险对他人提供保护而承担连带责任，应在分配给他的比较责任份额之外，对分配给故意侵权行为人的比较责任份额承担连带责任。"

德国民法上的多数人连带债务的级别和顺序理论认为，同级别或同顺序的连带债务人之间原则上存在内部分担和求偿关系；不同级别或不同顺序的连带债务人之间则只有一人为终局的债务承担者。此种级别或顺序的区分则与各个债务人在承担债务的法律原因上的性质差异密切相关：原因性质相同，则各个债务人处于同级别或同顺序；原因性质不同，则各个债务人处于

① 杨立新：《多数人侵权行为及责任理论的新发展》，载《法学》2012年第7期。

② 杨会：《论安全保障义务人承担补充责任的原因》，载《河北法学》2013年第7期。

不同级别或不同顺序。[1] 但是此种原因或性质并非绝对，不同性质的原因发生竞合也可能处于相同的债务（或责任）级别。以我国台湾地区2000年“最高法院”的一个判例为例，托儿所违反安全保障义务导致被托管的5岁儿童径自外出至马路，被违章车辆撞成重伤，法院判决托儿所和违章车按照六比四的内部比例对受害人承担连带责任。[2] 该判决的意义在于，尽管托儿所方违反的是安全保障义务，而违章车辆是直接侵权，但托儿所方还是应当承担部分的终局责任，并且其责任份额要高于直接致害人，因为托儿所方虽未直接导致损害，但正是其过失使得儿童处于危险境地，而相对于一般违章车侵权，托儿所的过错更具有可归咎性。[3] 申言之，当存在第三人侵权和违反安全保障义务的情形，借鉴德国法的相关理论，我们需要根据具体的案情，衡量安全保障义务人的不作为与第三人的侵权行为的原因差异和责任级别，违反安全保障义务的不作为行为并不必然就是低于直接侵权行为，对应的侵权责任就不会只有补充责任。所以，审判实践中，法院根据具体案情判决侵权第三人和安全保障义务人承担的责任形态有连带、按份和补充责任，其中以按份责任居多。

（三）安全保障义务人承担侵权责任的其他形态

反对安全保障义务人承担补充责任的常见理由有：第三人的侵权行为或犯罪行为时加害行为，而行为人违反安全保障义务的行为不是加害行为，不承担责任或者仅仅承担补充赔偿责任，而行为人违反安全保障义务的行为不是加害行为，不承担责任或者仅仅承担补充赔偿责任，实际上将侵权行为等同于作为过错，排除了不作为过错，完全违背了过错侵权责任的基本理论。[4]

---

① 参见［德］梅迪库斯：《德国债法总论》，杜景林、卢堪译，法律出版社2004年版，第609页。

② 王千维：《连带债务与不真正连带债务》，载《月旦法学》2006年第137期。

③ 李中原：《论民法上的补充债务》，载《法学》2010年第3期。

④ 张民安：《人的安全保障义务理论研究——兼评〈关于审理人身损害赔偿案件适用法律若干问题的解释〉第6条》，载《中外法学》2006年第6期。

实践中，陈某、陈某某诉高速公路管理单位一案①中，高速公路管理单位对所管辖的道路确实存在管理上的过错，笔者甚至认为属于重大过失，在受害人家属与侵权第三人达成了和解协议后再行起诉高速公路管理单位时，法院以受害人损害已经得到救济为由，驳回原告的诉讼请求。该案中，对高速公路存在管理上的过错，没有苛以任何民事责任，无法面对专业和情感的质疑。然而仔细分析，这一质疑并非源于补充责任本身设计的错误，而是在法律规定或是司法实践中，我们对竞合的侵权行为形态认识的模糊。上述案例中，高速公路管理单位对其管辖路段的村民取水管道泄露产生的路面结冰，未采取措施清除或防止，其重大过失的不作为行为已经与直接侵权行为处于损害发生的同一原因力顺序中，其不作为的行为与侵权第三人的超速驾驶侵权行为都足以造成全部损害，故按照侵权责任法第11条的规定，高速公路管理单位与侵权第三人应承担连带责任。

在现有多数人侵权的法律规定框架内，法院根据安全保障义务人的过错和原因力的比例，判决安全保障义务人承担按份责任，亦有相应的法律解释路径。侵权责任法第12条规定，二人以上分别实施侵权行为造成同一损害，能够确定责任大小的，各自承担相应的责任；难以确认责任大小的，平均承担赔偿责任。对此条“二个以上分别实施侵权行为”有解释为只能是作为与

---

① 2012一中民终字第5798号民事判决，陈某、陈某某之亲属刘某在高速路遇冰面发生交通事故，后移至应急车道内，在交警处理事故时，唐某超速驾驶车辆发生侧翻，撞击刘某，导致刘某死亡。交通事故认定：唐某驾车违反行驶速度规定且未保证安全行驶，发生交通事故是发生道路交通事故的全部原因，故认定：唐某承担事故全部责任，刘某无责任。刘某、唐某的交通事故事发原因是事发路段西侧的防护栏处有水管，为周围村民取水所用。法院认定：高速公路管理单位对发生事故路段负有管理义务，其对路段周围存在私自加水的行为未能及时管理存在过错，从而致使路面存在人为导致的湿滑，此种情况系刘某在此发生单方事故的重要原因，同时致使刘某停在路边从而处于一种危险的境地，李某死亡的后果虽是唐某的超速行为直接所致，但高速公路管理单位的不作为与刘某的死亡之间也具有因果关系。但因陈某、陈某某与唐某成和解协议应视为其已接受事故的赔偿并放弃了其余法定的赔偿数额。因刘某死亡所产生的全部损失已经得到了赔偿，其再次要求高速公路管理单位承担赔偿责任依据不足，法院亦不予支持，遂驳回了原告的诉讼请求。

作为的结合①，从而排斥违反安全保障义务责任的适用；也有解释为作为和不作为的结合，不作为与不作为的结合②，在此解释论上，违反安全保障义务的责任也可适合本条的责任分担。由于侵权责任法第12条未要求每个人的侵权行为都足以造成全部损害，所以有学者认为，该条不仅规范了部分因果关系型的无意思联络数人侵权，还规范了这样一种情形，即分别事实侵权行为的数人中，一人侵权行为足以导致全部损害的发生，而另一人的侵权行为却仅能造成部分的损害。③ 对侵权责任法第12条以此为解释，则完全可以适用于安全保障义务人违反法律规定或约定的不作为与直接侵权之间的数人共同侵权后的按份责任承担。

相应的补充责任考虑到了安全保障义务人的不作为行为与及时救济受害人损害之间的平衡，但是应当赋予裁判者根据安全保障义务人实际未尽到的作为义务，结合直接侵权第三人对损害发生的原因力的顺序或份额，从而判定具体的责任承担形态，当两者之间的侵权行为构成竞合的侵权行为时，则需要适用侵权责任法第37条的规定，承担直接侵权人未能赔偿部分的相应的过错责任；而当安全保障义务人不作为的侵权行为本身就能造成部分损害，处于损害发生的第一顺序，则需要根据无意思联络的数人侵权行为形态判断应当苛以安全保障义务人何种责任形态。有必要指出，对符合竞合侵权行为的安全保障义务人承担的补充责任，裁判者必须严格适用补充责任的适用规则，必须先行追加侵权第三人或表述侵权第三人不能追加的原因，不能随意突破补充责任的适用规则，以免造成法律适用的混乱和无序。

（本文仅代表作者个人观点）

---

① 王利明、周友军、高圣平：《中国侵权责任法教程》，人民法院出版社2010年版，第422页。

② 陶盈：《分别侵权行为研究》，中国人民大学2014年博士学位论文，第84~85页。

③ 程啸：《论无意思联络的数人侵权》，载《暨南学报（哲学社会科学版）》2011年第5期。

《关于审理利用信息网络侵害人身权益民事纠纷案件适用法律若干问题的规定》的理解与适用

杨临萍* 姚 辉** 姜 强***

为贯彻党的十八大提出的依法加强互联网管理的精神，充分保护人民群众的合法权益，依法实现开放、自由、规范、有序的互联网秩序，最高人民法院审判委员会于2014年6月23日第1621次会议通过了《最高人民法院关于审理利用信息网络侵害人身权益民事纠纷案件适用法律若干问题的规定》（法释［2014］11号，以下简称《规定》），并于2014年10月10日起施行。《规定》共19条，对利用网络侵害人身权益案件的管辖、诉讼程序、侵权责任法第36条的适用、转载的过错认定、个人信息的保护、权威来源作为免责事由及其例外、删帖协议的效力、网络水军的连带责任以及损害赔偿计算方法等问题作出了规定。现就《规定》所涉及的主要问题作出说明。

---

* 最高人民法院民事审判第一庭庭长。

** 最高人民法院民事审判第一庭副庭长，中国人民大学法学院教授。

*** 最高人民法院民事审判第一庭法官。

一、关于《规定》的适用范围

《规定》的名称和第1条明确了本司法解释的适用范围，即适用于利用信息网络侵害人身权益的纠纷案件。从司法实践来看，随着互联网的发展，围绕着电子商务、网络游戏、虚拟财产等问题，出现了一系列的新类型纠纷，为何司法解释仅适用于侵害人身权益的案件？主要原因在于：第一，人身权益的极端重要性。在各项民事权益中，人身权益是最重要的民事权益之一，它涉及自然人、法人的尊严、名誉等基本人格利益，严重的甚至涉及生命权。利用信息网络侵害人身权益的案件对当事人影响巨大，其损害后果的深度、广度和速度，都与传统侵权手段不可同日而语。第二，尽管涉互联网的其他类型的纠纷近些年也在增长，例如电子商务方面的纠纷、利用网络侵害财产权的案件等，但是一方面，传统法律尤其是民商法在该领域具有高度的适用性；另一方面，不少问题还需要在实践中进一步梳理和研究，待条件成熟时再作进一步规范。

二、关于管辖问题

利用信息网络实施侵权行为所引发的民事诉讼，在管辖权的确定方面面临着较多困难，主要表现在：其一，管辖区域的界限模糊。在网络侵权场合，由于信息网络是一个开放性的虚拟空间，没有明确的边界，网络用户在互联网上的每一个活动也都可能是全球性的，侵权行为可以在接通互联网的任何地点实施，侵权结果也可能在任何地点发生。在此意义上，在确定网络侵权诉讼管辖权时，物理世界上位置和范围的意义越发变小。① 管辖权的确定也随着变得模糊。其二，“原告就被告”的原则存在适用中的困境。在网络侵权案件中，由于网络本身具有全球性、即时性等特点，网络用户与物理空间的联系很难确定，网络用户的身份难以确定，造成传统的“原告就被告”的管辖原则遭遇困境。其三，侵权行为地存在不确定性。网络侵权行为所具有的超越地域性的特点使网络侵权纠纷的侵权行为地相应地呈现出复杂化、多元化的特征，侵权行为地也失去了原有的唯一性和确定性。为解决这些问题，理论上提出了网络自治论、网址作为新的管辖基础论、技术优先管

① 王德全：《试论 Internet 案件的司法管辖权》，载《中外法学》1998年第2期。

辖论、管辖相对论、网络服务器所在地理论、不以侵权行为地作为管辖标准等多个观点。

《规定》坚持在民事诉讼法第28条规定的管辖原则下，探索解决利用信息网络侵害人身权益诉讼管辖的有效方法，通过对侵权行为地的解释，明确了侵权行为实施地与结果发生地的识别标准。《规定》明确规定，以实施侵权行为的计算机等终端设备所在地为侵权行为实施地，以被侵权人的住所地为侵权结果发生地。将实施侵权行为的计算机等终端设备所在地作为侵权行为实施地，符合网络侵权的行为特征，在外观上也较为明确。另外，尽管互联网的无边界性导致理论上侵权结果发生地可以是任何地方，但实际上，侵害人身权益的损害后果，恰恰突出表现在以受害人所在地为中心的地域范围内。同时，这也符合我国的司法实践。①

与《最高人民法院关于审理侵害信息网络传播权民事纠纷案件适用法律若干问题的规定》② 相比，本司法解释未将被诉侵权行为的网络服务器所在地作为管辖地，主要基于以下考虑：第一，网络技术的发展尤其是云计算技术的发展，使得很多互联网企业无需再建立自身的服务器，而是通过云计算供应商提供的云计算服务实现功能。第二，从互联网技术的发展来看，互联网企业越来越多地采用分布式设立服务器，以满足巨大的计算需求。如此，某个侵权信息可能会涉及不同地点的服务器。而该服务器所在地可能在原被告住所地之外的第三地，如果以此地作为管辖地，不利于当事人诉讼和人民法院审理。第三，从实践中来看，选择服务器所在地作为管辖连接点的情形十分少见，主要原因是原告要提供证据证明服务器所在地非常困难。第四，与信息网络传播权不同的是，侵害名誉权等人身权场合，原告住所地往往是侵权结果发生地，将原告住所地作为管辖地之一，足以满足方便当事人诉讼

---

① 《最高人民法院关于审理名誉权案件若干问题的解释》规定："一、问：名誉权案件如何确定侵权结果发生地？答：人民法院受理这类案件时，受侵权的公民、法人和其他组织的住所地，可以认定为侵权结果发生地。"

② 《最高人民法院关于审理侵害信息网络传播权民事纠纷案件适用法律若干问题的规定》第十五条规定："侵害信息网络传播权民事纠纷案件由侵权行为地或者被告住所地人民法院管辖。侵权行为地包括实施被诉侵权行为的网络服务器、计算机终端等设备所在地。侵权行为地和被告住所地均难以确定或者在境外的，原告发现侵权内容的计算机终端等设备所在地可以视为侵权行为地。"

的目的。基于以上原因，将服务器所在地作为管辖标准，并不符合诉讼管辖的“方便当事人诉讼、方便法院审理”的两便原则，故本条解释未将服务器所在地作为管辖地。

三、关于诉讼程序问题

侵权责任法第36条第2、3款，都涉及网络服务提供者与网络用户的连带责任。在诉讼程序上面临的问题是，如果原告仅起诉网络用户或者网络服务提供者，人民法院是否应当追加另外一方为共同被告？如果一审法院未予追加，是否构成程序错误？

这个问题，涉及实体法与程序法的衔接，也关系到当事人诉讼权利的保障。一种观点认为，实体法上的连带责任，赋予了原告选择权，债权人可以请求部分或者全部债务人旅行部分或者全部债务。这一实体法上的权利义务关系决定了，无需追加其他连带责任人为共同被告。另一种观点则认为，前一种观点是从事后的观点而非事中观点看待诉讼程序的，在法院判决作出之前，多个主体是否承担连带责任并不确定，不追加其他人为共同被告，不仅案件事实难以查清，而且未来可能出现重复判决和矛盾判决，不利于提高诉讼解决纠纷的实效性，因此，应当将其他（可能的）连带责任人追加为共同被告。

对上述问题，司法解释立足于在保障当事人实体权利和诉讼权利的基础上，追求纠纷解决的实效性这一原则，对诉讼程序作出了如下规定：原告仅起诉网络用户，网络用户请求追加网络服务提供者为共同被告或者第三人的，人民法院应予准许；原告仅起诉网络服务提供者，网络服务提供者请求追加可以确定的网络用户为共同被告或者第三人的，人民法院应予准许。这一规定，应作如下理解：

首先，利用信息网络侵害人身权益案件的一大特征是涉嫌侵权的网络用户难以确定。主要原因是，我国目前并未实行彻底的实名制，普遍认为，《全国人民代表大会常务委员会关于加强网络信息保护的决定》（以下简称

《网络信息保护决定》）第6条①确立的是有限的实名制，即后台实名、前台可匿名。同时，在移动互联网呈现井喷式发展的背景下，网络服务提供者在提供网络信息服务时也无法对网络用户的身份一一验证，技术上实现的成本也会过巨。所以，如果要求原告必须追加涉嫌侵权的网络用户作为被告，在实践中往往客观不能。但是，在涉嫌侵权的网络用户难以确定的情况下，不能以此否定原告单独起诉的权利。

其次，在原告单独起诉网络服务提供者的情况下，如果后者以侵权信息系网络用户发布为由抗辩且申请追加该网络用户为被告的，涉及原告是否同意的问题。从民事诉讼法的处分原则来看，如果原告坚持仅起诉网络服务提供者或者不请求网络用户承担责任的，则人民法院基于网络服务提供者的请求追加网络用户为共同被告的合理性就会受到质疑，但是人民法院基于事实判断和认定责任的需要，可以将网络用户作为第三人。

最后，实践中，不大可能出现网络服务提供者难以确定的情形，原告单独起诉网络用户的情形也比较少。但是，如果原告仅起诉网络用户，由于网络用户的行为是否侵权是网络服务提供者是否承担责任的前提性问题，因此，网络服务提供者不进入该诉讼，不影响网络用户责任是否成立的判断，但是可能影响其责任范围的判断，同时，还会影响网络用户和网络服务提供者之间未来的责任份额。因此，如果网络用户以网络服务提供者应当承担连带责任为由抗辩且要求追加后者的，如果原告同意，则人民法院将其追加为共同被告；如果被告不同意，则可将其追加为第三人。

四、关于网络服务提供者的信息披露义务

网络的匿名性在为人们提供充分表达、自由表达的虚拟空间的同时，也为一些人实施侵权行为提供了便利，被侵权人往往难以确定涉嫌侵权的网络用户的难题由此形成。与被侵权人对网络用户信息无从知晓的状况相比，网络服务提供者由于自身的性质，通常能够按照国家有关法律的规定获取网络用户的注册资料、姓名、联系方式、上网时间、账号、互联网地址或者域名

---

① 《网络信息保护决定》2012年第6条规定："网络服务提供者为用户办理网站接入服务，办理固定电话、移动电话等入网手续，或者为用户提供信息发布服务，应当在与用户签订协议或者确认提供服务时，要求用户提供真实身份信息。"

等信息，①并可以利用技术手段，确定侵权人的真实身份，由此，需要解决的进一步问题是，在何种条件下、谁有权要求网络服务提供者向谁提供涉嫌侵权的网络用户的个人信息？进而，如何实现网络服务提供者的这种信息披露义务与其对网络用户个人信息保密义务②之间的平衡与协调？

对此，比较法上主要有两种模式，即私力模式和公力模式。前者是指被侵权人在提供一定证明材料的情况下，有权直接要求网络服务提供者披露涉嫌侵权的网络用户的身份信息，无需通过司法程序。但此模式下，被侵权人要求网络服务提供者披露涉嫌侵权人的信息，必须经由法定的方式和程序，

---

① 国务院《互联网信息服务管理办法》第14条规定："从事新闻、出版以及电子公告等服务项目的互联网信息服务提供者，应当记录提供的信息内容及其发布时间、互联网地址或者域名；互联网接入服务提供者应当记录上网用户的上网时间、用户帐号、互联网地址或者域名、主叫电话号码等信息。

互联网信息服务提供者和互联网接入服务提供者的记录备份应当保存60日，并在国家有关机关依法查询时，予以提供。"

信息产业部《互联网电子公告服务管理规定》第14条规定："电子公告服务提供者应当记录在电子公告服务系统中发布的信息内容及其发布时间、互联网地址或者域名。记录备份应当保存60日，并在国家有关机关依法查询时，予以提供。"第15条规定："互联网接入服务提供者应当记录上网用户的上网时间、用户账号、互联网地址或者域名、主叫电话号码等信息，记录备份应当保存60日，并在国家有关机关依法查询时，予以提供。"

② 《网络信息保护决定》第3条规定："网络服务提供者和其他企业事业单位及其工作人员对在业务活动中收集的公民个人电子信息必须严格保密，不得泄露、篡改、毁损，不得出售或者非法向他人提供。"第4条规定："网络服务提供者和其他企业事业单位应当采取技术措施和其他必要措施，确保信息安全，防止在业务活动中收集的公民个人电子信息泄露、毁损、丢失。在发生或者可能发生信息泄露、毁损、丢失的情况时，应当立即采取补救措施。"

否则网络服务提供者有权拒绝。① 公力模式下，被侵权人无权直接要求网络服务提供者披露网络用户的身份信息，只能通过司法程序，向法院提出申请，由法院责令网络服务提供者披露侵权人的身份。② 而从我国已有的实践来看，《信息网络传播权保护条例》第13条规定，著作权行政管理部门为了查处侵犯信息网络传播权的行为，可以要求网络服务提供者提供涉嫌侵权的服务对象的姓名（名称）、联系方式、网络地址等资料。这是关于行政机关要求披露涉嫌侵权的网络用户的个人信息的规定，对于私主体并不适用。③

---

① 例如，日本2001年颁布的《电信服务提供者责任限制法》第4条规定，如果被侵权人所受损害显然是由于有关信息的传播所造成，被侵权人为了追究侵权行为人的侵权责任，有权要求网络服务提供者提供侵权行为人的相关资料（姓名或名称、地址、电子邮箱、IP地址等），倘若网络服务提供者因故意或重大过失拒绝提供，则应承担相应的损害赔偿责任。权利人在书面要求网络服务提供者承担信息披露义务时，需符合涉嫌侵权材料经由网络服务提供者提供的服务而流通、因涉嫌侵权资料之流通使其权利受侵害之事实已明确、服务对象资料之披露为权利受侵害者行使损害赔偿请求权所必要，或有其他应披露服务对象资料的正当理由等条件。[日] 获原有里：《网络服务提供者的损害赔偿责任——以日本法为中心》，载《科技与法律》2004年第2期，转引自林宏坚、曾祥生：《论网络名誉侵权案件中网络服务提供商的披露义务》，载《法律适用》2005年第1、2期。

② 例如，英国《数字经济法》（The Digital Economy Bill）规定了网络服务提供者的信息提供和披露义务，被侵权人以起诉为目的向法院申请网络服务提供者披露信息的，网络服务提供者应当向申请人披露侵权者的身份等信息。《欧盟电子商务指令》2000/31/EC第8条和第15条的规定，网络服务提供者应当承担向主管公共部门报告的义务以及提供网络用户身份信息的义务，各成员国应该保证在有关知识产权侵权的诉讼程序中，当事人提出合理适当的权利主张时，相应司法机关应当责令侵权人或者是网络服务提供者关于侵权产品、服务的供应源和销售网络的信息。

③ 《最高人民法院关于审理涉及计算机网络著作权纠纷案件适用法律若干问题的解释》（已被2013年1月1日施行的《最高人民法院关于审理侵害信息网络传播权民事纠纷案件适用法律若干问题的规定》废止）第5条曾规定，提供内容服务的网络服务提供者，对著作权人要求其提供侵权行为人在其网络的注册资料以追究行为人的侵权责任，无正当理由拒绝提供的，人民法院应当根据民法通则第106条的规定，追究其相应的侵权责任。第七条第1款规定，著作权人发现侵权信息向网络服务提供者提出警告或者索要侵权行为人网络注册资料时，不能出示身份证明、著作权权属证明及侵权情况证明的，视为未提出警告或者未提出索要请求。这说明，该司法解释中实际上采取了私力模式，即著作权人在出示身份证明、著作权权属证明及侵权情况证明后，网络服务提供者就必须提供涉嫌侵权的网络用户的注册资料，否则就应当承担侵权责任。

分析两种模式的利弊得失，同时考虑到利用网络侵害人身权益案件的特征，我们认为，私力模式不利于网络服务提供者遵守保密义务，不利于网络用户的个人信息的保护，并有可能助长借维权之名获取他人个人信息的现象。而公力模式则比较妥当地平衡了被侵权人权益保护与网络用户个人信息保护、网络服务提供者遵守保密义务之间的关系。基于上述考虑，司法解释第四条规定了网络服务提供者的信息披露义务，基本原则是，由原告在诉讼中提出请求，人民法院审查后可要求网络服务提供者提供网络用户的个人信息，原告并可以追加该网络用户为被告。如网络用户无正当理由拒不提供的，人民法院可以采取民事诉讼强制措施。适用本条规定，应注意以下几个条件：一是原告已经对网络服务提供者提起诉讼，且网络服务提供者以涉嫌侵权的信息系网络用户发布为由抗辩。二是原告由于客观原因无法取得网络用户的个人信息，依据民事诉讼法第 64 条的规定，请求人民法院责令网络服务提供者披露网络用户的个人信息。三是人民法院需要根据案件具体情况判断是否需要责令网络服务提供者披露网络用户的个人信息。判断的因素包括原告提出该申请的目的是否是为了追究网络用户的侵权责任、原告提供的证据材料证明网络用户侵权的可能性大小等。四是披露的信息以能够确定网络用户的真实身份、满足原告提起诉讼的条件为限。五是网络服务提供者的免责事由为“有正当理由”，包括相关信息的客观灭失、已经超出法定的保存期限等。

五、关于侵权责任法第 36 条的适用问题

侵权责任法第 36 条第 2 款、第 3 款分别规定了网络服务提供者承担连带责任的两种情形，围绕着这两款规定，实践中产生了诸多问题：什么样的通知才是一个有效的通知？有效的通知将发生何种法律效果？网络服务提供者接到通知在多长时间内采取措施才能满足“及时”的要求？是否允许被采取措施的网络用户作出反通知？通知错误导致错误删除，责任由谁承担？如何判断网络服务提供者“知道”网络用户利用网络侵害他人人身权益？

对于上述问题，司法解释第 5 条至第 9 条作出了规定，主要内容如下：

（一）通知的形式及内容

被侵权人向网络服务提供者发出通知的形式要求，主要应当考虑便捷性

和证据的保存两方面的作用。另外，由于互联网行业竞争的压力，不少网络服务提供者为了取得竞争优势，会设置更为便捷的投诉或通知方式并向公示，那么，这种通知方式自然也能满足侵权责任法的要求。所以，司法解释规定了两种通知形式。

关于通知的内容，司法解释第5条列举了三项，首先，通知人的姓名（名称）、联系方式等个人信息是必要的。这里的姓名和联系方式，应作广义理解，即能够确定通知人真实身份的信息。其次，由于通知的目的在于要求网络服务提供者删除涉嫌侵权的信息，所以应当要求通知人提供明确的网络地址，从而达到“通知什么、删除什么”的效果。如果涉嫌侵权的内容网络地址不明，则网络服务提供者即无法准确定位涉嫌侵权的相关信息或者定位该信息的成本过巨，将导致网络服务提供者的负担过重。最后，要求通知人阐述理由，主要目的有二：一是向网络服务提供者表明通知人即是被侵权人或者与被侵权人具有一定关系的主体，例如被侵权人的监护人等；二是阐述为何构成侵权的理由。如此，一方面可以减少恶意通知的情形，另一方面可以减轻网络服务提供者的负担，达到双方主体利益的平衡。

需要说明的时，本司法解释未借鉴国务院《信息网络传播权保护条例》第14条的内容，明确规定“构成侵权的初步证明材料”作为通知的必备内容之一。原因在于，在侵害著作权的情形下，通知人需要证明自己为著作权人，因此初步证明材料就有必要。但是在名誉权、隐私权等人身权益的场合，侵权是否成立往往难以判断，相应的证明材料也较为困难，多数情形下，侵权信息本身就是构成侵权的初步证明材料。因此，本司法解释未作此规定。

（二）“及时”的判断标准：抽象标准

侵权责任法第36条第2款规定，网络服务提供者收到通知后，未及时采取措施的，应当承担连带责任。这里的及时应当如何判断？本司法解释第6条规定，应当综合网络服务的性质、有效通知的形式和准确程度、网络信息侵害权益的类型和程度等因素综合判断。

之所以采取综合判断的方法，主要基于如下几个原因：一是“及时”的判断标准，必须兼顾网络用户的表达自由、网络服务提供者的经营负担以及权利人的权利保护。“及时”的标准过严，则会加重互联网行业自我审查的义务，负担过重，并且影响网络用户的表达自由；“及时”的标准过宽，则互联网行业会倾向于怠于履行义务，对权利人的权利保护不利。二是互联网技术的发展日新月异，具体的时间标准容易落后于技术的发展，反倒不利于被侵权人的权利保护。三是具体的时间标准在目前容易引发恶意通知，尤其是以损害竞争对手为目的的恶意通知。四是从比较法上看，鲜有国家或地区为网络服务提供者采取必要措施的义务设置一个具体的时间标准。综上，司法解释规定，要综合多个因素加以判断：一是网络服务的性质，不同的服务内容，删除的速度也不一样；二是通知的形式和通知的准确程度，电子形式的通知，删除速度就比纸质形式的快，及时的标准就高；通知越准确，网络服务提供者删除的速度就越快。三是侵害权益的类型和程度。例如，侵害隐私权的行为比较容易判断，网络服务提供者作出判断所需要的时间就少，及时的标准就高。

（三）及时采取措施的法律后果

本司法解释关于避风港规则的具体化，总的思路是：网络服务提供者收到通知后，是否及时采取措施，由网络服务提供者自行判断；一旦及时采取措施，则网络服务提供者“双向免责”，既免除对网络用户（错误删除）的违约责任或者侵权责任，也免除对被侵权人的侵权责任；如果网络服务提供者不采取措施或者不及时采取措施，则是否承担责任，取决于网络用户是否构成侵权，如果网络用户构成侵权，则网络服务提供者承担相应范围内的连带责任。如果网络用户不构成侵权，则网络服务提供者同样不承担责任。一言以蔽之，在网络服务提供者未及时采取措施的情况下，网络服务提供者是否承担责任，以该信息是否侵权为前提。

（四）网络服务提供者的通知义务与反通知程序

通知人的通知，在是否侵权的判断上，可能准确，也可能谬误，进而，网络服务提供者采取的措施也存在正确与错误之分，这就涉及发布信息的网络用户的言论自由和表达自由的保护问题。对此，司法解释规定了两项救济措施：一是被采取措施的网络用户有权要求网络服务提供者提供通知内容。原因在于，如前所述，网络服务提供者于此“双向免责”，如此，就必须为被采取措施的网络用户向通知人主张权利提供便利条件。另外，本司法解释未采用知识产权领域通行的赋予网络服务提供者一般性通知义务的做法,[①]主要原因在于,在社交媒体高度发达、海量信息即时产生、网络匿名性仍然普遍存在的背景下,这种通知义务会造成网络服务提供者的过重负担。同时,赋予被采取措施的网络用户要求网络服务提供者通知人披露通知的请求权,并不会对其维护自身权利形成障碍。二是被采取措施的网络用户有权要求通知人承担侵权责任,即错误删除的责任由通知人承担而非网络服务提供者承担。

本司法解释未采纳知识产权领域的反通知程序,[②] 主要基于如下原因:首先,反通知程序不符合人身权益保护即时性的要求。在知识产权领域,侵权行为造成的后果主要是财产权益的损失,大多可以通过赔偿损失来弥补。但是,在名誉权、隐私权等人身权益领域,网络用户反通知后网络服务提供者恢复相关信息这种程序,恰恰会造成难以弥补的损害后果。其次,不采纳反通知程序并不会置网络用户的权利于不顾,被采取措施的网络用户仍有维护自己权益的途径。最后,从实践来看,反通知程序在实践中发生的几率很小。

(五)错误删除侵害的权益类型

如前所述,错误通知导致的错误删除,网络服务提供者仍然免责,错误删除的责任应由通知人承担,需要解决的问题是,由于错误通知导致网络用户发布的信息被错误删除,侵害了网络用户的何种权益?我们认为,错误删除妨碍了网络用户的表达自由,在现行法框架下,依据侵权责任法第2条,参照《最高人民法院关于确定民事侵权精神损害赔偿责任若干问题的解释》第1条之规定,可将此种权益归属于人格尊严权。因此,网络用户要求网络服务提供者恢复的,在技术可能的情况下,人民法院应予支持。

(六)知道的判断标准:指引性规定

侵权责任法第36条第3款规定网络服务提供者承担的连带责任,以网络服务提供者知道网络用户利用网络侵害他人民事权益为条件。司法实践中如何判断“知道”,比较困难。从目前互联网的发展态势来看,互联网行业

---

① 《信息网络传播权保护条例》第15条。

② 《信息网络传播权保护条例》第16条、第17条。

已经进入了内容、社区和商务高度结合的形态，很多网络服务提供者都已经或者正在发展为平台运营商。在这种背景下，如何认定“知道”，应更加慎重。一方面，司法裁判中认定的标准过严，会造成网络服务提供者承担责任过重，并可能会促使网络服务提供者自我审查过严，经营负担加大，并进而影响合法信息的自由传播，不利于互联网的发展。另一方面，司法裁判中的标准过宽，则会导致网络服务提供者怠于履行必要的注意义务，放纵甚至主动实施侵权行为。所以，在兼顾两者的前提下，《规定》采取了多个因素来综合认定网络服务提供者是否“知道”。这是根据审判实践所总结归纳的指引性标准。在适用该条规定时，并不需要机械地对该条中所列明的因素一一考虑，人民法院应当根据个案的具体情况进行认定。在某些情况下，司法解释规定的考虑因素一个或几个的满足即可认定网络服务提供者“知道”。

六、转载的法律责任问题

社交网络、自媒体的产生及发展，是此次互联网浪潮的重要特点之一。由此产生的问题是，大量的转载行为是否承担责任？应在何种范围内承担责任？

关于转载行为的责任承担，在适用的规则上，应为一般侵权责任的构成要件，应无异议。① 但是，在互联网时代，转载的过错认定呈现出与前互联网时代不同的特征：一是转载主体的多种多样，自媒体、社交网络占据主流地位；二是转载行为的数量呈几何级增长。在此背景下，在过错的认定标准上作出区分，仍然有利于充分保护言论自由、尊重互联网发展的同时，实现网络行为的规范、有序，实现权益保护的目的。所以，司法解释规定，应当根据以下因素判断转载者的过错：一是不同的主体所承担的注意义务不同。盈利性的专业媒体所承担的注意义务要比重在意见表达的自媒体所承担的注意义务要高；而自媒体的影响力越大，其所负担的注意义务也越高。这是权利义务相一致原则的当然要求。二是所转载信息侵害他人民事权益的明显程度。所转载信息侵权的程度越明显，转载主体的过错程度就可能越高，这符合理人的判断标准。三是是否对所转载信息作出实质性修改等编辑行为。转载主体对所转载信息作出实质性修改、修改文章标题或者内容导致误导公众

① 《最高人民法院关于审理名誉权案件若干问题的解释》第3条。

的，则其过错程度就可能更高。

综上所述，转载者的过错认定标准，是判断责任有无和大小的重要因素，人民法院应当结合具体案件，在互联网的背景下取得言论自由和权益保护之间的平衡。

七、关于个人信息保护的若干问题

在《网络信息保护决定》实施之前，我国的个人信息保护法律体系总的特点是：一是不同的部门法都有所涉及，依据各该部门所涉及的事项分别作出规定。二是所规范的对象因各部门法调整对象的不同而不同。三是除了消费者权益保护法之外，多数法律仅仅规定了对个人信息的保密义务。四是多数未涉及电子化或与互联网有关的个人信息的保护问题。而《网络信息保护决定》则首次全面地规定了个人信息保护的基本原则、适用范围、责任主体等内容，标志着我国的个人信息保护进入到新的水平。

本司法解释在个人信息的保护上，以第12条作出专门规定，主要内容为：

（一）个人信息的范围

依据《网络信息保护决定》之规定，对两类个人信息予以保护：一是个人的隐私信息，强调该信息对于个人的秘密性；二是能够识别个人身份的信息，强调与特定个人的相关性和可识别性。两者的共同价值取向就是个人的人格尊严。司法解释在此基础上，进一步列举了几项较为敏感的个人信息和现实中较易受到侵害的个人信息。需要注意的是：第一，这种列举是说明性的、强调性的而非穷尽性的，意在强调所列举信息的敏感性；第二，除隐私信息外，个人信息的范围受到《网络信息保护决定》的限制，即只有满足与特定自然人的相关性和可识别性的标准，才有保护的必要。

（二）侵害个人信息的行为类型：利用网络公开

侵害个人信息的行为多种多样，司法解释所规制的主要限于在网络上“公开”自然人的个人信息的行为，主要基于以下考虑：

第一，在我国现行法上，如果说信息主体对个人信息享有某种权利的话，在现行法上也主要是一种消极性的、防御性的权利。[①] 而《网络信息保护决定》也未明确信息主体所享有的权利内容。在此情形下，我们认为，司法解释应当就个人信息的最重要内容和侵害个人信息的最典型情形先作出规定。从司法实践的角度看，在互联网上公布他人个人信息是目前最常见的侵权行为，应当先作出规定。

第二，在大数据时代，利用网络收集、使用自然人个人信息的行为往往是大规模的，在无例外规定的情况下，这些行为的侵权责任仍然要适用侵权法的一般规则，但是，损害如何确定？权利主体是否有权要求网络用户或者网络服务提供者停止使用？在技术上是否可能？无实际损害时，还能否损害赔偿？同时，这些问题的解决不配置相应的诉讼机制例如集团诉讼、公益诉讼等制度，是难以实现的，所以，要对这些行为的民事责任作出规定，需要立法支持。

第三，要认识到个人信息保护与隐私权保护的不同价值取向。大数据时代的到来，使得个人信息成为一种非常重要的资源。在现行法未针对个人信息的收集和利用规则、就信息主体的权利内容作出进一步规定之前，司法解释难以照顾到大数据时代对个人信息和使用的合理要求。

综上，本司法解释仅针对利用网络公开个人信息的行为作出了规定。

（三）关于已公开信息的再次公开

本司法解释列举了几种公认的公开他人个人信息不构成侵权的情形，其中，自然人在网络上自行公开的信息或者其他已合法公开的个人信息，以及其他人以合法渠道获取的个人信息，网络用户或者网络服务提供再在网络上公布的，不能认定为侵权。但是，在实践中，通过这两种方式所公布的信息本身往往并不足以指向特定的个人，但是网络用户或者网络服务提供者利用搜索引擎等手段获取他人的网络信息并将多个个别信息综合起来使之与现实中的某个特定人对应起来（人肉搜索），从而使这些信息具有可识别性，指向特定的自然人。那么，如果这种再次公开的方式违反社会公共利益或者社会公德，则仍然构成侵权；或者网络用户或者网络服务提供者的这种再次公

---

① 这一点，从消费者权益保护法所使用的“消费者个人信息依法得到保护的权利”这种拗口的表述即可窥知一二。参见消费者权益保护法第 14 条、第 29 条、第 50 条、第 56 条。

开侵害了权利人的其他重大利益，同样，也应当承担侵权责任。

八、对非法“删帖”与网络“水军”的规制

互联网技术的偏在性表现在网络服务提供者与网络用户之间以及不同的网络用户之间。基于这种技术的不对等性，发布侵权信息的网络用户或者网络服务提供者会利用技术优势要求被侵权人为采取必要措施行为支付报酬，对于双方达成的此种协议，效力如何认定？

基于如下理由，本司法解释规定，此类协议应认定为无效：一是采取删除等必要措施是侵权人的法定义务。二是被侵权人接受网络服务提供者或者网络用户的对价要求往往是迫不得已。三是作为侵权人的网络用户或者网络服务提供者德的有偿删帖损害了公共利益。四是相关刑事司法解释已经对此种行为的刑事责任作出了规定。①

就其他人（非被侵权人）支付报酬要求网络用户或网络服务提供者删除网络信息的行为效力问题，本司法解释未作规定，主要原因是：此类协议可能有效也可能无效。例如删除网络信息的行为本身可能违背公序良俗，即为无效；而要求网络服务提供者或者网络用户删除有害信息（但未构成侵权）的行为，就不宜认定无效。需要结合具体案件作出判断，故本司法解释不作规定。

另外，与之有关的是，擅自篡改、删除、屏蔽或者组织他人获取网络信息的行为，在法律上如何评价？我们认为，在互联网时代，利用信息网络发表意见是自然人的一项基本人格权，未经同意删除他人发表的网络信息，侵害了他人表达自由，在我国现行法下，应认定侵害了他人的人格尊严权，也应承担侵权责任。

关于网络“水军”的问题，常见的形态是，既有组织者、教唆者，也有实施者，本司法解释依据侵权责任法第8条、第9条的规定，将雇佣、组织、教唆或者帮助他人发布网络信息侵害他人权益的情形，认定为共同侵权，由行为人承担连带责任。

---

① 《最高人民法院、最高人民检察院关于办理利用信息网络实施诽谤等刑事案件适用法律若干问题的解释》第6条。

九、关于损害赔偿问题

利用网络侵害人身权益案件的损害赔偿，包括精神损害赔偿和物质损害赔偿，并无异议。但审判实践中需要进一步解决的问题是，在此类案件中，被侵权人的财产损失应包含哪些？在有财产损失却无证据证明的情况下，如何确定财产损失的数额？

对于上述问题，司法解释提供的解决方案为：一是将维权成本，包括调查取证的合理费用和合理的律师费用作为侵害人身权益的财产损失，由侵权人予以赔偿。二是参照知识产权法的相关规定，在被侵权人的财产损失或侵权人获益无法确定的情况下，人民法院可在50万元以下根据具体案情作出裁量。

上述规定的主要理由是：第一，要认识到侵权民事诉讼所具有的外部效用。针对侵权人的民事诉讼具有一定的外部性，尤其是原告胜诉的案件，在倡导正确的网络观念、确立良好的网络行为规范、建立规范的网络秩序等方面，具有重要作用。因此，合理分配维权成本有利于促进网络秩序的良性循环。第二，网络侵权诉讼的维权成本比较高，主要体现在确定侵权人身份的成本高、取证成本高、律师费用高等几个方面。第三，在侵害人身权益的案件中，被侵权人往往并无具体的财产损失或者不能证明具体的财产损失，结果造成维权成本过高、违法成本过低的不平衡状态。第四，将律师费用等维权费用作为财产损失的赔偿范围，符合侵权责任法的全部赔偿原则或填平原则。第五，侵害法人商业信誉、名称权等案件与侵害商标权、著作权等案件相比，被侵权人的损失往往更大。

另外，关于50万元的赔偿上限问题，适用时需要注意以下方面：首先，在证明责任上，原告有义务证明自己的损失数额。但是，原告可能会因损失较小而不提出证据证明并意图获得该50万的赔偿上限。此时，被告可以通过证明原告的损失或者自己的收益作为对抗原告试图获得赔偿上限的一种手段。换言之，被告的收益既是原告的攻击手段，也是被告的防御手段。其次，只有在原被告就损失和收益皆无证据证明的情况下，才由法官自由材料。最后，所谓50万元的赔偿上限，并非在每一个案件中都是按照上限予以赔偿，人民法院应当根据案件的具体情况在50万元以内酌情确定，需要考虑的因素包括侵权人的过错程度、侵权行为及其方式、损害后果及其影响等等。判

流浪动物致害责任研究

李　钧*

近年来，我国城镇居民饲养宠物现象愈发普遍。但是，由于宠物饲养管理制度的不健全和部分宠物饲养人的不负责任，导致城镇流浪动物数量的激增。据有关报道，至2005年，北京的流浪猫狗已突破百万只。在各大城市，每天都有数十只甚至百只宠物因遗弃、走失等原因成为流浪动物。① 其所引发的，不仅是对动物本身的保护问题，还有更为严重的社会危害。首先，流浪动物伤人事件频频发生，造成严重的人身与财产损害，还可能引发大规模疫情。其次，由于流浪动物一主难寻，受害人无法通过传统的动物损害赔偿诉讼得到有效的法律救济。审判实例的空白不能掩盖问题的严重性。最后，通过捕杀流浪动物以减少损害的方式，不仅难以治根治本，而且导致了大量动物的枉死，不利于人与动物的和谐发展。因此，在努力健全城镇饲养动物管理体系的同时，有必要从私法的角度构建流浪动物损害责任主体群，使得现有侵权责任法得以有效运作，妥善解决流浪动物损害这一法律与社会的共

---

* 意大利罗马第二大学法学博士，中国人民大学法学院讲师，本文由中国人民大学新教师启动金项目支持，属于《罗马法原理与现代民事制度》（项目号13XNF005）阶段成果。

① 参见王琼：《北京流浪动物数量超百万 专家忧威胁市民安居》，载《中国新闻网》，http：//www.chinanews.com/news/2005/2005－10－23/8/641962.shtml 以及佚名：《城市流浪动物的命运》，载《凤凰网》http：//city.ifeng.com/fhzl/njd/20120413/238253.shtml，访问时间2014年4月21日13：21。参见全国人大常委法制工作委员民法室编：《侵权责任法立法背景与观点全集》，法律出版社2010年版，第951～957页。

同问题。

一、流浪动物致损责任的归属

在司法实践上，流浪动物损害责任少有先例可循。近期几个尝试性判决[①]引发了人们对于此问题的关注，并就流浪动物致损能否适用侵权责任法第10章的规定产生分歧，有学者提出应将流浪动物归为野生动物，因此不适用动物损害赔偿责任。[②] 笔者认为，这种观点与动物损害责任的理论渊源、制度的设立目的以及现代立法实践都是不相符的，流浪动物致损自古就是动物损害责任调整的一部分。

（一）罗马法的“四蹄动物损害之诉”未排除流浪动物

大陆法系有关动物损害的法律制度起源于罗马法。罗马人设立这一诉讼的最初目的是解决人在利用动物获取收益的过程中给他人造成损害的问题。最初诉讼涉及的对象仅仅是作为使役动物的牛、马、骡子等大型牲畜，因此该诉讼被命名为四蹄动物损害之诉（actio de quadro pauperies），后来随着罗马人驯养动物种类的增加，法学家通过解释、立法和扩用之诉[③]，将该诉讼扩展到猪、狗等所有四蹄动物。[④] 唯一不受本诉讼调整的是野生动物。

罗马法上虽然没有明确野生动物的定义，但是，法学家在阐释野生动物不适用四蹄动物损害之诉的原因时表明了一个观点，即判断一种动物能否适用动物损害之诉不在于其状态是否处于人类的管领之下，而在于从其习性上该动物能否为人类所管领、控制，即人为驯化、豢养的可能性。亚当斯密曾说人类与某种动物之间饲养关系的建立最初都始自于人类对野生种群的驯化

① 参见刘文晖：《流浪猫伤人，喂食者担责?》，载《检察日报》2012年9月5日第5版；《流浪猫狗伤人，喂养者频成被告》，载《北京青年报》2012年8月29日；孟亚生：《“流浪狗”咬人该谁赔偿》，载《学习月刊》2010年第1期上旬刊。

② 参见韩强：《流浪动物损害责任的个案解析》，载《法商研究》2013第4期。

③ 扩用之诉（actio utilis）：将适用于特定情况或关系的法定诉讼形式扩展应用于某些相似的情况或关系的诉讼。参见黄风：《罗马法词典》，法律出版社2001年版，第19页。

④ I.4.3.1，参见［古罗马］优士丁尼：《法学阶梯》，徐国栋译，中国政法大学出版社2005年第二版，第435～437页。

(mansuefacio)①：一部分性情温顺、适宜与人类共同生存、能够为人类服务的动物成为驯养动物（mansuetae），而另一部分生性凶恶、无法驯化的动物则被归入野生动物。因此，“野生动物”与“饲养动物”实际上是一对在人类驯化动物的过程中才产生的概念。罗马人将此类不能驯化的野生动物称之为bestia，即野兽，使用时通常还冠以形容词ferus（凶残的）。野兽之所以不适用动物损害之诉，是因为它们本性凶残不可驯化，即使偶然被人类猎捕也不能改变其本性，因此，被捕后的熊一旦逃离猎人的笼子就立即恢复其野性，对其造成的损害也不能要求原主人（猎人）承担赔偿责任。② 反之，可驯化的动物因为人为驯化和长期被饲养而彻底脱离野生的自然属性，其种族与人类建立稳固的被豢养关系，主人对动物享有所有权mancipatio③，通过对动物的控制、利用而获得相关利益。因此，罗马法要求所有权人为其饲养的动物造成的损害承担替代责任，即使该动物因丢失、逃逸等原因暂时脱离所有权人的实际控制，也不为此排除动物损害之诉的适用。④

（二）现代法有关流浪动物的立法和审判实例

普通法系在一定程度上继承了罗马法关于致损动物的分类：野生动物（wild animal）与家养动物（domestic animal）。区分标准同样是根据一种动物的饲养地区及饲养时期，惯例上能否为人类服务。⑤“家养动物”中的家养（domesticus）一词源自“domus（家）”，⑥ 它强调的也不是动物的现实归属状态，而是动物本身的可驯养性。在责任承担上，普通法与罗马法理论略有不同。首先，早期的普通法对于驯养动物所有权人不采用无过错原则，而是根据管理过失进行归则，直到1971年的英格兰动物法才首度确定饲养人对于

---

① Cfr. Adam Smith, Lectures on Jurisprudence, Liberty Fund Inc, 1982, p. 19 – 20.

② D. 9. 1. 1. 10：“鉴于野生动物的凶残本性，本诉讼不适用于野兽致损的情形。”

③ 在罗马上，mancipatio表示权利人对于财产的所有权，源自manus（手），即通过控制而享有权利，与驯化mansuefactio同源。因此，mancipaito才是表示所有权归属的法律术语，domestic仅仅用来表明动物可为家庭驯养的特性。

④ Cfr. Federico Glück, Commentario alle Pandette lib. 9, Milano, Società Editrice Libraria, 1905, p. 1 – 24.

⑤ 理查德·A·爱泼斯坦：《侵权法》，转引自杨立新：《〈中华人民共和国侵权责任法〉条文解释与司法适用》，人民法院出版社2010年版，第496～497页。

⑥ Oxford Latin Dictionary, at the Clarendon press, 1968, p. 570.

饲养动物损害承担严格责任;① 其次,承认捕猎人通过客观占有保持对野生动物的所有权,同时由于人类对动物控制力的增强,对于某些特定野生物种的伤害行为,也强化了保有人的责任。②

至于流浪动物,欧美国家在立法上没有共同的术语。英语国家一般使用stray animal 或 strays,是对浪迹街头无人监管的家养动物的统称。这类动物依靠人类为其提供基本生活资源,鉴于这种依赖性,流浪动物即便脱离具体权利人的监管也总是徘徊在人类定居点的周围。③ 笔者认为,这是流浪动物区别于野生动物的最大特点,即它们不会因为脱离人的控制而彻底恢复野生习性并远离人类社会。因此,各国在涉及走失、逃脱、遗弃动物致人损害的问题上都没有将其并入野生动物的处理范畴,依然坚持由原所有权人或负有管领义务的义务人或组织承担民事赔偿责任。

英美法上最常见的走失、逃逸动物损害案件表现为动物闯入他人领地侵害他人财物以及动物进入公共道路引发道路交通事故两种类型。关于侵入他人领地的问题,传统的普通法依旧适用动物所有人责任,动物主人有义务将自己所有的动物约束在自家领地内以避免侵扰他人领地并造成损害。④ 但是,该制度传入美国后发生了一些改变,特别是在以畜牧业为主要经济形式的州内,为了保证畜牧主对广大公共土地的自由使用权,法律根据习俗要求比例成分较小的私有土地主自行承担保证自有领地不被他人所有的动物侵入的义务。除非畜牧动物主人故意导致其所有的动物侵害他人私有领地及财产,否则走失动物误入他人领地造成损害的,动物主人不承担赔偿责任。此即所谓著名的"fencing in"与"fencing out"之争。⑤ 而就走失逃逸动物误入公共道路引发的交通损害也经历了相似的过程,最初立法者认为公共道路在使用

① 包括对驯养动物的管理存在过失,或者因同类驯养动物曾经表现的劣习而使主人明知该动物具有危害倾向的情形。参见戴维·M·沃克:《牛津法律大辞典》,李双元等译,法律出版社2003年版,第58页。

② Arthur Best, David W. Barnes: Basic Tort Law Cases, Statutes, and Problems, Aspen Publishers, 2007, p. 640.

③ Cfr. Chapter 1 Companion Animals, from www. animalmosaic. org.

④ Bwaya v. Matanda (2000), Cfr. G. Feltoe: A Guide to the Zimbabwean Law of Delict, published by Legal Resources Foundation, 2010, p. 75.

⑤ Cases and Materials on Tort (7th edition), Aspen Law & Business, 2000, p. 639 - 647.

上不具有私人土地一般的排他性，因此，不能苛求动物主人就开放性的场所负担防止动物侵入的注意义务。① 但是，现代法则普遍倾向于追究动物主人的过失责任，因驯养动物逃逸到公共道路造成损害的，动物主人仍然要承担过失责任。②

在西方的成文法国家，大都有关于流浪动物损害责任的立法规定。加拿大各省针对走失、遗弃动物制订了专门的 Stray Animal Act（流浪动物法案），明确规定动物的原所有权人应为驯养动物走失、遗弃期间造成的所有损害承担赔偿责任。③ 欧洲等国家也在民法典中强调动物走失、逃逸期间的动物所有人责任，④ 并通过相关法律要求社区或负有相关职责的组织部门为无人管领的流浪动物损害承担民事赔偿责任，以解决日益严重的流浪动物致损问题。⑤

（三）侵权责任法第 82 条的明确规定

我国的动物损害责任理论也承袭自罗马法。从民法通则第 127 条到侵权责任法第 10 章，始终将调整对象界定为“饲养动物”损害。“饲养动物”同样来自 domestic animal 一词，立法者虽然将其译为“饲养的”，但仍然是为了表明此类动物的可驯化性，以区别于不可驯养的野生动物，并无强调致损动物必须是人为喂养的或者致损时必须处于明确的所有权关系之下的意思。

---

① Arthur Best, David W. Barnes: Basic Tort Law Cases, Statutes, and Problems, Aspen Publishers, 2007, p. 641.

② 参见戴维·M·沃克：《牛津法律大辞典》，李双元等译，法律出版社 2003 年版，第 58 页。

③ Cfr. The Stray Animals Act of Saskatchewan

④ 意大利民法典规定：“动物的所有人或使用人在使用期间，对走失或者逃脱的动物所造成的损害，应负赔偿责任。”智利民法典规定：“动物即使在逃逸或者迷失后造成损害，其所有权人亦负责任。”埃塞俄比亚民法典规定：“动物的所有人对动物所致的任何损害承担责任，即使动物偶然逃脱其控制，或所致损害时不可预见的，亦得如此。”阿尔及利亚的民法典规定：“动物管理人，即使他并非为动物的所有人，应对动物（包括走失或者逃离的动物）致害的结果承担民事责任。但管理人能证明损害系不可归咎于管理人的意外原因所致者除外。”

⑤ Cfr. Risarcimento: Comuni sempre responsabili dei danni causati da cani randagi ai cittadini, Giurisprudenza La Sentenza di Cassazione, 2010. 6. 5 - n° 23. P. 50 - 51.

因此，“饲养动物”只是一种译法选择，其所指对象与传统动物损害责任无异。①

根据新法优于旧法原则，2009年的侵权责任法第10章构建了以无过错责任为主，过错推定为辅的二元归则体系。第78条排除了侵权责任法对野生动物致损问题的适用；第81条区分了私人饲养动物致损与动物园驯养动物致损在归责原则上的不同。除此之外，整个第10章不存在任何以所有权状态排除某类型动物致损适用本法的特殊规定。其次，第78至80条表明责任人承担动物损害责任的唯一基础就是人与动物之间的保有或管领关系，除此之外其他任何因素都不会影响饲养人或管理人作为第一责任主体的地位。最后，第82条明确表达了立法者调整所有权关系状态异常的动物致损责任的意图。其中，遗弃动物指向所有人主观希望放弃所有权从而使动物成为无主物的情形，要求原所有权人承担赔偿责任无疑是否定权利人以单方抛弃所有权作为免除责任事由的可能性；而对于逃逸动物，由于其所有权关系未发生实际变化，理所当然应由所有权人承担赔偿责任。② 据此，笔者认为，我国侵权责任法第10章的适用对象不仅包括“流浪动物”致损类型，还将其作为特殊情形排除受害人过错作为减免责任的事由，其归则较之第78条的一般条款更为严格。

二、流浪动物所有权关系的界定

通常，媒体和社会大众习惯将街头无人监管的宠物猫狗等统称为流浪动物。“流浪动物”一词虽然体现了这类动物居无定所、无人管理的共性，但却并非法律术语。从民法上讲，它不能准确反映这一类动物在所有权关系上的细微差别，而这些差别对于重新构建流浪动物损害责任赔偿主体是至关重要的。

实际上，流浪动物包括以下几种法律状态：

---

① 参见杨立新：《〈中华人民共和国侵权责任法〉条文解释与司法适用》，人民法院出版社2010年版，第496~499页。周友军：《侵权法学》，中国人民大学出版社2011年版，第397~400页。

② 在这一点上，第82条采用“原”所有权人的说法显得有些逻辑矛盾。

首先，走失动物，它是指因逃逸或丢失而暂时脱离权利人控制的动物。①在法律状态上，它们是遗失物，属于有主物，即存在确定的所有权人。② 权利人没有抛弃也不愿放弃对动物的所有权，在动物走失后，他们积极寻找并乐于恢复对动物的占有。因此，这一类动物的流浪状态是客观和暂时的，而非主观（从所有人角度）且确定的。一旦动物回归到所有权人的占有之下，所有权人愿意为动物在流浪期间造成的损害承担责任。但是，由于我国有关动物身份识别标志植入工作普及度较低，所以，现实中大部分走失动物都难以寻到失主，由于长时间脱离所有权人的有效占有，而被动的进入客观上无主物的法律状态，以致损害赔偿责任无人承担。

其次，遗弃动物，这类动物是所有权人通过明确的意思表示或行为主动抛弃所有权的动物。从动物作为民法上“物”的属性看，一旦动物被所有权人抛弃占有，即成为无主物，一般而言，将会产生原所有权人不再对其享有权利或负有义务，以及其他人可以通过先占而对其取得所有权的法律效果。但是，如果相关法律法规对于抛弃某类物品的所有权进行了特殊规定，那么，所有权人虽然依旧可以根据自己的意思表示抛弃所有权，但是也必须符合法律的规定，履行特定的手续或采取正确的处理方式，否则将违反在抛弃所有权过程中应尽的法律义务或合理的注意义务，同样会产生法律责任。例如我国古代商鞅立法禁止扬灰于道，古罗马法规定家父三次出卖家子的即彻底丧失对其的所有权，等等。③ 在欧美等国，宠物饲养法规禁止动物所有人随意抛弃宠物，违反者将处以行政处罚。放弃动物的所有权必须履行相关手续，到动物管理部门解除所有权人与宠物的所有权关系，并由专门机构接管被放弃的宠物。动物管理部门可以通过动物身份识别标识查找到违法抛弃动物的原所有权人，并由此实现损害赔偿责任的追偿。④ 但是，同样由于身份识别查证的现实阻碍，所以从民法理论上，对于遗弃动物的损害赔偿问题，

---

① 也有学者将走失动物归入遗弃类，参见杨立新：《〈中华人民共和国侵权责任法〉精解》，知识产权出版社2010年版，第305~306页。但无论对走失动物的归类哪个更为合理，都不影响对该类动物所有权关系状态的界定。

② 参见王利明：《民法》，中国人民大学出版社2000年版，第161页。

③ 参见彼德罗·彭梵得：《罗马法教科书》，黄风译，中国政法大学出版社2005年版，第92~93页。

④ 参见狄和双：《国外流浪犬猫救助策略之启示录》，载《养犬》2009年第3期。

能够确定原所有权人的，由原所有人承担损害赔偿责任；不能确定原所有权人的，目前无法进行民事司法救济。

再次，作为自然孳息的无主动物，这一分类指的是上述流浪动物在流浪期间所生育的动物。从法理上讲，自然孳息属于原物所有权人①，因此，走失动物所生育的动物原则上也应属于走失动物的所有权人。但是，由于宠物猫狗的生育周期较短，在野外环境下，幼崽会因各种原因脱离母亲独自生存，在缺乏身份识别标志的情况下，几乎没有办法确定所有权人。因此，大部分的孳息动物其法律状态为天然的无主物，当它们造成人身财产损害时，目前没有适格的损害赔偿责任主体。

三、现行法律的适用局限

如前所述，我国侵权责任法第 10 章虽然不排斥流浪动物损害，但是，对其规定却不完善，不仅在立法层面上留有空白，现有规定也存在司法实践难以实现的困难。

首先，我国当前面临的流浪动物损害问题主要表现在致损动物无主可寻。然而，侵权责任法第 82 条的规定却将流浪动物损害责任局限在存在原所有权人的唯一情形之下，完全忽视了因长期脱离占有而演变成无主物或者生来就是无主物的流浪动物致损问题。这种过于理想化的设计导致了流浪动物损害责任在民事赔偿主体上的部分缺失。

其次，结合流浪动物损害现状，即使致损动物确实是有主物，现行侵权责任法第 82 条在司法实践中的实现也具有很大难度。（1）动物不同于一般的静态物，有自己的意志，可以脱离人的控制自由行动。当前中国城镇中的流浪动物主要为猫狗等宠物，要么身形小巧灵活，要么庞大具有攻击性，均难以为人类所控制。在流浪动物致损的诸多实例中，动物致损后往往快速逃脱，难以捕捉。在致损动物本体缺失的情况下，根本不存在查找确定责任主体的可能性。（2）即便在少数情况下能够致损的流浪动物，由于我国宠物身份识别工作开展较晚，因为手续、费用等问题普及程度较低，大部分的家庭饲养宠物都没有安装身份识别标志。因此，查找致损动物所有权人的工作，

① 参见魏振瀛：《民法》，北京大学出版社、高等教育出版社 2000 年第三版，第 125 页。

即便是专业部门实行起来都有困难，至于普通受害人则更是难上加难。(3)在另外一些情况下，受害人虽然明知致损动物的原所有权人，但是同样由于缺少有效的数字化身份识别机制，也难以通过其他方式举证证实所有权关系的存在。其结果同样是索赔无望。

最后，面对上述困境，某些审判尝试通过追究物业管理人安全保障义务或投喂人注意义务的方式转移赔偿责任。然而，违反上述两种义务产生的赔偿责任都属于过失责任，这意味着受害人只有证明责任人存在过失的前提下才能获得赔偿，无疑又加重了受害人的举证责任。而且，即使责任主体确有过失，也只是在过失的程度内承担赔偿责任，其比例与受害人遭受的损害值难免差距较大，难以弥补损害。此外，在公共场所或者无人投喂的情况下，上述两种方式实际上也都难以实现。因此，这两种转嫁责任的方式不但收效甚微，使用中稍有不当还容易引发对社会善良风俗的质疑，导致新的责任分配不公。

综上所述，并结合流浪动物的所有权状态的不同类型，要妥善解决我国的流浪动物损害实际上面临两个问题：其一，在能够实现身份识别寻得原所有权人的情况下，对于走失动物与遗弃动物等所有权关系确定，且可以通过技术手段查证所有权人的流浪动物，都可以通过现有侵权责任法第10章的规定解决损害责任。因此，这一问题主要是城镇饲养动物管理技术问题，属于行政范畴。其二，基于我国饲养动物管理现状，在上述技术条件不能满足的前提下，三种类型的流浪动物都可能成为法律上真正的无主物，如此一来就无法适用现行动物损害责任法律法规。针对这一问题，亟待解决的是对无主动物损害赔偿责任主体的构建，通过法律确立适格的责任主体和相配套的责任承担、追偿制度，以求有效解决流浪动物损害问题。这个问题则是侵权责任法需要解决的问题。

四、流浪动物损害责任主体构建

结合传统动物损害责任理论、现行法律规定以及当前面临的主要问题，笔者认为，在流浪动物损害责任问题上应建立三方责任主体，分情况、分阶段的承担各自的民事责任。

（一）原所有权人依保有关系承担终局责任

在能够查找确认原所有权人的情况下，应该由原所有权人承担损害赔偿责任。侵权责任法第82条的规定在这一前提下不存在适用障碍。

虽然，各国立法在动物损害责任主体的概念上用语并不统一，但是具体指向无非两类：对动物享有所有权的所有权人，或者实际占有控制动物的占有人或使用人。① 我国立法中一贯使用的“饲养人或管理人”概念也作上述解释。② 前者承担责任的基础在于所有权，而后者则是强调所有权和占有分离时对动物有实际控制力的人应该承担责任。这种区分在针对偷盗动物使其脱离所有权人控制而致损的情形中起到一定作用，避免了盗贼以无所有权为借口逃避责任的可能。③ 然而，笔者认为，在流浪动物损害的问题上，特别是所有权人主动放弃或让渡直接占有（如交由他人饲养或借给他人使用）的情况下，以非直接占有或非实际控制来免除所有权人的责任是不适当的，它违背了所有权人对于动物所负有的保有义务。

首先，动物所有权人应尽到妥善看管动物的义务，若动物走失、逃逸，则所有权人具有过失，对于走失、逃逸期间造成他人损害，动物所有权人应承担赔偿责任。其次，在所有权与占有相分离的情况下，特别是所有权人为获取经济利益而出租出借动物时，所有权人负有谨慎选择占有人或管领人的注意义务，未尽此义务而随意的将动物交由一个不适当的人使用、看管，造成动物走失、逃逸并致人损害，动物的所有人应与实际使用、控制人承担连带责任。④ 最后，动物是特殊财产，是有生命的“物”，⑤ 在抛弃动物所有权的问题上，不能完全照搬抛弃无生命物的所有权的一般规定⑥，否则就会因为所有权人的不负责任的抛弃行为而加剧流浪动物社会危害程度。外国的动

---

① 参见王利明、周友军、高圣平：《侵权责任法疑难问题研究》，中国法制出版社2012年版，第621页。

② 王利明、周友军、高圣平：《侵权责任法疑难问题研究》，中国法制出版社2012年版，第622~625页。

③ Cfr. Christian von. Bar: Non-contractual Liability Arising Out of Damage Caused to Another, Seltier European Law Publishers, p. 679.

④ 参见张鑫：《流浪动物致害责任主体辨析》，载《湖北警官学院学报》2012年第12期。

⑤ 参见杨立新、朱呈义：《论动物法律人格之否定——兼论动物之民法物格》，载《法学研究》2004年第5期。

⑥ 物权法第39条规定：“所有权人对自己的不动产或者动产，依法享有占有、使用、收益和处分的权利。”

物管监管度和立法实践都不提倡甚至禁止动物所有人完全凭借主观意思表示而抛弃动物。相反，所有权人抛弃对动物特别是宠物的所有权必须依法履行必要程序，或将动物转移给他人并变更所有权登记或将动物交付给专门的收容机构。① 在借鉴这一思路的前提下，动物所有权人实际上就负有不得随意抛弃动物的义务，违反该义务者不仅不能以无所有权关系为由摆脱责任，实际上还具有主观过错，因此应承担赔偿责任。

相较于动物损害责任的一般规定，原所有权人在动物遗弃、逃逸期间的赔偿责任是更为严格的特殊形态，责任人不得因受害人的故意或重大过失减免己方责任。② 同时，原所有权人承担的责任为终局责任，如果在确定原所有权人之前有其他责任主体代为先行赔付的，代偿主体有权向原所有权人追偿。

（二）地区政府或流浪动物管理部门依职责承担补充责任

当难以确定流浪动物的原所有权人时，外国的立法经验，通常是由地方政府或者专门负责城镇流浪动物管理的机构、组织承担赔偿责任。以意大利为例，最高法院在判决先例中要么判定镇政府和地方卫生机构（ASL）对流浪动物致市民损害承担连带责任（Sentenza della Cassazione n. 10638 del 2002），要么认定地方卫生机构独立承担赔偿责任（sentenza della Cassazione del 3 aprile 2009, n. 8137）。虽然在责任主体的具体确定上存在不同观点，但是，城镇的公共职能部门永远是承担流浪动物致损责任责无旁贷的赔偿主体。③ 加拿大各地区的《流浪动物法》（Stray Animal Act）也规定对流浪动物负有收容管理职责的行政部门或机构承担动物流浪期间给辖区内其他市民造成的人身财产损害责任。④

---

① Cfr. The Stray Animals Act of Saskatchewan; Cfr. Chapter 1 Companion Animals, from: www. animalmosaic. org。

② 有的学者将第78与79、80、81、82条统称为动物损害责任的“一带四”立法体例，即在第78条一般原则下，辅以四个特殊的责任。参见杨立新：《〈中华人民共和国侵权责任法〉精解》，知识产权出版社2010年版，第292页。

③ Cfr. Canio Cubelli, Danni da animali randagi: chi paga?, OFANTO – N. 1 Dicembre 2006, p. 20 – 21; Cfr. Maria Giovanna Trombetta, Chi paga i danni causati dai randagi?, 30giorni – il mensile del medico veterinario, giugno 2010, p. 42 ~ 43.

④ The Stray Animals Act of Saskatchewan: Art. 19 ~ 20.

地方政府或公共职能部门承担赔偿责任的义务基础在于其所承担的公共职责。一方面，对于发生在公共场所或公共道路地域内的流浪动物损害案件而言，受害人——公共资源的使用者——享有获得人身财产安全保障的权利，其对应的是地方政府——公共资源的保有者和管理者——对进入公共场所内的市民人身财产安全的保障义务，即通常所谓的安全保障义务。基于这一义务，地区的公共职能部门始终应注意防止流浪动物进入或流连于公共场所，并应在发现流浪动物后及时抓捕收容以避免其伤害市民。公职部门未有效采取上述措施，即为违反安全保障义务的过失，就要承担损害赔偿责任。公职部门不能以受害人年老体弱、反应过度或不能有效控制自身以躲避动物为由减免己方责任，因为，每一个市民，不论其年龄、性别、智力等差别，均享有在公共场所安全通行或停留的权利。① 另一方面，地方法律也规定某些公共职能部门或机构、组织负有辖区内公共卫生保障职责，具体负责流浪动物的监管、收容工作。公职部门违反此法定义务，同样应向受害人在自身过失范围内承担损害赔偿责任。

国外立法例虽然明确地方政府或公共职能部门应对流浪动物给辖区内市民造成的财产损害承担赔偿责任，但是确立责任的依据却不是动物损害赔偿责任条款，而是一般的过错侵权责任。这样做的缺点在于加重了受害人的举证责任，即严格根据侵权法和诉讼法的规定，受害人必须证明地方政府或公职部门的过失，法院才能判定责任的成立。从理论上看，这种举证义务对于受害人一方负担较重；而就判决先例看，在公共场所发生的流浪动物损害案件中，地方政府或公职部门违反法定职责的过失也是不证自明的，过失在司法实践中的决定作用并不明显。因此，笔者认为，在将地方政府或公职部门设定为流浪动物损害责任主体时，可以直接将其纳入侵权责任法第 78 条和第 82 条的框架下，即在原所有权人不明时，由地方政府或公职部门承担无过错赔偿责任。

但是，与原所有权人承担的终局责任不同的是，地方政府或公职部门承担的赔偿责任应为补充责任，在致损的流浪动物原所有权人难以确定的情况

---

① Sentenza 16 marzo－28 aprile 2010, n. 10190, Cfr. Risarcimento: Comuni sempre responsabili dei danni causati da cani randagi ai cittadini, Giurisprudenza La Sentenza diI Cassazione, 5 Giugno 2010 － n°23, p. 50～51.

下，受害人向地方政府或公职部门主张的，地方政府或公职部门应予先行赔付，并以此享有向原权利人的追偿权。[①] 在追偿问题的具体处理上，国外较为成熟的经验是：在地方政府或公共职能部门先行承担补充责任后，在法定期间内查找到原所有权人的，原所有权人在先行缴纳管理费用、罚金及偿还动物损害赔偿金后，方可领回动物；若经过法定期间仍无法查找到原所有权人，则先行赔付机关可以依职权将致损动物出售，其价款优先清偿上述费用，余款在寻找到原所有权人后如数返还。[②]

（三）善意投喂者或临时收留者等依过错承担补充责任

从以往判例看来，在流浪动物损害中还存在一类主体，如善意投喂者或临时收留者等，他们虽然与致损动物之间没有明确既定的所有权关系，但是，基于主体的特定行为使之与致损动物之间存在一定的饲养或管领关系，这种外在表象容易使他人误认为主体与动物之间存在所有权关系，因此，受害人往往会以善意投喂者或临时收留人为被告要求其承担动物所有权人的赔偿责任。

然而，从法理上讲，善意投喂者或临时收留者与动物之间不存在所有权关系，因此，将他们作为所有权人来追究动物损害责任是不适格的。通常除了以动物管理登记等方式宣告的所有权关系外，还可以通过一些主客观标准的结合来综合判定人是否应对动物承担基于所有权关系的责任。主观标准即投喂者与收留者是否是以所有的意思为投喂或收留行为，客观的标准则可以概括为：(1) 谁拥有对动物的控制权；(2) 谁负担保有动物的费用；(3) 谁通过动物而获益（含精神利益和财产利益）；(4) 谁承担失去动物的风险。[③] 基于上述标准，善意投喂者或者临时收留者通常在实施相关行为时一般不具备意图取得对该动物的所有权的主观意思，而客观上，投喂人或收留人善待流浪动物的举动仅仅是出于善心和对动物的关爱，并不因此实现获取

---

① 参见杨立新：《侵权责任形态研究》，载《河南省政法管理干部学院学报》2004年第1期。

② Cfr. The Stray Animals Act of Saskatchewan; Cfr. Chapter 1 Companion Animals, from: www. animalmosaic. org。

③ Cfr. Christian von. Bar: Non – contractual Liability Arising out of Damage Caused to Another, Seltier European Law Publishers, p. 680.

经济利益或者情感陪伴的目的；此外，善意投喂人或临时收留人通常与流浪动物之间尚未形成稳定的喂养或保有关系，他们无法实际有效地控制流浪动物的行踪，也不会因为流浪动物的失踪死亡而遭受经济损失。因此，笔者认为，要求善意投喂人或临时收留人承担等同于所有权人一样的动物损害责任显然是不合适的，他们只能作为与动物致损有关的责任人，在因其行为导致流浪动物致损的过失范围内承担补充责任。

国外的流浪动物法规通常为流浪动物的发现者（finder）设定临时收容和及时通报的义务，具体包括：（1）发现流浪动物后，在知道其原所有权人的情况下，发现者应及时联系原所有权人，令其领回动物；（2）在不知道原所有权人的情况下，发现人应在法定期间内通知流浪动物管理机构或者最近的警察局，由其负责安排流浪动物的收容。① 发现者应当为流浪动物提供必要的生存资料，但是不得私自长期保有流浪动物，更不能通过长期占有而直接取得对流浪动物的所有权。② 由此可见，在健全的流浪动物管理体系下，发现者除了依法负有在法定期间内及时通报管理机构的作为义务，还负有不得擅自处置、保有流浪动物的不作为义务。任何积极地违反或消极地未履行上述义务都会导致发现者在流浪动物损害中的过失，从而产生相应责任。例如，在 Smith 诉 Prendergast 一案中，被告因为放任一条流浪狗在其院子内逗留 3 周而未尽到有效的举报监管义务，导致邻居被该狗咬伤，法院认为被告的具有明显过失。③ 同样，在肖某诉乔某流浪猫伤人案中，二审法院认为被告在其居民楼外的公共通道处长期投喂流浪猫的行为导致了流浪猫在公共场所的聚集，违反了市民应维护公共安全的合理注意义务，因此认定被告具有过失。④ 笔者认为，上述的判例都具有一定的合理性，对于规范和鼓励第三人正确处理流浪动物具有不容忽视的促进作用。但是在我国当前的司法实践中，也应该慎重把握善意投喂者或临时收容者注意义务的合理标准，避免在相关法规缺失的情况下过分苛责好心人的善意之举，阻碍人与动物之间和谐

---

① The Stray Animals Act of Saskatchewan：Art. 14 ~ 16.

② The Stray Animals Act of Saskatchewan：Art. 17.

③ Smith v. Prendergast (1984) Tines, 18. Oct., Cfr. Christian von. Bar：Non - contractual Liability Arising Out of Damage Caused to Another, Seltier European Law Publishers, p. 685.

④ 参见《“流浪猫伤人”案改判投喂人减赔》，载《北京日报》2013 年 3 月 12 日。

共存关系的建立。

善意投喂人或临时收留人等责任主体为自己的过失向流浪动物损害的受害人承担赔偿责任，其责任范围以过失大小为限。此外，该责任应为补充责任，善意投喂人或临时收留人承担赔偿责任后，可以取得向流浪动物的原所有权人追偿的权利。

结　语

和其他发达国家相比，我国在流浪动物治理政策、流浪动物管理法规、流浪动物监管技术等方面都存在较大不足。近年来流浪动物损害纠纷所反映出来的侵权责任法的适用局限性只是这一重大社会问题的冰山一角。为了妥善解决流浪动物给城镇生活带来的诸多不良影响，不仅需要侵权责任法就有关法条进行补足完善，还需要政策、法规、行政等综合治理。判

论媒体侵权的理论基础与实践考量

岳业鹏*

表达自由与人格权保护之间的冲突是各国立法及司法机构面临的重大难题，而新闻媒体常常在这一冲突中扮演重要角色。媒体侵权并非严谨的法律概念，而是在实践中逐步形成和发展的，有时被称为“新闻侵权”“新闻官司”“新闻诉讼”等。我们无法对“媒体侵权”的概念进行严格的内涵界定，而仅能大致描绘其外延范围。所谓媒体侵权，主要指媒体机构或者个人，通过报刊、杂志、图书、广播、电视、网络等大众传播媒介，侵犯公民或者法人的名誉权、隐私权、肖像权等人格权的行为。该概念的提出，与现代传媒技术飞速发展所带来的人格权诉讼激增的趋势密不可分。新闻媒体是人格侵权诉讼被告席上的常客，客观上推动了人格权理论体系与实践保护的发展。如何看待媒体在人格侵权案件中的特殊地位，并探究媒体侵权的理论基础，无疑具有重要意义。

一、超越媒体侵权存废论：现实与发展的双重视角

（一）媒体侵权的实践发展与研究状况

媒体侵权虽非中国特有的问题，但却有着中国独特的学术和实践背景。尽管媒体侵权是否为一种独立的侵权行为类型一直存在争论，但实践中（特

* 北京化工大学文法学院讲师、硕士生导师，中国人民大学民商事法律科学研究中心兼职研究人员。本文系教育部人文社会科学重点研究基地项目“侵权责任法的若干疑难问题研究”（批准号：12JJD820015）的研究成果。

别是民法通则实施以后）以媒体为被告的人格权诉讼的数量却一路飙升，先后掀起了四次媒体侵权诉讼浪潮。媒体侵权诉讼的发展，客观上推动了我国人格权保护制度的不断完善。① 改革开放之初，当时的新闻机构一如既往地保持着“颐指气使”的姿态，漠视公民人格权的情事常有发生。“文革”十年中肆意践踏人格的惨剧仍历历在目，人们通过法律武器维护其名誉权以及人格尊严成为必然的选择。② 新闻媒体因此成为人格权侵权诉讼被告席上的常客，突如其来的责任压力使得新闻界对媒体侵权问题的研究满怀兴趣。相较于民法学者，新闻界表现出了更高的积极性。③ 在之后经历的二十年中，站在被告席上的被侵权者范围不断扩大，赔偿数额也屡创新高。更让媒体界感到不安的是，媒体侵权责任构成的标准始终未能得以统一，同案不同判的现象大量存在，④ 符合新闻业操作规程和价值理念的报道行为也可能成为民事侵权行为追究的对象。因此，新闻界积极呼吁应当明确媒体侵权责任的界限，以提高报道行为后果的可预期性，并确保表达自由应有的“呼吸空间”。就此方面，新闻法学界历来重视通过实证分析的方法来展现媒体在人格侵权诉讼中的“弱势地位”，发表了大量的案例素材和数据统计分析，基本反映

---

① 为了回应人格权纠纷中不断出现的新情况与新问题，最高人民法院先后通过了《关于审理名誉权案件若干问题的解答》（1993）、《关于审理名誉权案件若干问题的解释》（1998）、《关于确定民事侵权精神损害赔偿责任若干问题的解释》（2001）、《关于审理人身损害赔偿案件若干问题的解释》（2003）四个有关人格权保护的司法解释，2009年通过的侵权责任法第2条则明确将名誉权、隐私权、肖像权等多种具体人格权类型列为侵权法保护的对象。人格权观念不断深入人心，有学者呼吁人格权法的单独立法。

② 刘海涛、郑金雄、沈荣：《中国新闻官司二十年（1987－2007）》，中国广播电视出版社2007年版，第3页。

③ 中国新闻法制研究中心先后于1991年、1993年及1996年主办了以“新闻侵权”为主题的学术研讨会，从参与相关主题研讨会的专家及发表的成果来看，新闻法学者和新闻工作者无疑是研究新闻侵权问题的主力军。参见杨立新：《我国的媒体侵权责任与媒体权利保护》，载《中国法学》2011年第6期。

④ 相关研究报告，请参见徐迅：《新闻（媒体）侵权研究新论》，法律出版社2009年版。

了我国媒体人格权诉讼的现状。① 另外，就媒体侵权的理论分析与比较研究，新闻法学者也发表了颇有价值的成果。② 特别值得关注的是，在侵权责任法制定过程中，新闻学界对于在该法明晰媒体侵权的界限“奔走呼号”，并由中国记者协会组织新闻法专家开展科研项目研究，完成了“新闻侵害名誉权、隐私权新的司法解释建议稿”，③ 并于《新闻与法律》杂志连续八期刊登其成果及依据。

媒体致力于从表达自由的角度来考量人格权侵权责任的构成，而民法学者则主要从人格权价值及保护的立场去看待表达自由行使的界限。④ 将媒体侵权作为独立的问题开展研究，并主张在侵权责任法中进行特别规定的代表学者为王利明教授及杨立新教授。两位教授不仅合著《人格权与新闻侵权》一书⑤，并分别在各自主持的侵权责任法草案建议稿中将“新闻侵权”或“媒体侵权”作为单独章节进行规范。除此之外，民法学者较少开展以“媒

① 就媒体侵权开展实证研究最为全面、典型的当属由徐迅教授主编的《新闻（媒体）侵权研究新论》与《中国新闻（媒体）侵权案件精选与评析50例》（法律出版社2009年版），对二十多年中发生的800个媒体侵权诉讼案例进行统计分析，基本反映了我国媒体侵权案件的基本现状和主要问题。另外，刘海涛、郑金雄、沈荣三位新闻工作者编纂了近二十年来我国新闻诉讼的断代史（《中国新闻官司二十年（1987－2007)》，中国广播电视出版社2007年版），反映了表达自由与人格权在我国媒体侵权诉讼中此消彼长的博弈关系。

② 例如魏永征教授的《被告席上的记者——媒体侵权论》（上海人民出版社1994年）；徐迅编著的《中国新闻侵权纠纷的第四次浪潮：一名记者眼中的新闻法治与道德》（中国海关出版社2002年版）；张鸿霞：《大众传播活动侵犯人格权的归责原则研究》（中国政法大学出版社2012年版）；王伟亮：《负责任报道与媒体特权免责的平衡》（中国政法大学出版社2013年版）等。

③ 参见《新闻侵害名誉权、隐私权新的司法解释建议稿》（条文部分），载《新闻记者》2008年第1期；《新闻侵害名誉权、隐私权新的司法解释建议稿》（依据部分），载《新闻记者》2008年第2～8期；

④ 例如王利明：《人格权法研究》（第二版），中国人民大学出版社2012年版；杨立新：《人格权法》，法律出版社2011年版；姚辉：《人格权法论》，中国人民大学出版社2011年版；张新宝：《名誉权的法律保护》，中国政法大学出版社1997年版，《隐私权的法律保护》，群众出版社2004年版等。

⑤ 参见王利明、杨立新：《人格权与新闻侵权》，中国方正出版社1995年版。第二版已于2010年出版。

体侵权”为主题的研究，这也反映了民法学界的对待媒体侵权问题的多数立场。[①] 但这种“淡漠”并非是由于未意识到该问题的存在，而是与侵权责任法制定之前发生的关于“媒体侵权存废”的争论有关。

（二）“媒体侵权存废论”的争议

媒体侵权问题在侵权责任法制定过程中一度成为热点话题。在“一般条款+类型化”的立法模式成为主流思路之后，围绕着“媒体侵权是否作为一种独立的侵权行为类型以及应否在《侵权责任法》中单独规定”，学者之间展开了“媒体侵权否定说”与“媒体侵权肯定说”的激烈争论。在不同研究机构及学者负责起草的民法典学者建议稿以及侵权责任法草案建议稿中，即隐含了对媒体侵权问题的态度分歧。王利明教授与杨立新教授坚持了一贯的观点，将“新闻侵权”作为一种独立的侵权行为类型加以规范；[②] 与此相对，张新宝教授负责起草的中国社会科学院版的侵权责任法草案以及麻昌华教授领衔起草的“绿色民法典”侵权行为编，则未作特别规定。但该问题争论公开化、学术化，则源于张新宝教授于2008年发表的《新闻（媒体）侵权否认说》一文。[③] 根据该文的研究，“媒体侵权肯定说”的代表人物和最坚定者为杨立新教授，认为媒体侵权在责任构成甚至归责原则方面具有特殊性，至少是在抗辩事由方面具有特殊性。而“媒体侵权否定说”的主要代表人物是张新宝教授，认为报刊、杂志、电视或广播节目侵害名誉权、隐私权等的案件，与一般公民侵害人格权，在构成要件、归责原则甚至抗辩事由等方面均无特殊之处，无需特别规范。该文发表后，民法学者中研究媒体侵权的成果再次减少。

2009年底，侵权责任法在这种争议背景下得以通过，并于2010年7月颁行实施。该法基本采纳了“媒体侵权否定说”的观点，并未将媒体侵权作为一种独立的侵权类型加以规定，仅在第四章“关于责任主体的特殊规定”

---

① 根据张新宝教授的观点，持“媒体侵权否定说”的学者为中国人民大学民商事法律科学中心以外的学者。参见张新宝：《新闻（媒体）侵权否定说》，载《中国法学》2008年第6期。

② 参见王利明主编：《中国民法典学者建议稿及立法理由》，法律出版社2005年版，第79~89页。

③ 参见张新宝：《新闻（媒体）侵权否定说》，载《中国法学》2008年第6期。

第36条就网络侵权中网络服务提供者的侵权责任进行了规定。但该争论并未随着侵权责任法的通过而“尘埃落定”。学者再次发表论文，全面回顾我国媒体侵权问题研究的发展历程，并就其现实意义及未来展望陈述了观点。①我国首创立法体例上侵权责任法独立成编之先河，媒体侵权肯定与否定说的争论更为我国学术界所独有。无可否认的是，媒体侵权肯定说与否定说的争论是在立法论层面展开的。无论是何种学说在侵权责任法立法讨论中占据上锋，立法论层面的争论也随着该法的通过而告一段落了。侵权责任法的相关研究也应从制度构建的立法论阶段转向了以法律适用为核心的“解释论”时代。

（三）媒体侵权问题的现实意义与宪法价值

尽管媒体侵权否定说的部分观点确实言之有理，媒体侵权单独规定的正当性和必要性尚待更加充分之论证。由于未类型的侵权行为原则上可以适用一般条款界定其责任构成，媒体侵权是否在侵权责任法条文规范中有其“一席之地”并非那么不可或缺，其中涉及的重要社会价值与复杂利益平衡可以通过法官自由裁量权范围内的利益衡量得以实现。但这些均不足以否定对该问题继续展开研究的理论和实践意义。尽管我们可以从理论上认可媒体侵权否定说，并将其排除在侵权责任法明确规定的范围之外，但却无法阻止实践中媒体侵权诉讼案件直线上升的趋势，也无法避免法律适用争议的针锋相对与愈演愈烈。侵权责任法未对媒体侵权设单章或单节加以规定，但我们还是得面对日益增多的新闻诉讼案件，并找寻合理的侵权责任界限，以求获得大致适当的利益平衡。某一法律问题研究的必要性，并不（至少并非仅）取决于该问题的特殊性，更取决于其重要性。在侵权责任法业已实施的背景下，立法论层面的讨论已初告一个段落，媒体侵权是否单独立法规定与是否需认真研究系为不同问题。本文无意于争论媒体侵权立法的必要性或多余性，这种争论实际上也没有现实意义。需要引起注意的是，立法关于名誉权保护的明确规定（主要是侵权责任一般条款），并未消除实务中对媒体报道侵害人

① 参见杨立新：《我国的媒体侵权责任与媒体权利保护——兼与张新宝教授“新闻（媒体）侵权否认说”商榷》，载《中国法学》2011年第6期。同样立场，请参见陈清：《“新闻侵权”肯定说——兼与张新宝教授商榷》，载《武汉科技大学学报（社会科学版）》2010年第5期。

格权责任限度的无所适从。考虑到媒体承担重要的社会功能，保证其发表言论的权利与自然人言论有着不同的理论基础与现实意义。

尽管民法学将媒体侵权作为一种侵权类型来对待，但实际上其中包含的问题却远非如此简单。媒体侵权责任的界定，不仅涉及保护民事主体人格权的侵权责任法语域，还涉及民主法治社会背景下对媒体发挥舆论监督职能的期待，以及人民所享有的高居于宪法之中的言论表达自由。因此，媒体侵权责任的研究不仅是个民法问题，更是一个宪法问题；不仅涉及判断侵权责任构成要件的技术性问题，还涉及表达自由与人格权两种基本权利之间复杂的价值衡量，甚至还涉及民事立法与司法如何贯彻、实践宪法价值的方法论层面的思考。可惜的是，媒体侵权责任中所包含的宪法意义，并没有得到民法理论和审判实务的认真对待。由于我国缺乏有效的违宪审查机制，表达自由和人格权两种宪法价值的复杂平衡过程，实际上仅仅内化于一般民事名誉权诉讼的自由裁量权之中。媒体侵权诉讼一审通常为基层法院，近三十年来鲜有类似案件经由最高人民法院审理，涉及人民基本权利的重要案件并未得到应有的重视。我国宪法学者莫纪宏教授曾指出，新闻监督权与名誉权的价值冲突是宪法学与民法学理论研究的难点问题，这一冲突的协调在实践中并未获得妥善的解决，究其原因，主要还是没有清晰的分析思路，特别是没有结合现代宪法的基本原理来解析相关的价值矛盾。① 朱苏力教授也从一般的人格权纠纷中敏锐地发现了其中涉及的“更为根本性的宪法问题”，认为只有在此构架下，“才能作出更具普遍意义和更为深刻的分析”。② 因此，如何保证宪法的价值在民事案件的审理中得以现实落实，是研究媒体侵权问题必须面对的课题。

二、媒体侵权的理论基础

媒体侵权涉及表达自由与人格权两种宪法价值之间的冲突，既担负着保护公民人格权的重任，又面临着限制新闻媒体自由的风险。媒体侵权责任构成及方式的判断，不仅应当遵循民法上侵权责任的一般原理，而且需要兼顾

① 莫纪宏：《实践中的宪法学原理》，中国人民大学出版社2008年版，第376页。

② 参见苏力：《秋菊打官司案、邱氏鼠药案和言论自由》，载《法学研究》1996年第3期。

宪法上基本权利的限制规则。作为侵权主体的新闻媒体及其工作者，在责任认定中是否受到宪法特别的保障或者有其特殊的利益衡量，理论和实践中均存在争议。从宪法和民法两个层面审视媒体侵权的理论基础，具有重要的意义。

（一）宪法基础：新闻自由的特殊意义

言论自由的价值是伴随着媒体的产生而提出来的，出版自由的价值始终是争取言论自由的核心理由。广义上的言论自由作为一种沟通方式，除个人沟通外（如电话通讯、集会演讲）外，主要是透过大众媒体，包括新闻、广播、电视、网路来实现的，其中以新闻媒体最为重要（新闻自由）。① 由此，新闻出版的自由也是言论自由中最为核心的部分。不过，如何协调言论自由与新闻自由二者之间的调整范围，各国仍有争议。美国宪法第一修正案将“Freedom of speech”与“freedom of the press”并列使用，② 似乎有意将二者区分。学者从历史解释的角度认为，制宪者的原意系将“Freedom of speech”与“freedom of the press”当作同义词使用，以防止造成宪法仅保障言语表达的言论的误解。③ 但结合宪法理论以及司法实践的发展，言论自由条款（speech clause）与新闻自由条款（press clause）服务于不同目的，二者可以而且应当予以明确区分。新闻自由条款除发挥言论自由所具有的满足公众知情权、形成公共意见以及监督公共官员等职能外，还具有保障媒体成为一项独立制度进而制衡政府权力的“第四权”。④ 由于新闻自由相较于言论自由所发挥的独特功能，学者提出诽谤诉讼中的媒体被告应当比非媒体被告获得更多宪法上的保护。⑤ 新闻自由条款的独立意义，正在宪法理论的发展丰富和司法适用中逐步被阐释。

---

① 王泽鉴：《人格权法：法释义学、比较法、案例研究》，台湾地区自版，第363页。

② 该条修正案原文为：Congress shall make no law respecting an establishment of religion, or prohibiting the free exercise thereof; or abridging the freedom of speech, or of the press; or the right of the people peaceably to assemble, and to petition the government for a redress of grievances.

③ See Melville B. Nimmer, Nimmer on Freedom of Speech, at 2－106. 转引自林子仪：《新闻自由的意义及其理论基础》，载《台大法学论丛》第22卷第1期。

④ See Bezanson, The New Free Press Guarantee, 63 Va. L. Rev. 731（1977）.

⑤ See Stewart, Or of the Press, 26 Hastings L. J. 63（1975）.

在德国，新闻传播自由内容及范围的界定，均与传媒业在民主国家之特别地位（媒体公器）息息相关。《基本法》明确规定了仅适用于大众传播媒体的媒体基本权（Mediengrundrechte），包括新闻自由、广电传播与电影传播自由以及艺术自由权。由于大众传播媒体执行所谓的“公众任务”（oeffentliche Aufgabe der Medien）①，基本法赋予大众媒体以社会团体身份对抗国家公权力行使与他人权利行使之特权。德国联邦宪法法院在著名的“明镜周刊案”的判决中详细阐释新闻业在民主国家承担的“公众任务”时指出，“新闻媒体采访新闻、评论时事，并引导大众对事务之讨论方向；舆论在媒体报道中形成，事件的轮廓经由谈论与回应谈论的方式被清楚地勾勒出来，提供国民作判决与决定时的依据；在代议民主制度中，新闻媒体同时为国民与民意代表及官员之间的沟通桥梁与控制机关。”② 尽管新闻自由在德国法制史上曾一度被认为是言论自由的一种形式，亦即个人言论于报章发表，并透过此项媒介作为比个人更为广泛的传播，今日由于强调新闻自由在民主社会中之客观意义，新闻自由权已从言论自由权中独立出来。③ 新闻自由不仅包含了言论自由所具有的表达观点的权利，还涵盖了大众媒体具有的对抗公权力机构“事前审查”的权利。

具有广泛共识的是，言论自由是一种个人的基本权利（an individual right），是宪法为了保障个人的自我表现或自我实现（self - expression or self - realization），及尊重表意人自我决断的自主权（autonomy）所规定的一种基本权利。④ 而新闻自由是一种“制度性基本权利”（an institutional right），是宪法为了保障新闻媒体作为现代社会一个重要的制度，而给予新闻媒体一种

---

① 该词首席出现于1933年公布的“纳粹报社编辑人法”，意指新闻媒体在自由民主法治国家功能之事实性描述。1959年公布的“民法人格权与名誉权保护之新规定”草案曾就此进行解释，该草案第14条第2款规定：“新闻、广电与电影媒体有正当之权利，在履行公众任务之范围内向大众传播资讯以及进行公开评论。”

② BVerfGE 20, 162（174 f.） – Spiegel. 转引自张永明：《新闻传播自由之自由与界限》，永然文化出版2001年，第95页。

③ 详细论述参见 Bullinger, Freiheit von Presse, Rundfunk, Film, Handbuch des Staatsrechts, Band VI, 1989 §142, Rndr. 10 ff., 34ff. 转引自张永明：《新闻传播之自由与界限》，永然文化出版公司2001年版，第193页。

④ 参见林子仪：《言论自由之理论基础》，载《台大法学论丛》第18卷第1期。

基本权利的保障，以使新闻媒体能发挥其应有的制度功能。[①] 由于宪法对新闻自由作为一种制度进行保护，因此新闻报道的内容并非考量因素，而言论自由的保护则是以其内容为基础的（content - based）。基本法所所保护的新闻自由主要为制度性保障，即一般报道机关（也即新闻界）在制度上应受特别的待遇，以维护独立自由新闻机构的存续，并贯穿于信息收集到新闻传播整个过程。基于此，新闻媒体所享有的宪法上的特权主要体现为新闻采访权、拒绝披露消息来源与拒绝作证权、援引公益条款免责权以及法庭审判的报道权等。

我国宪法第35条[②]规定将公民作为“出版自由”的主语，隐含了仅将其作为表达的一种形式的语义。从上述规定的字面含义来看，新闻自由似乎为言论自由或出版内容的组织部分，即新闻媒体发表言论的自由，与其他形式的言论并非本质性差别。不过，此种认识方式显然没有注意到现代民主法治社会背景下，新闻媒体所应当担负的社会监督与资讯传播的职能。诚如学者所言，新闻自由并非指新闻媒体发表言论的自由，而是媒体给公民发表言论提供一个平台，使公民能够在了解事件真相的基础上发表自己的意见和看法，因此，新闻自由不是言论自由的组成部分，而是帮助公民实现言论自由的手段。[③] 尽管该观点将媒体仅仅界定为一个中介，忽略其调查、编辑等自主性职能，而将新闻自由看作是言论自由实现的途径，有失妥当。但却很好地表达了新闻自由对满足公众知情权方面的价值。无论新闻自由在理论上如何与言论自由协调，其特殊意义为新闻媒体在民主政治社会背景下发挥更为重要的职能提供了理论支撑，并成为各国“侵权责任法宪法化”趋势的宪法基础。

（二）民法基础：私法上“人”的现代发展

媒体侵权以侵权主体的特定性作为其确定界限的标准，进而使之成为一种需要特别关切的侵权类型，不仅需要实践意义的阐释，也需要民法基础的澄清。近代民法通过承认所有的人的完全平等的法律人格来塑造其性格，并展开其规范。作为民法上权利义务主体承担者的“人”，乃是“根植于启蒙

---

① 林子仪：《新闻自由的意义及其理论基础》，载《台大法学论丛》第22卷第1期。

② 该条规定：“中华人民共和国公民有言论、出版、集会、结社、游行、示威的自由。”

③ 参见马岭：《宪法权利解读》，中国人民公安大学出版社2010年版，第228页。

时代、尽可能地自由且平等、既理性又利己的抽象的个人（abstrakte Einzelmensch），是兼容市民及商人的感受力的经济人（homo oeconomicus）。”① 民法典是不知农民、手工业者、企业家、劳动业者等之间的区别的，它所知道的只是作为法律主体的“人格人”（Person）而已。② 换言之，私法中的人是作为被抽象掉了各种能力和财力等的抽象的个人而存在。③ 从这个意义上讲，“媒体侵权”之肯定者将新闻媒体或者新闻媒体的从业人员作为一类特别的侵权行为主体，在民法之“人”之上加上了职业符号，与近现代民法的基本技术方法背道而驰。④ 但此种观点仍有商榷余地。随着经济的发展以及历史的演进，民法上平等自由之人的抽象越来越受到社会现实的挑战，现代民法正经历着“从抽象的法律人格向具体的人”的转变。里佩尔曾在1938年的《职业民法》（droit civil professionnel）中精辟地指出，我们必须给法律上的抽象人以及为进行论证而架空了的人穿上西装和工作服，看清他们所从事的职业究竟是什么。⑤ 尽管民法应当在多大范围内因应市民社会结构和价值的变迁进而划定“具体人”的范围，尚需更为详尽、有力的论证探索，但通过职业而进行的区别对待不再与民法理念与价值“水火不容”，“人的再发现或复归”是现代民法无法阻挡的未来趋势。

事实上，现代社会背景下的民法已然难以再维持近代民法那种“形式化、中立性”的传统性格，而是在回应社会迫切问题的过程中不断突破逻辑的束缚，将更多经验的因素注入了民法的体系。这也符合人类法制从压制型法到自治型法再到回应型法的演进历程。近代民法正是通过设置一套专业化的、相对自治的法律制度，进而控制率性不羁的国家强制力，以证成其决策的正统性并保持规范的适应性。自治型法“躲避政策问题、戴上中立面具并

---

① Boehmen, Einfuhrung in das burgerliche Recht, 2. Aufl., 1965, S. 83. 转引自［日］星野英一：《私法中的人》，王闯译，中国法制出版社2004年版，第7页。

② 参见［德］拉德布鲁赫：《法学导论》，米健译，商务印书馆2013年版，第99页。

③ ［日］星野英一：《私法中的人》，王闯译，中国法制出版社2004年版，第35页。

④ 参见张新宝：《新闻（媒体）侵权否定说》，载《中国法学》2008年第6期。

⑤ 参见［日］星野英一：《私法中的人》，王闯译，中国法制出版社2004年版，第74页。

避免首创精神"[①] 的方式虽很大程度上约束了权威的肆意，但另一方面也"作茧自缚"绝缘于社会的发展。随着法律追求目标的多元与复杂化，回应型法成为历史的必然。法律应该放弃自治型法通过与外在隔绝而获得的安全性，并成为社会调整和社会变化更能动的工具。[②] 例如，侵权责任法将"医疗损害责任"（第七章）作为独立的侵权类型加以规范，并确立了过错责任的一般归责原则。显然，医疗机构或医护人员与其他民事主体的侵权行为并不存在本质的区别。医疗侵权之所以得以单章规定，主要是基于日益紧张的医患关系与愈演愈烈的医疗纠纷。[③] 医疗行业的公益性以及特殊性，需要在医疗侵权责任的构成和范围认定中予以特别考量。相应地，随着我国民主法治进程的不断推进，新闻媒体对于信息自由流通、形成公共意义以及加强舆论监督等方面的突出作用已为广泛共识。在欠缺宪法权利实施机制以及新闻基本立法的背景下，媒体侵权实际上发挥了界定表达自由基本权利范围的重要功能。对此，侵权责任法当然不会也不能"袖手旁观"。媒体侵权理论的展开，不仅与民法基本理念不相冲突，而且是我国现行民法与侵权责任法体系发展和与时俱进的重要体现。

三、"媒体"被告特殊性争议分析：以诽谤侵权为例

大众媒体的发展，是人格权保护理论和实践发展的重要助推力。近代传播技术（如印刷术）的出现开启了人类为出版、言论自由而进行的艰苦卓绝的斗争；现代资讯科技的发展更是让名誉权、隐私权等人格权的保护变得尤为迫切。媒体被告在人格侵权诉讼中究竟是否具有特殊地位，决定着媒体侵权理论研究的现实意义，是比较法上颇富争议的重要课题。本文以名誉侵权为例，来分析媒体在人格权诉讼中的特殊地位。

（一）宪法保护的适用范围：媒体与非媒体被告的区分

虽大众媒体具有传播速度快、涉及面广以及损害严重等特点，但媒体被

---

① 参见［美］诺内特、塞尔兹尼克：《转变中的法律与社会》，张志铭译，中国政法大学出版社 1994 年版，第 93 页。

② 同上注，第 82 页。

③ 参见全国人大法工委民法室：《侵权责任法条文说明、立法理由与相关规定》，北京大学出版社 2010 年版，第 222 页以下。

告的特殊性，则主要源于社会大众对新闻媒体在社会中所扮演角色或担负功能的重要性有了与以往不同的认知，而拟给与新闻媒体某种与以往不同的社会地位所致。① 值得关注的是，各国诽谤法发展过程中的标志性判例多针对媒体被告，且媒体在民主社会背景下在报道公共利益事项中的突出作用获得了许多国家最高裁判机构的肯认，并相继确立了有利于媒体抗辩的诽谤法宪法化基准。

在美国，新闻媒体被赋予“第四权”之重托，在言论自由保护的发展历程中占据着举足轻重的地位，并成为言论自由事业的重要推动力量。媒体在宪法第一修正案的庇护下享有最为广泛的自由，联邦最高法院通过 Sullivan 案将传统诽谤法予以宪法化（constitutionalizing the defamation law），要求公共官员向媒体提起诽谤诉讼时，不仅应当证明涉及言论不实，且必须证明被告明知言论不实，或完全罔顾言论的虚假性。② 虽判决并未明示此项宪法基准是否仅适用于媒体被告，但由于该被告包括纽约时报以及四位牧师被告，因此，该宪法保护标准原则上亦惠及非媒体被告。在 1974 年的 Gertz 案中，最高法院降低了纯粹私人原告场合宪法标准的要求，多数意见重点强调了被告为媒体身份的重要性：原告必须证明发表者报道过程中存在某种程度的过失。③ 此判决之后，下级法院依据宪法修正案言论自由与新闻自由的区分，拒绝将 Gertz 案确立的宪法保护标准适用于非媒体被告。非媒体被告则应就诽谤性言论承担严格责任。④ 一些法院及学者就此认为，最高法院通过 Gertz 案划定了诽谤法宪法化的适用前提，即被告的媒体身份。

在 1985 年 Dun 案中，对于非媒体被告可否援引 Gertz 案确立的过失标准寻求宪法保护，最高法院拒绝作出直接回应。但根据 Brennan 大法官的反对意见，最高法院至少有六位大法官倾向于认为在界定宪法保护表达自由的范围时不应当区分媒体被告与非媒体被告。⑤ 在次年的 Hepps 案中再次面临该问题时，最高法院明确表态：媒体没有理由比赋予其权力的人民享有更为宽

---

① 林子仪：《新闻自由的意义及其理论基础》，载《台大法学论丛》第 22 卷第 1 期。

② New York v. Sullivan, 376 U.S. 254 (1964).

③ Gertz v. Robert Welch Inc., 418 U.S. 323 (1974).

④ Harley - Davidson Motorsports v. Markley, 279 Or. 361, 568 P.2d 1359 (1977); Denny v. Mertz, 106 Wis. 2d 636, 318 N.W. 2d 141 (1982).

⑤ Dun & Bradsteet, Inc. v. Greenmoss Builders, Inc., 472 U.S. 749 (1985).

广的表达自由。但该案判决仍拒绝本案中的非媒体被告援引宪法标准进行抗辩。① 值得注意的是，虽然最高法院从未明确支持媒体与非媒体被告的区分，但其亦未曾明确予以反对，甚至在数度直面此问题时刻意予以回避，其中缘由尚有待于分析。学者则质疑以被告媒体身份作为确定是否受到宪法保护的标准的正当性。首先，声称媒体为实现信息传播与意见表达最重要途径的观点，在媒体所有权集中（concentracted ownership）背景下已经丧失其合理性，加之媒体发表言论很大程度上受到赞助广告商的影响，媒体实质上已经沦为少数人发言的媒介；其次，由于媒体与非媒体之间的区分欠缺明确、科学的标准，加之传播技术的日新月异，二者的界限越来越模糊。这种区分上的困难将使得以媒体被告为标准建立的司法规范违反正当程序原则（Due Process Clause），引起某些非典型媒体的“自我审查”；最后，此种区分标准导致同一诽谤案件中，作为消息源的非媒体被告则适用严格责任，而拥有发表决定权以及获得利益的媒体被告却因宪法保护而免于负责，显然违反侵权法上的风险预防原则。② 但一味抹杀新闻媒体与普通加害人之间的区别因素也太过片面，比如行为人是否扮演向社会公众传递新闻信息的角色、行为人传递信息是否具有时效性、行为人调查事实真相的能力、行为人是否有保证陈述真实的义务等方面。③ 尽管一些地方法院已经尝试使得非媒体被告享有与媒体被告同等的宪法保护，但此问题仍需最高法院明确进行表态。

（二）英国诽谤法的发展：媒体与非媒体的统合

在英国，尽管并未明确将被告区分为媒体与非媒体，但确实存在不少抗辩事实上仅媒体被告可得主张。例如英国 1996 年诽谤法第 14 条规定的绝对免责报道特权，其主体只能是新闻媒体（newspaper publisher）。在诽谤法发展史上具有里程碑意义的 Reynolds 案中，Nicholls 勋爵首先即以媒体在民主

---

① Philadelphia Newspapers Inc. v. Hepps, 475 U.S. 767 (1986).

② See A. Benaroya, “Philadelphia Newspapers, Inc. v. Hepps Revisited: A Critical Approach to Different Standard of Protection for Media and Non－media Defendants in Private Plaintiff Defamation Cases”, (1990) 58 George Washington LR 1268, 1281.

③ 梅琳达·J·伯兰斯卡姆：《名誉侵权责任法中的侵权责任与损害赔偿制度研究》，廖嘉娴译，载张民安主编：《名誉侵权责任的法律救济》，中山大学出版社 2011 年版，第 176 页。

社会中的重要角色入手，强调了媒体在为公共事务的讨论提供信息方面的核心作用（play a vital role），并以大众媒体为中心创立了所谓的“负责任的新闻报道”标准（responsible journalism），修正了传统诽谤法上坚持的严格责任。另外，在论述判定是否为负责任报道的因素时，更是直接以新闻报道为背景，主要包括：消息来源、报道的时效性以及报道的语调。[①] 但最高法院似乎并无将此免责特权仅施惠于媒体被告，甚至有法官明确表示反对。Steyn勋爵就毫不犹豫地指出，相较于其他个人被告，媒体无权享有特殊的免责特权。Hope勋爵则旗帜鲜明地质疑将诽谤诉讼中被告区分为媒体与非媒体的正当性，法律不能以被告是媒体还是个人或其他组织进而确定不同的权利义务。[②] 最高法院内部的争论也是司法实务观点分歧的写照。英国上诉法院在一则案件中明确指出，雷诺兹特权仅适用于媒体发表者（media publisher）。[③] 尽管最高法院于新近的案件中明确表态，“雷诺兹特权适用于通过任何媒介发表有关公共事务资讯的任何人”（anyone who publishes materials of public interest in any medium），但其推理仍在新闻媒体背景下展开。[④] 到底媒体被告是否拥有不同于非媒体被告的特殊地位，在英国曾一直处于悬而未决（uncertainty）的状态。

2013年，英国通过了新的《诽谤法案》，重新整合了成文法以及普通法上的抗辩事由。第4条统合了普通法中产生的雷诺兹特权与中立报道特权，规定了“有关公共利益事项发表”（Publication on matter of public interest）的抗辩。根据该条规定，公共利益抗辩的构成要件包括：（1）涉诉指称为涉及公共利益事项；（2）被告合理确信（reasonably believed）该声明的发表是为了公共利益。[⑤] 该条摒弃了普通法上适用的雷诺兹特权，未再列举以媒体为中心的判断被告是否负责任的十项因素，而是在第（2）款概括地要求法院在认定上述要件时必须要综合考虑具体个案中的全部情形（all the circumstances of the case）。显然，该抗辩平等地适用于媒体与非媒体被告，通过立

---

① Reynolds v. Times Newspapers Ltd, [2001] 2 AC 127, HL 201. no. 200 ~ 202.

② Ibid 229.

③ Kearns v. Times Newspaper Ltd [2003] EMLR 27, CA [2].

④ Jameel v. Wall Street Journal Europe Sprl [2007] 1 AC359, HL 158.

⑤ The Defamation Act 2013 §4 (1).

法层面实现了二者的统合。

（三）媒体注意义务的判断：从轻或从重认定

我国台湾地区自司法院释字第509号解释以来，将宪法考量纳入名誉侵权责任的认定之中。在吕秀莲诉新新闻周刊一案的判决中，“最高法院”判决认为，构成侵权行为之过失，系指抽象轻过失即欠缺善良管理人之注意义务而言。行为人已尽善良管理人在充分考虑新闻自由的重要性的基础上，认为“新闻媒体工作者所负善良管理人之注意义务，应从轻酌定之。”“公众人物之言行事关公益，其固应以最大之容忍，接受新闻媒体之监督，然新闻媒体就其言行之报导，仍负查证之注意义务，仅其所负注意程度较为减轻而已。”也就是说，新闻媒体工作者报道前的注意义务应从轻酌定。但媒体在公共事件报道以及满足公众知情权方面的不可替代的作用，能否成为相较于非媒体被告获得更高程度保护的理由，则不无法律乃至宪法层面的争议。

在德国，新闻传播自由内容及范围的界定，均与传媒业在民主国家之特别地位（媒体公器）息息相关。制度性保障与新闻媒体的公众任务，均为促进舆论形成的工具，而新闻媒体的公众任务也被法学界认为是新闻自由制度性保障的具体化。① 因此，宪法对媒体成员所授予的特殊地位，完全是出于其职能，且应局限于该职能范围内，并非个人特权问题。② 因此，德国基本法与邦新闻法授予新闻媒体特权的范围仅限于维护新闻媒体机构的“制度性保障”，并非指新闻界享有更为宽泛的表达空间，甚至相对于发表言论的个人被告可享有更多的免责特权。相反，宪法法院明确否定诽谤诉讼中新闻自由凌驾于他人人格权之上的论点，并反复强调新闻自由受个人人格权保护规范限制的正当性。实际上，在诽谤诉讼的裁判中，新闻媒体被告非但不会享受超出于其他被告的免责空间，还会课予其更为严格、谨慎的注意义务。

随着大众传播技术的飞速发展与媒体所有者集中趋势的愈演愈烈，媒体在舆论引导与公共讨论中发挥的作用也越来越举足轻重，成为一股可与公权力抗衡的不容小窥的强大势力。任何足以有力抗衡政府的组织，均存在着同

---

① 参见张永明：《新闻传播自由之自由与界限》，永然文化出版2001年版，第57～59页。

② 参见张千帆：《法国与德国宪政》，法律出版社2011年版，第396页。

样程度严重侵害无辜公众个人权益的危险。[①] 因此，实践中亦存在课予媒体更高标准注意义务的呼声。在此问题上，南非最高法院表现得较为坚决。传统南非普通法上，只有故意诽谤他人的，被告才承担责任。但在1977年的一则判例中，法院认为媒体被告应当对诽谤承担严格责任，诽谤故意的缺失不能成为免除责任的理由。南非最高法院在1998年的Bogoshi案中宣布要求媒体承担严格责任的做法与宪法上关于新闻自由的保护背道而驰，进而确立了媒体是否尽合理注意义务的过失责任原则，但仍然坚持了媒体与非媒体被告的区分。也就是说，在非媒体被告的情形，诽谤责任的承担仍以故意为其前提条件。兰葛（Langa CJ）与奥里根（O' Regan J）两位大法官均持此观点，认为，鉴于媒体在信息传播过程中的权威影响以及丰厚的经营收入，他们必须对该过程中可能给当事人造成的损害尽到合理预见的义务，但如果将此注意义务扩展到普通发表言论者，显然过于限缩了个人的自由空间。[②] 由此可见，南非法院所做的这种区分，实际上是对媒体被告提出了更为严格的免责要求，与英、美、德等国家以“是否给予媒体更多特权”为中心展开的讨论异其旨趣。

（四）关于区分媒体与非媒体被告争议的评论

从上文的分析不难发现，究竟应否在诽谤诉讼中区分媒体与非媒体被告进而设置不同的规则，即使赞同区别对待的做法，那么是应当给予媒体更加优厚的待遇还是更为严苛的责任，不同国家观点不同，且并无最终定论。但无可否认的是，基于新闻自由的“制度性保障”特性，媒体及其新闻工作者需要某些特殊的权利以维持独立的媒体机构，例如拒绝透露消息来源、拒绝作证、排除事前审查等。但至少在诽谤诉讼中，媒体被告虽有着充分的“特殊性”，有理由要求法院在判断诽谤诉讼标准时给予“特殊保护”（special protection），但多数观点仍认为，媒体不能获得优越于“其他被告”的更为宽泛的保护（greater protection）。[③] 尽管我国多数学者亦赞同媒体在人格侵权

---

① S. Holmes, “Liberal Constraints on Private Power: Reflections on the Origins and Rational of Access Regulation” in Lichtenberg (ed), Democracy and the Mass Media: A Collection of Essays (1990). 21, 37.

② NM v. Smith [2007] (5) SA 250 (CC) [145].

③ Milo Dario, Defamation and freedom of speech, Oxford University Press, 2008, pp 44.

诉讼中并无权享受特殊待遇的观点，但我们必须清醒地认识到我国讨论此问题的具体背景。在比较法上，多数国家司法实践已经发展出了针对媒体被告的侵权责任宪法化标准，并实际在媒体侵权诉讼中获得较非媒体被告更为广泛的免责空间。理论和实践中所主张的“平等对待说”，主要是呼吁现行针对媒体被告的特殊保护规则应当同样适用于非媒体被告，使得媒体侵权责任的宪法化基准能够惠及所有的言论主体，以充分保护人民的表达自由基本权利。而我国媒体侵权仍然适用传统侵权法的责任构成标准，宪法基本权利保护的有效路径尚在探索之中，表达自由的价值在民事侵权法中并未得到充分重视或实现机会。我国学者所主张的“平等对待说”，更多的是坚持媒体被告并无特殊考量的意义，应当与非媒体被告同样停留在传统责任构成的范围之内，实质上否定责任构成标准的宪法化。由此可见，比较法上的“平等对待说”着眼于非媒体被告应当与媒体被告同享“较高”的保护标准；而我国的“平等对待说”则强调媒体被告只能与非媒体被告一样获得“较低”的保护标准。二者虽在表面上看似一致，但在实质内容上却大相径庭。

确实，基于媒体的身份进而设定不同的诽谤责任规则实际上也并不现实，因为“媒体”本身的界定就争议不断，除了报纸、杂志、广播电视等核心领域外，尚存在不少灰色地带，例如互联网络到底是否属于媒体就观点不一。新闻自由所承载的社会职能源于人民的委托，因此赋予媒体超过于人民自身享有的表达自由空间在理论上根本就是难以成立的。尽管媒体在公共事件报道中成效卓著，但丝毫不能贬低普通个人在此方面的可能贡献，特别是互联网以及自媒体蓬勃发展的背景下。关键的问题在于，平等适用于媒体与非媒体被告的表达自由界限应当划在哪个范围方能妥当平衡两种基本价值之间的冲突。正如新闻出版自由在言论自由演进历程中的“先锋”作用一样，媒体被告的特殊性考量在比较法上方兴未艾的侵权责任法宪法化进程中的核心作用是毋庸置疑的。如何辩证、科学地评判媒体被告在确定侵权责任方面的重要意义，是探索平衡人格权与表达自由妥当路径的必经之路。与此同时，我们也必须警惕部分新闻从业者所鼓吹的“媒体例外论”，新闻界并非具有异乎寻常、超越一切的宪法地位，那些自恃持有舆论利剑，无视他人合法权益的侵权行为，应当依法承担相应的法律责任。

四、代结论：我国媒体侵权案件的特殊考量因素

媒体侵权责任范围的认定，一定程度上发挥了确定人格权与表达自由保护界限的功能。由于我国宪法有效实施机制的欠缺，这个界限只能在侵权责任法的框架内确定。基于侵权责任法制定过程中关于媒体侵权存废论的争议，媒体的特殊性在相关侵权责任案件中并未得到应有重视，使得人格权与新闻言论自由的保护失去平衡。科学合理的媒体侵权责任范围，应当充分关注媒体被告相关的特殊因素，并从构成要件、抗辩事由以及责任方式等多个层次来建构。

（一）新闻真实与报道的安全失实区

真实是新闻的生命之所在，也是其价值之所在。但新闻职业伦理上所要求的真实，从来就不是客观上的真实，甚至不是法律上的真实。新闻是对即时发生的事实的传播与报道，而事实本身又处在不断变动和发展中，此时真实的事实在一定时间之后来审视，就可能是偏离事实的。马克思就曾指出，报纸“是一步一步弄清全部事实的”，新闻本身的特点就决定了新闻真实只能在特定时空背景下进行考量。因此，新闻侵权中真实性抗辩的判断应当摒弃客观真实的标准，并结合新闻业特殊规律合理界定其适用范围。不过，限于媒体调查权限以及截稿时间的局限性，新闻报道中事实错误在所难免。真相的发现是一个漫长的过程，阶段性的报道虽然未能揭露事实的全部内容，但它提供调查线索并引起公众关注，对于还原公共事件真相、揭露违法犯罪等具有非常重要的意义。既然宪法宣示对表达自由呼吸空间的保护，就必须要求被报道者容忍一定范围内的失实。① 换言之，媒体侵权责任必须容忍一定范围内的报道失实。确定安全失实区的范围，通常与一国和地区宪政民主机制、诽谤法结构、历史文化传统、媒体自律现状等因素相关，由立法机关与司法部门共同界定。比较法上侵权责任的宪法化，主要是围绕如何扩张媒体报道的安全失实区而展开的。

安全失实区的范围可以从两个方面进行界定：一是报道涉及的事项属性；二是报道者对于内容真伪性的主观心理状态。根据比较法经验，只有涉

---

① 岳业鹏：《名誉权与表达自由的平衡：传统路径与现实选择》，载《人大法律评论》2013年第2辑。

及公共利益事项的“公言论”的不实，才具有限制受害者人格权保护的正当基础。在无关于公共利益的私言论，报道者仅在可以证明真实的情况下才可能免于诽谤诉讼的追究，但仍可能面临侵害隐私权的民事诉讼。即使媒体报道被确认失实，也只有如果媒体对报道失实存在一定程度的过失时，才应当承担侵权责任。司法实践中，过错的认定应当适用合理确信标准，并综合考虑涉及公共利益的重要性、消息来源的权威性、查证义务的充分性、新闻报道的时效性以及损害后果的严重性等因素进行认定。

（二）媒体侵权的报道特权免责抗辩

报道特权是英美法系诽谤诉讼中媒体被告的一项重要抗辩理由。由于某些场合天然的公共属性，公众的知情利益有着不言自明的正当性，因此，赋予新闻媒体报道免责特权以增进表达与传播的广度与深度。在这些情形下，保障发表言论者毫无顾及地陈述事实或观点具有更大的公共利益，因此，以牺牲可能的受害者的救济权利来换取发表者的“畅所欲言”。根据免责特权的效力，可分为绝对免责特权（absolute privilege）和相对特权（qualified privilege），均主要适用于媒体被告的情形。绝对特权是对诽谤诉讼的完全抗辩，对表达自由给予绝对的保护，即使基于恶意的报道行为亦不例外，因此范围受到严格限制。目前，普通法上绝对免责特权主要适用于议会议事程序中的陈述、司法诉讼参与人在法庭的陈述以及对公开司法程序的公正且准确的同步报道。① 新闻报道受相对特权的保障（Reports protected by qualified privilege）原则上需满足三个要件：一是报道必须公正准确；二是报道必须涉及公众关切之事（matter of public concern）且为公共福祉（for the public benefit）而发表；三是报道者非基于恶意发表。

我国最高人民法院在《最高人民法院关于审理名誉权案件若干问题的解释》（以下简称《名誉权解释》）（法释［1998］26号）第6条明确规定了报道特权抗辩，但将适用范围限定于对国家机关“依职权制作的公开文书”和“公开的职权行为”的报道。显然这个范围过于狭窄，大大限缩了社会公众知情权的范围。由于报道免责特权实际上豁免了媒体的查证义务，是对媒体

---

① W. V. H. Rogers, England Report, no. 29. in Helmut Koziol, Alexander Warzilek (eds.), The Protection of Personality Rights against Invasions by Mass Media, SpringerWienNewYork, 2005.

社会功能的有力肯定，原则上应当由立法明确其适用范围。参考比较法上的惯例，至少对下述文书或行为的报道应当同样纳入特权抗辩保护的范围：(1) 艺术、科学、宗教、商业、行业、娱乐、体育、慈善或社区利益等公共目的而设立的各种组织、协会、委员会等管理实体所制作的文件或相关的决定；(2) 上市公司股东大会、董事会发布或授权发布的文件、审计机构公布的文件以及相关管理人员的任命、辞职、免职、退休等相关文书；(3) 各种公开举办的科学或学术研讨会、论坛、辩论会等。这些公开文书或者公开程序通常具有一定的公信力甚至是法律效力，公众享有较高程度的知情权，应当鼓励媒体为社会提供相关公正、准确的报道信息。在此问题上，我们需要的不仅是制度的完善，更亟待解决的是对制度本质的认识。

（三）媒体侵权责任方式的特殊形态

传统侵权责任法中，媒体侵权责任的方式主要体现为损害赔偿。但实际上，损害赔偿并非解决媒体侵权的最佳方式，媒体与被报道者的对簿公堂的最终结局通常都是两败俱伤，偏低的赔偿数额对于人格损害的救济常常无济于事，而过高的赔偿数额又可能对媒体报道产生寒蝉效应，社会公众的知情权将无从保障。因此，各国均在新闻媒体特别法上探索符合新闻规律的人格损害救济之道。更正和答辩即是现代媒体法中缓解大众传播活动中新闻媒体与被报道者之间的权利冲突的重要机制。通过更正与答辩可以较快地消除有差错作品的不良影响，平息受到不同程度损害的相对人的不满，免除讼累，对于媒体与相对人均有益处。① 更正请求权使得被报道者有权要求报道媒体在相应版面撤回或者修正已经做出的不正确报道，以挽回由此造成的人格权益损害，并纠正公众误解。答辩权又称为回应权，指受攻击者有权要求报道媒体在原报道的同一版面以同样字体及篇幅免费刊登回应文章，以回应报道对其的指责与批评。更正报道通常以报道媒体名义作出，旨在纠正先前报道的错误，具有更强的公信力，以确认报道不实为前提；而回应权则只是提供给被报道者发表自己主张的机会，旨在为公众提供多方资讯以避免信息偏颇造成的误导，通常以被报道者名义作出，回应内容未必一定真实，因而无须以原报道不实及侵权责任成立为前提。

---

① 参见魏永征：《新闻传播法教程》第二版，中国人民大学出版社2006年版，第233页。

我国《出版管理条例》（2011 修订）第 27 条第 2 款规定了被报道者的更正与答辩请求权，并赋予其通过诉讼强制履行的权利。[①] 不过，由于目前理论界对两种制度的理论性质与适用规则欠缺认真探讨，司法实践亦未给予应有的重视，导致此制度并未发挥应有的功能。更正、答辩请求权在法律上的效力如何，以及怎样协调其与侵权责任方式之间的关系，是两项制度能在实践中发挥平衡新闻媒体与被报道之人权利的重要课题。我国司法实践并未一味坚持比较法较为普遍的由法院强制媒体刊载更正、回应报道的做法，而是通过 1998 年最高人民法院《名誉权解释》第 6 条规定创立一项新的名誉侵权类型，即新闻媒体拒绝刊载更正报道的不作为侵权，[②] 进而课予媒体一项保护被报道者人格权的积极义务。司法实践的做法既赋予了更正、回应报道请求权以实质上的法律效力，使其不至于沦为"纸面上的权利"，又避免了法院强制命令刊载更正回应报道而对媒体自主权所造成的侵害，妥当地兼顾了双方当事人的合法权益。当然，更正与答辩请求权并非新闻侵权诉讼的必备前置程序，当事人可以不经该程序直接向人民法院提起诉讼。但探索更正、答辩制度的直接实施机制，并建构具体可行的操作规范，仍是媒体侵权领域极具实践价值的课题。

① 该款规定："报纸、期刊发表的作品内容不真实或者不公正，致使公民、法人或者其他组织的合法权益受到侵害的，当事人有权要求有关出版单位更正或者答辩，有关出版单位应当在其近期出版的报纸、期刊上予以发表；拒绝发表的，当事人可以向人民法院提起诉讼。"

② 该条后段规定："报道失实，或者前述文书和职权行为已公开纠正而拒绝更正报道，致使他人名誉受到损害的，应当认定为侵害他人名誉权。"

法定继承中继父母子女形成扶养关系的认定

杨立新[*]　曹英博[**]

案情概要

贾某、郭某为夫妻关系，二人生前均系中国银行职工，育有贾某之长子等兄妹五人。上个世纪70年代，中国银行给贾、郭二人分配公租房两套，即七贤村7号楼1门401、402房（两房相通）。1987年，郭某去世。贾某于1988年10月17日与江西九江退休女职工刘某再婚，此时五名子女均已成年，其中较小的两名子女与贾某和刘某共同生活，相互照应至1998年，长达10年之久。1998年，中国银行进行公房改革，房管处与贾某签订了《退交原住房协议书》，贾某将七贤村401、402房调换为车公庄甲1号903房，在补交部分房款后取得房屋所有权证。此后，贾某与刘某一直在该房居住，贾某的子女经常来照顾生父和继母。其间，贾氏五个子女对继母照顾有加，关系融洽，善尽赡养义务。1999年以后，刘某多次患高血压、糖尿病、心脏病等疾病，都是五名继子女陪同其就医，办理诊疗手续、陪护。刘某在2007年突患脑溢血住院抢救、2009年白内障手术住院期间，都是五名继子女轮流陪护，包括住院抢救、陪护、术前检查、术后复查、康复训练。刘某曾向五名继子女表达自己去世后不愿安葬在江西九江，担心无人扫墓，希望安葬在北京，五位继子女便共同出资为刘某和贾某在北京选购了两块相邻的墓地。

---

* 中国人民大学民商事法律科学研究中心主任、法学院教授、博士生导师、中国民法学研究会副会长、中国婚姻法学研究会常务理事。

** 江苏金铎律师事务所律师。

2012年1月贾某去世后，贾氏五兄妹齐心协力照顾刘某，特别安排继女和继子媳与刘某同住，照顾其生活，陪同其就医。五名继子女先后为刘某治病花费17万元之多。2012年10月17日刘某去世，五名继子女及大儿媳共同为其操办丧事，负担丧葬费用等，并遵从刘某遗愿，将其安葬在北京。刘某再婚时自称无子女，2009年提到有养子张某，在江西九江居住。张某很少来北京，在刘某病危期间也不来探视、照顾，贾氏五名子女对张某的身份并不清楚，在诉讼期间才知道其真实姓名。

2012年1月贾某病逝时没有立遗嘱，没有进行遗产分割。2012年10月，刘某去世亦未留遗嘱。治丧期间，张某未承担任何费用，却趁机将刘某居住的车公庄903房的房产证及贾某与刘某生前的存单隐匿。2013年，张某向北京市某区人民法院起诉，要求继承车公庄903房及刘某存款的十二分之七。

裁判要旨

受诉法院一审判决认定，被继承人刘某与贾某再婚时，贾某长子等兄妹五人均已成年，即使五兄妹对刘某尽了扶养义务，但未形成扶养关系，因而不是刘某遗产的法定继承人，因此，认定刘某的所有遗产全部由张某继承。至于贾某长子等人称张某并非是合法继承人且没有尽赡养义务，未提供充分、有效的证据加以证明，故不予采信。车公庄903房为贾某与刘某再婚期间购买，是夫妻共同财产。故判决确认张某的继承人身份，支持了张某的诉讼请求。

评析

本案的一审判决在认定事实和法律适用上存在的问题较多，例如在遗产范围确定、继承份额认定等，都有不当之处。本文着重进行讨论的是一审判决存在的最大问题，即法定继承人中形成扶养关系的继父母子女应当如何认定。这不是一个法院的意见，而是较多的法院均持有的观点，影响很大。故本文主要就此问题进行研究，阐释其不当之处，端正对此问题的认识；对其他问题，则在最后略作说明。

一、对形成扶养关系的继父母子女为法定继承人认定依据的不同看法

（一）本案一审判决基本观点的理论依据

继承法关于继父母子女作为法定继承人的规定是第10条第3款和第4

款，即“有扶养关系的继子女”和“有扶养关系的继父母”享有继承权。按照这样的规定，我国关于继父母子女的继承权问题，并不采用西方国家以是否进行收养为依据确定相互之间是否享有继承权，而是以继父母子女之间是否形成扶养关系为依据，确定是否享有继承权。继子女有无继承权决定于其与继父母之间有无扶养关系，有扶养关系的继子女有权继承继父母的遗产，没有扶养关系的继子女无权继承继父母的遗产，不是继父母的法定继承人。①因此，我国继父母子女之间继承权的确定，相互之间是否形成扶养关系就成为唯一的判断依据。

正因为如此，本案一审判决确认，被继承人刘某与贾某再婚时，贾氏五兄妹均已成年，相互之间没有形成扶养关系，即使贾氏五兄妹对刘某尽了扶养义务，也不是刘某遗产的法定继承人，故认定刘某的所有遗产全部由其养子张某继承。

本案一审判决的上述判决理由并非法官杜撰，而是较多的继承法专著、教科书和通俗普法读物的普遍性意见，甚至近乎于通说。举例说明：有的认为，继父母子女之间最为完整的抚养教育包括：（1）继父母子女共同居住；（2）继父或者继母对继子女提供了抚养物质；（3）继父或继母对继子女进行知识和生活的教育。上述抚养关系存续五个月，就认定为成立继父母子女间的扶养关系。② 这个意见非常明确，与一审判决书的内容基本相同。有的认为，认定继父母与继子女之间是否有扶养关系，应从主客观两个方面来考虑：从客观上说，双方确实存在扶养的事实；从主观上说，双方有相互扶养的意思。如果客观上虽无抚养继子女的必要，但继父母仍愿意抚养，并且予以其他照顾的，也应当认定“有扶养关系”。③ 下面这个意见说得更加绝对：“父母再婚时，如果子女已成年，肯定与父母再婚的对象不能形成有抚养关系的继父母子女关系，互相之间没有相关的权利义务和继承权。”“如果当时子女未成年，则要看具体情况判断是否与继父母形成抚养关系，比如看是否共同生活、是否有抚养教育实施，如果确认有抚养关系，那么继子女就有赡

① 郭明瑞、房绍坤：《继承法》，法律出版社2004年版，第103页。

② 李政辉：《析离婚后继父母子女间继承关系》，载杨立新等主编：《继承法的现代化》，人民法院出版社2013年版，第174页。

③ 郭明瑞、房绍坤：《继承法》，法律出版社2004年版，第103页。

养继父母的义务，且双方互相产生法定继承权。”[①] 这些意见的核心是，认定继子女对继父或者继母是否享有继承权，或者继父或者继母对继子女是否享有继承权，关键在于继父或者继母是否对未成年继子女尽到抚养义务，尽到抚养义务的，就形成了扶养关系，就享有继承权；未尽到抚养义务的，就未形成扶养关系，不享有继承权。这种观点可以概括为“抚养说”。

（二）对此问题的不同意见

尽管前述观点在我国民法理论界和实务界具有较大的影响力，但是也有不同意见。一种意见认为继子女对继父母是否享有继承权，应当以继子女是否对继父或者继母善尽赡养义务为依据，尽了赡养义务的，继子女就享有继承权，没有尽赡养义务的，继子女对继父或者继母就不享有继承权。[②] 这种观点可以概括为“赡养说”。另一种意见认为，不论继父母抚养了继子女，还是继子女赡养了继父母，只要一方扶养了另一方，就是有了扶养关系，就能相互继承了。[③] 这种意见可以概括为“抚养赡养说”。形成扶养关系的“赡养说”是有道理的，但不够全面。“抚养赡养说”更为全面，准确地表达了继承法第10条规定的继父母子女间发生继承权的全部内容。

（三）以“抚养说”解释形成扶养关系的基础

在解释继父母子女间形成扶养关系中，之所以形成了“抚养说”，即形成扶养关系的继父母子女关系，只能是在继子女未成年时，继父或者继母对其进行抚养的观点，其原因是基于对婚姻法第27条第2款规定的不正确理解。该条款规定：“继父或继母和受其抚养教育的继子女间的权利和义务，适用本法对父母子女关系的有关规定。”这是关于继父母子女间的权利义务关系内容的规定，有的学者将这个条款的规定套在解释继承法第10条关于继父母子女间享有继承权须双方形成扶养关系上面，就形成了继父母子女间扶养关系的形成，就是继父或继母抚养了未成年继子女，并且须最低为五个月以上。例如认为，婚姻法第27条第2款规定是我国法律关于继父母子女关系总纲性的条款，该款区分了两种继父母子女关系：有抚养教育关系的继父

① 王竹编写：《中华人民共和国继承法配套规定》，法律出版社2009年版，第34～35页。

② 梁轶琳主编：《继承法律政策解答》，法律出版社2010年版，第23页。

③ 苏湘辉等：《遗产继承法律通》，法律出版社2005年版，第32页。

母子女和没有抚养教育关系的继父母子女关系，没有抚养教育关系的继父母子女之间不适用父母子女的法律规定。[①] 正是在这个解释的基础上，进一步形成了继父或者继母抚养教育未成年继子女须经过一定时间才能构成扶养关系的学术的和实务的观念。

二、对继父母子女间形成扶养关系“抚养说”的分析评判

将认定继父母子女之间形成扶养关系以继父或者继母对未成年子女进行抚养为确定标准的“抚养说”，是不正确的，理由是：

第一，法律规定“扶养”概念的准确含义应当包括抚养、赡养和扶养。《现代汉语词典》对扶养的字义界定为“养活”；[②] 百度百科解释“扶养”，认为有广义与狭义之分，广义的扶养是指一定范围的亲属间相互供养和扶助的法定权利义务，没有身份、辈分的区别；狭义的扶养专指夫妻之间和兄弟姐妹等平辈亲属之间相互供养和扶助的法定权利义务。[③] 上述字义界定均未将扶养特指抚养。法律意义上的扶养包括抚养、赡养和扶养，抚养是“爱护并教养”，[④] 专指尊亲属对卑亲属的抚养教育；赡养是“供给生活所需”，[⑤] 专指卑亲属对尊亲属的供养；扶养是指配偶及兄弟姐妹等平辈亲属之间的供养扶助。扶养的双重含义分别是广义和狭义的概念。在亲属法和继承法中，这是常识性的知识，并非复杂的理论。以此为据，继承法第10条规定的“有扶养关系的子女”和“有扶养关系的继父母”中的“扶养关系”，显然是广义的扶养概念。在继父母子女关系中，不可能存在平辈亲属之间供养扶助关系的狭义扶养概念，只存在抚养和赡养关系，因而这个“扶养关系”用

---

① 李政辉：《析离婚后继父母子女间继承关系》，载杨立新等主编：《继承法的现代化》，人民法院出版社2013年版，第174页。

② 中国社会科学院语言研究所词典编辑室：《现代汉语词典》，商务印书馆2005年第5版，第418页。

③ 百度百科：“扶养条”，网址：http://baike.baidu.com/view/73749.htm?fr=aladdin，访问时间：2014年7月17日。

④ 中国社会科学院语言研究所词典编辑室：《现代汉语词典》，商务印书馆2005年第5版，第422页。

⑤ 同上注，第1190页。

的是广义概念，既包括抚养，也包括赡养。

第二，将“有扶养关系的继子女”中的“扶养”片面地理解为“抚养”，并进而认为只有在未成年继子女与继父或者继母之间才能形成“扶养关系”，成年继子女对继父母不存在“扶养关系”的意见，是不正确的。我国除婚姻法是按不同亲属主体的相互关系对抚养、扶养、赡养分别加以规定外，刑法、民法通则、合同法、继承法等法律都使用“扶养”概念，包含抚养、赡养和狭义扶养。既然广义上的“扶养”泛指特定亲属之间根据法律明确规定而存在的经济上相互供养、生活上相互辅助照顾的权利义务关系，囊括了尊亲属对卑亲属的“抚养”，平辈亲属之间的“扶养”和卑亲属对尊亲属的“赡养”三种具体形态，那么将扶养理解为抚养，就限缩了扶养概念的含义，违反了继承法第 10 条规定的扶养概念的内涵，是对法律规定的错误理解。

第三，继父母子女间的继承权，既包括继子女对继父母的继承权，也包括继父母对继子女的继承权。有些学者和法官在解释继承法第 10 条规定的“有扶养关系”的概念时，只注重第 3 款“有扶养关系的继子女”的规定，忽略了第 4 款关于“有扶养关系的继父母”的规定。事实上，强调继父或者继母对未成年子女形成抚养关系，解决的应是后者，即有扶养关系的继父或者继母对继子女的继承权，因为继父或者继母对未成年继子女的抚养，产生了对继子女的继承权；而继子女对继父或者继母的赡养，产生的是继子女对继父或者继母的继承权。在逻辑上分析，“抚养说”是不适当的，因为只有继父或者继母抚养了未成年继子女，该继子女才对继父或者继母产生了继承权，并不符合简单的逻辑要求。而强调继子女对继父或者继母尽到赡养义务形成赡养关系，因而产生了对继父或者继母的继承权，才更符合逻辑的要求。这也是“赡养说”比“抚养说”更为科学的逻辑基础。当然这只是在逻辑上的推论而已，而在实际上，无论是抚养还是赡养，在继父母子女的双方之间都发生继承权。由此可见，继承法第 10 条规定的有扶养关系的继父母子女之间的继承权，产生的依据既包括继父或者继母对未成年子女的抚养关系，也包括继子女对继父或者继母的赡养关系，在具有了这样的继父母子女关系中，双方之间才具有相互之间的继承权，可以依据法定继承进行继承。这正是“抚养赡养说”正确性的科学基础。

第四，婚姻法第 27 条第 2 款规定的目的，是确认继父母与受其抚养教育的继子女之间适用父母子女关系的规定，但不能据此得出成年继子女与继父母之间不能成立扶养关系的结论。有些法官和学者依据婚姻法第27条第2款关于“继父或继母和受其抚养教育的继子女间的权利和义务，适用本法对父母子女关系的有关规定”的规定，反推出成年继子女与继父母之间不能存在“扶养关系”的结论，既混淆了“扶养”与“抚养”概念的逻辑关系，也存在逻辑推理上的错误。对此不必再进行论述，但应当指出，婚姻法的这一规定也存在较大的缺陷，即“继子女和受其赡养的继父或者继母间的权利义务也适用婚姻法对父母子女关系的规定”属于立法的疏漏，应当依据逻辑进行补充，形成“继父或继母和受其抚养教育的继子女、继子女和受其赡养的继父或继母间的权利和义务，适用本法对父母子女关系的有关规定”这样完整的、科学的法律规范。

经过以上分析可以确认，继承法第10条第3款规定的“有扶养关系的继子女”和“有扶养关系的继父母”是一个整体，其基本含义为，在继父或者继母与继子女之间形成的扶养关系，包括继父或者继母抚养未成年子女，以及成年子女赡养继父或者继母。这样形成的继父母子女关系在客观上类似于养父母子女关系，因而在相互之间发生继承权，有权继承对方的遗产。其中继父或者继母抚养了未成年继子女的，是有扶养关系的继父母子女关系中的主要部分，但并不排斥继子女赡养了继父或者继母也形成有扶养关系的继父母子女关系，并且是更应当提倡和鼓励的民事法律行为，因为这更有利于维护老年再婚家庭的团结和睦和社会稳定。可以说，“育幼”能够形成有扶养关系的继父母子女关系，“养老”更能够形成有扶养关系的继父母子女关系。这就是“抚养赡养说”的科学基础和现实需要。

三、应当正确认定本案中是否形成扶养关系的继父母子女关系

（一）贾氏五名继子女与继母刘某之间形成了扶养关系

在贾某与刘某再婚时，贾氏兄妹五人与刘某之间发生继父母子女关系。由于五名继子女均已成年，不能与刘某发生抚养未成年继子女的法律关系。但是由于刘某与贾某再婚时已经退休，存在继子女对其进行赡养的需要。贾氏五名继子女对继母的态度非常积极，将继母视作生母对待，提供物质供养，特别是两位与生父和继母共同生活的继子女，在长达10年间善待老人，

相互照顾，形成了亲善和睦的亲属关系。在刘某患病期间，在北京的三位继子女陪伴继母治疗，住院陪护，善尽照顾义务。在外地居住的两位与在京的三位继子女共同为继母提供治疗费用达17万之多。在刘某在世时，五位继子女就集资为继母在北京购买墓地，病重期间照顾有加，去世后为其妥善办理丧事。这些都说明，贾氏兄妹五人作为继子女，对继母刘某善尽赡养义务，形成了有扶养关系的继父母子女关系，对刘某的遗产享有继承权，有权继承其遗产。

应当看到的是，贾氏兄妹五人在生父与继母再婚后，没有将刘某视为外人，而是因为其是生父的妻子，因而在感情上认作自己的亲人，对其承担与对生父一样的赡养义务，诚心照顾，特别是在生父去世之后仍然为继母养老、送终，尽到了子女应当尽到的赡养义务，是应当特别鼓励的行为。可以说，贾家兄妹五人对于继母，以及继母对于五位继子女，在感情上形成了浓厚的亲情，形同母子。这正是我国社会道德和法律希望再婚家庭特别是老年再婚家庭能够达到的效果。这对于稳定再婚家庭，维护亲属关系和睦，都具有重要意义。对此，当然应当认定他们已经形成了继父母子女间的扶养关系，享有继承权。一审判决错误理解“有扶养关系的继子女”的概念，片面解释为“被继承人刘某与贾某再婚时，贾氏兄妹均已成年，即使贾氏兄妹对刘某尽了扶养义务，也不是刘某遗产的法定继承人”，是错误的，不仅违反继承法第10条的规定，违反了民法基本原则，也违反了社会公共道德和善良风俗，对亲属关系的发展作出了错误的引导，是必须纠正的。

(二) 继子张某与继父贾某之间没有形成扶养关系

在本案中，另一对继父母子女关系发生在贾某与张某之间。张某是刘某的养子，这个关系，不论刘某与贾某再婚时是否说明，只要双方的养母子的关系没有在法律上解除，就发生父母子女之间的权利义务关系。只要贾某与刘某再婚，贾某就与张某之间发生继父子关系。不过，一般的继父母子女关系并非血亲关系，而是姻亲关系，[①] 即张某是刘某的养子而非贾某的养子。由于贾某与刘某再婚时张某已经成年，不存在抚养问题，而是发生赡养问题。如果张某对贾某尽到赡养义务，双方就具有扶养关系，姻亲关系就会变

---

① 房绍坤等：《婚姻家庭法与继承法》，中国人民大学出版社2007年版，第173页。

为拟制血亲关系，就发生继承权。但在事实上，张某在与贾某发生继父母子女关系之后，没有尽到任何赡养义务，甚至双方都不认识。因而，张某与贾某之间不具有扶养关系，不发生继承权，对贾某的遗产不得继承。但是从一审判决张某实际继承的份额观察，似乎张某在继承了养母的十二分之六的遗产之外，还有十二分之一的遗产份额，而这十二分之一的份额，就是从贾某的遗产中，与贾氏兄妹继承的遗产份额中分到的。这个推断大体成立。这样的判决结果令人感到大跌眼镜。

将张某与贾氏兄妹五人对继父或者继母的行为进行对比，可以看到相差悬殊。尽管张某对继父贾某没有尽到赡养义务，但在法律上并不受到谴责，也不违反法律；但就社会道德和善良风俗而言，自有公正评价。在对继父没有尽到赡养义务，甚至对养母也没有尽到多少赡养义务的情况下，反而隐匿遗产，积极主张继承权，甚至侵吞其他法定继承人应当继承的遗产，司法对其的态度应当鲜明，而不是采取暧昧的立场。在这一点上，一审判决不仅错误理解法律，而且违反市民社会基本的公正观念，对于张某的继承要求予以全部满足，丧失了应有的是非观念和立场，令人扼腕叹息。

（三）张某与刘某及张某与贾氏兄妹五人之间的法律关系

刘某与张某是养母与养子关系，双方的权利义务应当适用婚姻法第26条和收养法第23条规定；其继承法律关系，应当适用继承法第10条第3款和第4款规定。既然张某是刘某的养子，其对刘某的遗产就享有继承权。

对被继承人享有继承权与实际应当继承多少遗产，并不完全等同。换言之，有继承权的继承人继承遗产的具体份额，还应当看继承人在被继承人生前尽到多少扶养义务。继承法第13条规定法定继承的原则是，同一顺序的继承人继承遗产的份额，一般应当均等；该条第3款和第4款同时规定，对被继承人尽了主要扶养义务或者与被继承共同生活的继承人，分配遗产时可以多分；有扶养能力和有扶养条件的继承人，不尽扶养义务的，分配遗产时应当不分或者少分。张某与贾氏兄妹五人都是刘某的法定继承人，都享有继承权。相比较之下，贾氏兄妹五人对继母刘某尽了主要的赡养义务，而张某基本上没有尽到赡养义务。不过，法定继承人对遗产不分或者少分的要件，除了不尽扶养义务之外，还要具备“有扶养能力和有扶养条件”的要件，对此，一审判决并未调查和认定，在事实认定上有一定的不足。假如张某确实没有扶养能力和扶养条件，就应当按照均等份额分配遗产；如果有扶养能力和扶养条件而不尽扶养义务，则应当不分或者少分遗产。在这个问题上，事实认定还有一定的余地，需要继续调查，作出准确认定，依法分配遗产，伸张正义和公正。

（四）结论性意见

应当特别强调，继承法的立法宗旨是保护自然人对私有财产的继承权，公平确定亲属间的权利义务关系，稳定家庭关系，建立和谐稳定的市民社会。法律鼓励家庭成员之间在物质与精神方面相互帮扶、供养，其目的正在于此。法院和法官在如何看待成年继子女对继父母遗产的继承权问题上，应当准确理解法律规定的内涵，深刻理解继承法的立法精神与立法用意，正确适用继承法。

1. 否认成年继子女对继父母遗产的继承权不符合公平原则

本案一审判决的核心错误，就在于对继承法第 10 条关于有扶养关系的继子女享有继承权规定的错误理解，认为成年继子女对继父或者继母不享有继承权。这是违反公平原则的。

我国民法通则第 4 条规定："民事活动应当遵循自愿、公平、等价有偿、诚实信用的原则。"公平原则是民法的基本原则，在继承法律关系中，公平原则直接体现为权利与义务的对等性。在法定继承人分配遗产时，既要考虑继承人与被继承人之间的关系，还要考虑继承人对被继承人所尽义务的多少。继承法第 12 条规定："丧偶儿媳对公、婆，丧偶女婿对岳父、岳母，尽了主要赡养义务的，作为第一顺序继承人。"第 14 条规定："对继承人以外的依靠被继承人扶养的缺乏劳动能力又没有生活来源的人，或者继承人以外的对被继承人扶养较多的人，可以分给他们适当的遗产。"这些条文都是继承法律关系权利与义务对等原则的体现。按照这一原则，成年继子女与继父母之间有没有扶养关系，关键看成年继子女是否对继父母尽到了赡养义务。如果成年继子女没有对继父母尽到赡养义务，则不存在扶养关系，不享有对继父或者继母遗产的继承权；如果成年继子女对继父母履行赡养义务，与亲生子女在事实上已没有区别，应当承认其与继父母之间成立扶养关系，享有对继父母遗产的继承权。在本案中，贾氏兄妹与继母关系融洽，赡养继母长达 24 年之久，付出了大量的心血和劳动。如果漠视这种扶养关系的事实，等于剥夺了贾氏兄妹五人的法定继承权，对长期尽到赡养义务的成年继子女是极不公平的，违反了公平原则。

2. 否认成年继子女对继父母遗产的继承权有违公序良俗

民法通则第7条规定：“民事活动应当尊重社会公德，不得损害社会公共利益。”这一规定，学者都认为是公序良俗条款，确认民事活动不能违背公序良俗。①严格地说，法律并没有强制要求成年继子女对继父或者继母必须履行赡养义务，这是因为，继父母子女关系原则上属于姻亲关系，而不是血亲关系。但是当继父母子女之间形成了扶养关系，即继父或者继母对未成年继子女善尽抚养义务，或者成年继子女对继父或者继母善尽赡养义务，双方之间的姻亲关系就发生了转变，变为拟制血亲关系，与收养发生同等效果。善良风俗原则鼓励继父母子女之间形成扶养关系，使继父母子女关系由姻亲关系变为拟制血亲关系，稳定亲属关系，建设和谐家庭。这正是民法通则第7条公序良俗原则的体现。我国婚姻法第21条规定：“父母对子女有抚养教育的义务；子女对父母有赡养扶助的义务。”这里并没有排除成年继子女对继父母的赡养义务。从现实情况来看，继父或者继母总是和生母或者生父一起生活的。如果法律强调子女对生父母的赡养义务，却否定成年继子女对继父或者继母的赡养义务，必然会造成继子女对继父母与生父母之间的权利义务差别，制造家庭矛盾，形成鼓励继子女对生父母与继父母另眼相看，酿成家庭纠纷。如果这样理解法律和适用法律，只会恶化继父母与继子女之间本已脆弱的亲属关系，② 制造出更多的社会矛盾，有悖于公序良俗原则。

随着公众观念的改变，中老年再婚的数量越来越多，成年继子女与继父母之间的继承权纠纷也不断增加，正确厘清继子女与继父母之间的权利义务关系就显得更为重要。在本案中，继子女对继母履行赡养义务长达24年却被剥夺继承权，而未对养母尽到赡养义务的养子却继承了被继承人的大部分遗产，甚至对未形成扶养关系的继父的遗产也予以继承，这样的判决结果严重背离了公序良俗原则，其社会效果显然是负面的。

---

① 杨立新：《民法总则》，法律出版社2013年版，第65页。

② 李政辉：《析离婚后继父母子女间继承关系》，载杨立新等主编：《继承法的现代化》，人民法院出版社2013年版，第173页。

五、应当进一步说明的其他三个问题

对于本案的继承法律关系，除了上述这个最主要的问题之外，还有以下三个问题我略作说明。

（一）刘某遗产范围的认定：房改房的权利归属

本案一审判决将贾某通过房改取得所有权的争议房，认定为贾某和刘某的夫妻共同财产。这样的认定是错误的。

中国的房改房是一种特殊的不动产，其设立的物权也与一般的建筑物所有权不同。原因是，在过去的长时间里，我国城镇实行公有住房租赁制，城镇职工通过对所在单位建设的公有房的租赁，解决住房问题，其他城镇居民则通过租赁政府建设的公有房屋解决住房问题。因此，所有城镇公有房的所有权都是国家公有的，租赁者个人只享有租赁权。这种租赁权更具有债权物权化的特点。在公有住房制度改革中，国家将房屋所有权和土地使用权廉价出让给享有租赁权的职工或者居民，收取较低的出让金，即取得房屋所有权和土地使用权，成为私人所有的房屋。在这种情况下，城镇职工或者居民取得的房改房的权属，具有很强的人身性和福利性，是由租赁权转化为所有权，权属登记在原租赁权的个人名下。

在本案中，争议的房屋产权登记在贾某名下，其原来的租赁权分别属于贾某和其妻郭某。郭某去世后，中国银行作为贾某和郭某的工作单位，将原来的两套住房退回调整为新的一套，即将七贤村 401、402 房调换为车公庄甲 1 号 903 房，新的住房仍然是原来住房的调换，而非新购置的房屋。不论是原来的七贤村的两套房，还是车公庄甲 1 号的新住房，都是房改房，都属于贾某和郭某所有，房改时郭某已经去世，郭某的部分应当属于贾某及其子女的共同继承遗产。

一审判决将这套房屋认定为贾某与刘某的夫妻共有财产，理由是所有权的取得是在贾某和刘某夫妻存续期间。这样的认定是不正确的，侵害了贾某以及贾氏兄妹五人的不动产所有权，理由是，这所住房的租赁权原属于贾某和郭某，在郭某去世后，其中一半属于贾某，其余一半为贾某和贾氏兄妹五人共同继承，属于贾某及贾某之长子等六人的共有物。尽管其所有权取得于贾某和刘某婚姻存续期间，但由于是房改房，其所有权的取得与原来的租赁权密切相关，因而该房屋不属于刘某与贾某的夫妻共同财产，继承开始时，也就不能分出一半作为刘某的遗产，因而张某对该房屋不享有继承权，不得继承。

（二）本案存在三次继承法律关系

在本案的继承法律关系中，存在三次法定继承关系，由于前两次没有实际分割遗产，因此在本次继承中应当一并处理。一审判决对前两次继承法律关系未作理睬，只处理了最后一次继承关系，使判决结果失去了准确的客观事实基础，仅此而言，其显然是有失妥当的。

第一次继承关系，是郭某去世时发生的继承关系，是1987年开始继承，当时继承法已经实施。依照该法第25条规定，在继承开始后，继承人没有明确表示放弃继承权的，视为接受继承。如前所述，郭某去世后继承开始，各继承人对是否接受遗产均没有明确表示放弃，应当视为接受继承，因而形成了对郭某遗产由贾某及其子女共同继承的事实。这时的房屋所有权部分，应当有十二分之七属于贾某，即58.3%，贾氏兄妹五人各自享有十二分之一的权属，为8.3%。按照这样的份额，该房屋属于六人的共有财产，存在上述潜在的个人权属份额。

第二次继承关系，是贾某去世时发生的继承关系。当时是2012年1月，贾某遗产的法定继承人分别是贾氏兄妹五人和刘某，由于各位继承人均未明确表示放弃继承，因此属于共同继承。在对该房屋的十二分之七的贾某的遗产中，六位继承人各自享有六分之一的继承权，因共同继承发生的共同共有，六人各自的潜在份额为六分之一，为该房屋总数的七十二分之七，为9.7%。

第三次继承关系，是刘某去世时发生的继承关系。当时是2012年10月，刘某的继承人有张某和贾氏兄妹五人，共计六人。就刘某享有的共同继承贾某的房屋中的六分之一的份额，六位继承人各自继承六分之一。张某就该房屋的继承权，其实仅享有十二分之七中的六分之一的六分之一，即只有四百三十二分之七的继承权，为该房屋的1.6%。确认张某是刘某的养子，完全按照均等的份额与贾氏兄妹五人共同分配遗产，不考虑其对养母未尽赡养义务的情形，他也只能继承该房屋的1.6%。

对于本案其他动产的继承问题，本文不再讨论。

（三）对《继承法》规定继父母子女继承权的反思

通过对本案的上述讨论，可以发现，我国继承法将继父母子女之间的继承问题作如此规定存在较大的问题，同时也发现，我国婚姻法对继父母子女关系的规定也存在较大的问题。出现问题的原因，都是因为对前苏联民法制度的盲目借鉴。因此，回到一个老问题上，那就是，在将来究竟应当怎样解决继父母子女的权利义务关系问题。

对此，我赞同废除继子女继承权的意见，① 按照多数人的意见，即明确规定继父母子女的权利义务关系，适用姻亲关系的规定，不发生拟制血亲关系。如果将该种姻亲关系转化为血亲关系，须通过收养程序确定双方为养父母子女关系，即通过收养在继父母子女之间确立拟制血亲关系，产生养父母子女的权利义务关系。这样，不仅在亲属法上解决了困扰多年的实际问题，而且也解决了继承法上令人困惑的疑难问题；也就能够理顺亲属法律关系和继承法律关系中的继父母子女之间的权利义务关系，能够避免本文重点讨论的成年继子女的继承权的问题，将是亲属制度和继承制度的一个重要改革。判

（本文仅代表作者个人观点）

① 郭逢兵、张楠：《我国继子女继承权之存废》，载《法制博览》2014 年第 2 期。

论工伤保险案件中的死亡认定标准

陈 佳*

案情概要

案例一①

龚晓琼曾是中铁五局集团电务工程公司的会计。2013年3月底，她被单位派往成都从事工程清算工作。2013年5月10日下午3时，龚突发疾病后送往当地医院抢救，第二天凌晨，被诊断为脑死亡，心脏在药物和呼吸机的维持下仍然跳动。5月13日9时许，医护人员检测到龚的心率为零，遂宣告死亡。医院出具的《死亡证明书》显示，龚晓琼死亡即心脏停止跳动的时间为2013年5月13日9时，这距她开始住院抢救有66小时。但是，医院出具的另一份《病情证明书》显示，龚晓琼的脑死亡时间，距抢救开始时间17小时。之后，龚的家属为其申请工伤认定。《工伤保险条例》第15条第1款规定："在工作时间和工作岗位，突发疾病死亡或者在48小时之内经抢救无效死亡的，视同工伤。"长沙市人社局认为，龚晓琼的死亡时间超过病发抢救48小时，故不予认定工伤。2013年11月，长沙市人社局作出《不予认定工伤决定书》。今年3月，长沙市政府作出《行政复议决定书》，维持长沙市人社局决定。2014年4月初，龚晓琼的家属向法院起诉长沙市人社局。

---

* 河北大学政法学院副教授，中国人民大学法学院民商法学博士研究生。在此感谢河北大学医学部郝岩君老师提供的宝贵资料和专业意见。

① 案情来源：朱远祥：《抢救"超时"未被认定工伤 法院一审撤销原决定书》，载新浪网，http://news.sina.com.cn/o/2014-06-08/094630317437.shtml，于2014年7月13日访问。

案例二①

剪志安系临颍县殡仪馆火化工，2008 年 3 月 3 日上午在工作期间，工作场所内突发疾病，经医院诊断为脑出血，抢救后，神志不清，生活不能自理，长期卧床，处于医疗救治状态。剪志安之妻张××向临颍县人劳局提出工伤认定申请后，临颍县人劳局于 2008 年 11 月 7 日作出豫（临）工伤认字（2008）96 号河南省工伤认定通知书，认定剪志安为非工伤。张××不服，向临颍县人民政府提出复议，临颍县人民政府于 2008 年 12 月 11 日作出临政复（2008）18 号行政复议决定书，维持临颍县人劳局作出的豫（临）工伤认字（2008）96 号河南省工伤认定书。张××不服，向法院提起行政诉讼。一审审理中张××曾提出对剪志安的脑死亡进行医学鉴定，经法院司法鉴定部门委托联系相关鉴定机构，因没有相应脑死亡的鉴定机构无法鉴定。二审审理中上诉人张××认为，2008 年 3 月 3 日 9 时 30 分在上班期间突然昏倒，被送至临颍县人民医院救治，确诊为脑溢血，在抢救过程中一直处于深度昏迷状态，无自主呼吸，靠氧气呼吸机及药物维持，应当按照卫生部脑死亡的标准确定为死亡。被上诉人临颍县人事劳动和社会保障局认为，上诉人主张剪志安按照卫生部脑死亡的标准确定为死亡理由不成立，现在我国仍然沿用的是传统医学上的心肺死亡标准，上诉人明知卫生部《脑死亡判定标准》是征求意见稿，脑死亡标准在我国尚未实行，却要临颍县人事劳动和社会保障局据此将剪志安认定为工伤，明显缺乏法律依据。

裁判要旨

案例一

湖南省长沙市芙蓉区法院认为，《工伤保险条例》的立法本意在于保护劳动者的合法权益，（死亡标准）在没有明确法律规定的情况下，应当作出对劳动者有利的解释。故“48 小时之内经抢救无效死亡的”，应当按照脑死亡的标准予以解释。因此作出判决：撤销长沙市人社局《不予认定工伤决定书》，责令其重新作出工伤认定具体行政行为。

案例二

一审法院临颍县人民法院认为，临颍县人劳局作出的认定，符合法律规

---

① 案情来源：河南省漯河市中级人民法院（2010）漯行终字第 20 号行政判决书。

定，适用法律正确，剪志安在工作期间、工作场合突发疾病后，并没有证据证明其在48小时内已经死亡。判决维持临颍县人事劳动和社会保障局于2008年11月17日作出的豫（临）工伤认字（2008）96号《河南省工伤认定通知书》。

二审法院河南省漯河市中级人民法院认为，上诉人认为剪志安应按照卫生部脑死亡的标准确定为死亡，现在我国仍然沿用的是传统医学上的心肺死亡标准，脑死亡判定标准在我国尚未实行，因此，上诉人认为应按照卫生部脑死亡的标准确定剪志安为死亡的理由不能成立。判决驳回上诉，维持原判。

评析

我国《工伤保险条例》第15条第1款规定："在工作时间和工作岗位，突发疾病死亡或者在48小时之内经抢救无效死亡的，视同工伤。"对于此条中的"死亡"到底是指心肺死亡还是指脑死亡，即死亡的认定标准是什么，是上述两个案例中原告和被告之间争议的焦点，也是工伤保险案件中常见的问题。对此我国并无明确的法律规定，因而在司法实践中出现了如上述两个案件中的判决分歧。从学说的角度看，无论是心肺死亡标准还是脑死亡标准，都有理论依据，从各国的立法看也有差异，而从司法实践来看，两种立场正如上述两案都已有判例支持。对于工伤保险案件中的死亡认定标准在司法裁判中应作何种选择，本文将在充分梳理和分析现有学说、立法和实践的基础上寻求较为妥当的答案。

一、关于死亡认定标准的学说争议

《工伤保险条例》第15条第1款中的"死亡"指的是生理死亡。生理死亡，也称自然死亡，是指自然人的生命的终结。如何认定生理死亡的时间，历来存在多种学说上的争议，如脉搏停止说、心脏搏动停止说、呼吸停止说等，其中以心肺死亡说为主流。随着现代医学的发展，移植器官手术的成功和完善，各国又普遍提出脑死亡的学说。

（一）心肺死亡说

心肺死亡说将心肺全然停止活动、心跳和呼吸发生不可逆转的停止作为死亡判断标准。心，即心脏，心脏活动表现为强有力的心跳和血液循环，如脉搏跳动；肺，即肺脏，肺主呼吸，表现为呼吸系统器官的有规律的活动，如胸腔的扩张与收缩、口鼻的吸气与呼气，等等。如果人的心跳和呼吸发生不可逆转的停止，则意味着人已经死亡。

心肺死亡说在我国具有坚实的历史文化和社会基础。2000 多年前的《黄帝内经》指出："脉短，气绝，死。"这个死亡标准典型地以呼吸心跳的停止作为判断依据。我国的《辞海》也将呼吸、心跳的停止作为判断死亡的重要标准。我国医学临床上直到目前一直是以心跳停止、呼吸和血压消失、瞳孔散大以及体温下降作为诊断死亡的依据。这个标准具有较强的形象性和直观性，心跳、呼吸、脉搏都表现于外，人们通过严肃谨慎地肉眼观察和直接触摸就可以判断，因此也是大众的标准，千年来人们对此深信不疑。国际上，直到 20 世纪 60 年代，心肺死亡说都是死亡无可争辩的标志，所有的国家都将其作为判断死亡的标准。1951 年出版的《布莱克法律词典》，把死亡定义为"血液循环完全停止，呼吸、脉搏停止"。英国《牛津法律大词典》也采此标准。

（二）脑死亡说

脑死亡本身是一个不断发展的概念。1959 年法国学者 Mollaret 和 Goulon 首次提出"昏迷过度"的概念，报道了 23 个存在这种病理状态的病例，认为凡是被诊断为昏迷过度者，苏醒的可能性几乎为零。① 1966 年，国际医学界以 Mollaret 和 Goulon 提出的"昏迷过度"概念为基础，正式提出了脑死亡的概念，然而并没有获得人们的认同。直到 1967 年南非医生克里斯坦·巴纳德成功完成了世界上首例心脏移植手术，才使得医学界对个体死亡的标准有了全新的认识。② 其后又经过一系列科学实验及临床医学实践，科学家们发现，"如果人体的某个部分注定具有主宰生命的特异素质的话，那么这个器

---

① Mollaret P, Goulon M. Le coma dépassé. Rev Neurol, 1959, 101: 5 - 15.

② 1967 年 12 月 3 日，克里斯坦·巴纳德成功地将一名 24 岁女性车祸遇难者的心脏移植到一名 51 岁男性心脏病患者体内。尽管术后该男士只存活了 18 天，但这一开创人类心脏移植的先河之举的心脏移植却打破了心脏功能丧失即可导致整个机体死亡的常规。因为在进行移植过程中，医生是在病人心跳和呼吸完全停止的情况下进行的手术，显然，心脏死亡并不必然意味着人生命的终结。

官就是大脑。”① 1968 年在第 22 届世界医学大会上，美国哈佛医学院脑死亡定义审查特别委员会提出了“脑功能不可逆性丧失”作为新的死亡标准，具体诊断标准为：(1) 不可逆的深度昏迷；(2) 无自主呼吸；(3) 脑干反射消失；(4) 脑电波消失（平坦）。凡符合以上标准，并在 24 小时或 72 小时内反复测试，多次检察，结果无变化，即可宣告死亡。但需排除体温过低（<32.2°C）或刚服用过巴比妥类及其他中枢神经系统抑制剂两种情况。②“哈佛标准”是世界上较有权威性的脑死亡判定标准。

随着医学科学技术的发展，20 世纪 70 年代英美国家又提出了“脑干死亡说”，脑死亡的概念更加复杂化，由此形成三种不同的脑死亡标准：一是大脑皮质死亡（diffuse cortical death），医学上称为大脑皮层弥漫性死亡，是指主管人的思维和意识等心理活动的大脑皮质死亡。其将死亡与人的思维和意识活动联系在一起，是一种社会学意义上的死亡。但是如果将大脑皮质弥漫性死亡作为死亡判定标准，那么很多处于持续性植物状态的患者也就可能被列入死亡的范畴，这显然是不合理的，临床医学上也基本不采此标准。二是脑干死亡（brain stem death），又称英式脑死亡，1971 年由英国提出，是指作为人的呼吸中枢所在部位和其他重要生命神经中枢所在部位的脑干死亡；脑干死亡，人的呼吸就会停止，人体其他器官和组织会因缺氧而逐渐死亡，人的自主神经活动终结，无法独立维持正常的生命活动，即使借助现代仪器能够短时间维持心跳等部分生理活动，但并不表明生命继续存在，脑干死亡必然会最终导致全脑功能丧失。三是全脑死亡（whole brain death），全脑死亡即大脑皮层弥漫性死亡加脑干死亡，被称为美式脑死亡，也是前面所讲的“哈佛标准”，这是脑死亡概念的本来之义。③

---

① 参见［南非］克里斯坦·巴纳德：《安乐生安乐死》，陈彪、阳京译，中国工人出版社 1990 年版，第 11~13 页。另外，直到目前为止，全脑还不能移植，而且全脑功能也不可人工替代。大脑是物质世界演化的高级产物，正如恩格斯所说：“地球上最美的花朵——思维着的精神。”参见陈忠华：《脑死亡——现代死亡学（修订版）》，科学出版社 2004 年版，第 27 页。

② 参见《脑死亡立法》，载百度百科，http://baike.baidu.com/view/1747065.htm，于 2014 年 7 月 13 日访问。

③ 参见陈忠华、袁劲：《脑死亡临床判定指南》，湖北科学技术出版社 2007 年版，第 8 页。

二、关于死亡认定标准的立法差异

在立法中，一般来说工伤保险案件是没有专门的死亡认定标准的，主要体现于对于死亡认定标准的一般性法律规定，对此各国立法上差异明显。

（一）各国立法的差异

据统计，现今世界上有90多个国家和地区将脑死亡作为死亡的判定标准。① 在这90多个国家和地区中，美国、英国、日本在内的十几个国家和地区（包括我国香港和台湾）还把它写进了法律。② 大多数国家及地区并没有针对脑死亡判定问题颁布专门的法律，而是以医疗标准的形式对脑死亡判定进行规范，给予必要的指引。可见，在全世界224个国家和地区中采心肺死亡标准的国家和地区仍然占大多数。

从相关的立法实践来看，对于脑死亡的判断标准仍有分歧。美国、西欧和日本为了将脑死亡付诸立法，先后报告了30多套标准。就世界范围而言，迄今未有统一的脑死亡标准。许多国家的立法采用的是全脑死亡的标准，例如美国、日本等。1978年，美国的《脑死亡统一法案》（Uniform Brain Death Act，UBDA）将脑死亡定义为：全脑功能包括脑干功能的不可逆终止。日本的《器官移植法》将脑死亡定义为：全脑包括脑干功能的不可逆停止，但与“植物状态”不同，后者的脑干仍保持全部或部分的功能。有些国家的立法所接受的则是脑干死亡的标准，例如英国、德国等部分欧洲国家。1998年，英国卫生部制定了《脑干死亡诊断之准则：包含确定和管理潜在的器官与组织捐赠者的方针》（A Code of Practice for the Diagnosis of Brain Stem Death：

---

① 参见2011年5月12日，卫生部副部长黄洁夫《在卫生部加强人体器官移植监管工作电视电话会议上的讲话稿》，载卫生部医疗服务监管司于2011年8月编写的《人体器官移植管理文件汇编（2011年版）》，第269页。

② 参见陈忠华：《脑死亡——现代死亡学（修订版）》，科学出版社2004年版，第99页。应当注意的是，美国的死亡认定标准各州有所不同，有少数州仍可采用心死标准，例如美国堪萨斯州1970年颁布的法令规定：允许医生使用“心死”或“脑死”两种死亡标准，即出现不可逆性的循环和呼吸停止，或不可逆性的脑功能（包括脑干）停止，都可以判定为死亡。并明确规定这项法令适用于各种目的，包括对刑事案例的审判。参见陈忠华：《脑死亡——现代死亡学（修订版）》，科学出版社2004年版，第100页。

Including Guidelines for the Identification and Management of Potential Organ and Tissue Donors)，正式以立法的形式对脑干死亡的概念进行了确认。1997年，德国的《器官移植法》规定：脑干死亡就是人的死亡。

另外，对于脑死亡的判定技术规范和管理，各国也有所不同。关于确诊所需医生人数，有的国家及地区规定确诊只需1名医生[①]即可，有的国家及地区规定需要2名医生，有的国家及地区要求2名以上医生参与，还有国家及地区对此未作规定。关于再次确认试验，由国家规定必不可少，但有国家及地区则认为不需要。关于脑死亡诊断的观察时限和再次确认观察时间，各国及地区差异很大，一般在自主呼吸停止后人工维持呼吸达24小时以上时，开始检测脑死亡存在与否，在作出脑死亡诊断之前，至少要先后进行2次临床检查，彼此间隔6或12小时，当然还有些国家及地区对此未作规定。[②]

（二）我国死亡认定标准的立法现状

对于死亡认定标准，我国至今为止没有明确的法律规定。现实中，一般以医疗卫生部门出具的《死亡医学证明书》载明的死亡时间作为判断依据，而我国临床上死亡诊断多年来采用的是心肺死亡标准。对于建立脑死亡标准，我国医学界早在20世纪80年代就开始讨论。2003年卫生部脑死亡判定标准起草小组公布了《脑死亡判定标准（成人）》（征求意见稿）和《脑死亡判定技术规范（成人）》（征求意见稿），但一直没有正式颁行。2011年，

---

① 一般需具备脑死亡诊断执行医师资格，由经过专门训练并熟练掌握脑干功能试验的神经内外科、麻醉科或特护病房（ICU）医师担任。

② See Wijdicks E F M. Brain death worldwide accepted fact but no global consensus in diagnostic criteria. Neurology, 2002, 58: 20-25.

卫生部办公厅下发通知，在心脏器官移植试点工作中可以按照脑死亡标准进行。[①] 2013 年，国家卫生和计划生育委员会脑损伤质控评价中心公布了《脑死亡判定标准与技术规范（成人质控版）》，将其作为医学行业标准推动我国脑死亡判定工作有序、规范地开展。[②] 但《脑死亡判定标准与技术规范（成人质控版）》最多只是一个行业指引，连部门规章都称不上。而作为一个攸关是“生”还是“死”的认定标准，关系重大，最好是颁行正式的、有权威的、具有法律性质的文件才妥当。然而，对于脑死亡标准的法律化，卫生部副部长黄洁夫指出，我国普通民众将“脑死亡”“安乐死”“植物人”等概念混淆在一起，再加上现阶段“医患关系”紧张，现在在我国广泛推广“脑死亡”的死亡标准的时机还不成熟。但他也同时指出，经过 OTC（卫生部人体器官移植技术临床应用委员会）多次会议讨论，现建议从医学判断死亡标准上“心死亡”和“脑死亡”两套死亡标准可以同时寻在，大众可以自主选择。随着科学教育的推广，当公众能够准确理解“脑死亡”的定义，且医疗机构也有了成熟的“脑死亡”判定的资质、学术队伍时，卫生部将在适当的时机推动“脑死亡”标准的法律认可。[③]

---

① 《卫生部办公厅关于启动心脏死亡捐献器官移植试点工作的通知》（卫办医管发［2011］62 号）中指出，经省级卫生行政部门审核批准的开展心脏死亡捐献器官试点工作的医院要参照《卫生部办公厅关于印发卫生部人体器官移植技术临床应用委员会第八次会议纪要的通知》（卫办医管函［2011］234 号）确定的《中国心脏死亡器官捐献分类标准》开展心脏死亡捐献器官移植试点工作。而该标准中将心脏死亡器官捐献分为三大类，第一类为中国一类（C－1）为国际标准化脑死亡器官捐献（DBD），即：脑死亡案例，经过严格医学检查后，各项指标符合脑死亡国际现行标准和国内最新脑死亡标准（中国脑血管病杂志，2009 年 6 卷 4 期），有通过卫生部委托机构培训认证的脑死亡专家明确判定为脑死亡；家属完全理解并选择按脑死亡标准停止治疗、捐献器官；同时获得案例所在医院和相关领导部门的同意和支持。

② 国家卫生和计划生育委员会脑损伤质控评价中心：《脑死亡判定标准与技术规范（成人质控版）》，载《中华神经科杂志》2013 年第 9 期，第 1～4 页。

③ 参见 2011 年 5 月 12 日，卫生部副部长黄洁夫《在卫生部加强人体器官移植监管工作电视电话会议上的讲话稿》，载卫生部医疗服务监管司于 2011 年 8 月编写的《人体器官移植管理文件汇编（2011 年版）》，第 269 页。

三、关于死亡认定标准的实践分歧

如案例所示，工伤保险案件中的死亡认定标准问题，并非纯粹的理论上的争议，立法上的差异，在实践中也有很大的分歧。从目前来看，医学界对脑死亡说普遍认同也抱有极大的坚持，而在法学界和司法裁判中，由于我国法律没有明确的规定，态度不一，其中以采心肺死亡标准为主流。

（一）采心肺死亡标准的判例

正如案例二所示，二审法院河南省漯河市中级人民法院在适用《工伤保险条例》第15条第1款时对条文中的“死亡”的认定采用的是心肺死亡标准，认为“现在我国仍然沿用的是传统医学上的心肺死亡标准，脑死亡判定标准在我国尚未实行，因此上诉人认为应按照卫生部脑死亡的标准确定剪志安为死亡的理由不能成立。”我国法院在此类案件中都基本上采心肺死亡标准，例如在王惠平诉濮阳市人力资源和社会保障局工伤行政确认一案中河南省濮阳市中级人民法院在判决书中指出，王惠平诉讼中称丁明贵在48小时内脑死亡应适用脑死亡标准，但与医院出具的死亡证明书载明的死亡时间不一致，该诉讼理由不能成立。① 再如在陈世玲等诉珠海市香洲区人力资源和社会保障局确认案中广东省珠海市中级人民法院在判决书中指出，“对一个人的死亡判断是一个严肃、细致、专业性极强的过程，要依据具有专业特长的医生根据病情和辅助检查的结果，依据一定的标准来作出判断”，进而认定上诉人陈世玲以脑死亡为判断标准认定黄海涛死亡时间的主张没有事实和法律依据。②

同样，在翁某与上海市某区人力资源和社会保障局工伤认定具体行政行为纠纷案、方国平与南昌市劳动和社会保障局工伤认定纠纷上诉案、毛荣轩与重庆市北碚区劳动和社会保障局等劳动行政确认纠纷上诉案、山东金宇建筑集团诉东营市劳动和社会保障局工伤行政确认案等工伤保险纠纷案件中，就《工伤保险条例》第15条第1款规定的“死亡”的认定标准，虽然当事人都主张脑死亡标准，但法院无一例外地都采心肺死亡标准。

---

① 参见浙江省温州市中级人民法院（2013）浙温行终字第4号行政判决书。

② 参见广东省珠海市中级人民法院（2011）珠中法行终字第6号行政判决书。

（二）采脑死亡标准的判例

案例一中，湖南省长沙市芙蓉区法院在判决书中认为《工伤保险条例》第15条第1款中“死亡”的认定应当按照脑死亡的标准予以解释的做法，是司法实践中较为罕见的。本文认为，该案的判决无疑也是正确的。长沙市芙蓉区法院对于此案的判决既遵循了现有规范性文件的明确规定，又在探寻立法原意的基础上对规定的不明确之处作出了有利于劳动者的解释，实现了法理与情理的有机统一。与精神损害赔偿第一案“贾国宇诉北京国际气雾剂有限公司、龙口市厨房配套设备用具厂、北京市海淀区春海餐厅人身损害赔偿案”有异曲同工之妙。①

首先该案的判决并不违反现行法律规定，因为至今为止我国并没有法律明确规定死亡的认定标准。更重要的是，法院作出判决所采用的解释方法，遵循了立法的本意。正如江苏省高院在其《工伤认定行政案件审理指南2010》中所指出的，在审理此类案件时，“不仅要用文意解释（包括扩张解释和缩小解释）。从法律规范的语言逻辑出发理解法律；而且要采用目的解释法、历史解释法，通过剖析工伤保险制度的历史沿革，更加探切地了解工伤保险制度的建立原因和基本功能；甚至运用比较分析法，通过与域外工伤保险制度的对比，了解全球背景下工伤保险的发展趋势。唯如此，工伤认定行政案件的法律适用才能适应我国经济、社会的发展需要，满足人民群众日益增长的权益保障需求。”《工伤保险条例》第15条的立法本意在于保护劳动者的合法权益，湖南省长沙市芙蓉区法院在其判决中对第一款中“死亡”没有认定标准这个法律漏洞进行了目的性扩张，指出该条死亡标准在没有明确法律规定的情况下，应当作出对劳动者有利的解释，故条文中“48小时之

---

① 在“贾国宇诉北京国际气雾剂有限公司、龙口市厨房配套设备用具厂、北京市海淀区春海餐厅人身损害赔偿案”中，就精神损害赔偿而言，民法通则第119条对于原告贾国宇人身损害赔偿的适用存在法律漏洞。法院通过在具体语境下对民法通则第119条的扩张理解，在法无明确规定的情况下，创立了因公民人身权受到侵害而获得精神损害赔偿的案例。在“贾国宇案”的判决中，法官成功地通过事故发生时贾国宇是未成年人，烧伤造成的片状疤痕对其容貌产生了明显影响，完全说服了被告。借用拉德布鲁赫的话来说，就是创造了“合乎逻辑的奇迹”，从而顺利扩大了民法通则第119条的赔偿范围。参见葛先园：《案例造法的限度——基于“贾国宇案”的分析》，载《理论探索》2011年第2期。

内经抢救无效死亡的”，应当按照脑死亡的标准予以解释。这是法官对“法律漏洞”的填补，是对法律的续造，并未超越“案例造法”的限度，顺应了现代法律的发展趋势。当然任何事物的发展趋势，是难以预料的，法律的发展走向不可能是线性向前的。但近现代以来，作为规范之术的法律和规范之学的法学，对于法律应该向倾斜保护弱者权益的方向发展，已经达成共识。若沿着这个方向“造法”，就是顺应了现代法律的发展趋势。这也正是美国学者约翰·罗尔斯在《正义论》中提出的正义两原则，被世人所推崇的原因。[①] 就法理而言，长沙市芙蓉区法院的“案例造法”遵循了罗尔斯的正义原则。

四、工伤保险案件中适用脑死亡标准的可行性

案例一中湖南省长沙市芙蓉区法院的判决开启了《工伤保险条例》第15条第1款中“死亡”的认定采用脑死亡标准的先河，本文认为工伤保险案件中适用脑死亡认定标准具有可行性，理由如下：

首先，采脑死亡标准有利于科学地确定死亡时间，进而保护劳动者及其近亲属的利益。传统的心跳、呼吸停止不能科学地判断死亡时间，心脏停搏不表明个体必然死亡（心脏移植即为其证明），当然心肺功能得到维持也不表明必然生存。脑死亡与植物人不同，植物人脑干的功能是正常的，昏迷是由于大脑皮层受到严重损害或处于突然抑制的状态，因此病人可以有自主呼吸、心跳和脑干反应，少数病人还有望一朝苏醒。脑死亡则已经被科学证实是不可逆转的死亡，抢救脑死亡者毫无意义。而脑死亡一旦发生，没有一例

---

① 葛先园：《案例造法的限度——基于“贾国宇案”的分析》，载《理论探索》2011年第2期。

复苏成功的，即脑死亡是不可逆的。① 脑死亡一旦发生，就该及时宣告个体死亡，从而可以更加准确地确定死亡时间。由于我国《工伤保险条例》第15条第1款将“在48小时之内经抢救无效死亡”作为获得工亡补助金等的条件，因此，工伤保险案件中死亡的认定标准决定了死亡职工能否获得工亡保险待遇，是一个与劳动者有直接利益关系的重大法律问题。而脑死亡后，心肺功能可能会由于现代医学仪器的采用而得到维持，所以对于此类工伤保险案件准确地确定死亡时间对于保护劳动者及其近亲属的利益尤为重要。例如案例一中，按照《工伤保险条例》第39条规定，一次性工亡补助金应为2013年度全国城镇居民人均可支配收入26955元的20倍即53.91万元，脑死亡职工近亲属还有供养亲属抚恤金、工伤医疗费用、丧葬补助金，全部赔偿金额会更高。

其次，在工伤保险案件中适用脑死亡标准道德风险几乎不存在或者很小。反对采脑死亡标准的学者的理由之一在于“脑死亡”剥夺了公众对于死亡的判断权和知情权，且容易出现道德风险。其认为，传统的心肺死亡标准具有公示性，任何人通过摸一摸嘴、鼻子和胸脯就可以判断呼吸和心跳是否停止了，这是任何人都可以进行判断的。而‘脑死亡’它具有隐蔽性，我们无法判断一个人是否脑死亡了，实际上是把死亡的宣判权完全交给了医生。而生命具有个体性、不可重复性、自然性的特征，一个生命的出生和死亡，都应该是一个自然的过程，一旦生命被技术化，死亡被人为地控制，那么作为死亡控制者的医生群体，在这个问题上就具有巨大的权力。这种权力如果

---

① 凤凰卫视金牌主持人刘海若英伦车祸事件被认为是脑死亡可逆的一个著名实例，一些媒体大肆炒作刘海若被英国医院判定为脑干死亡后又被北京宣武医院神经脑外科主任凌峰教授救活。但据《南方周末》报道“对刘海若的脑干测试并没有进行。”“在伦敦皇室自由医院接受抢救期间，刘海若一度瞳孔完全散大，丧失了自由呼吸，对外界刺激也毫无反应，在这种情况下，医生怀疑她可能已经发生脑死亡，提出进行脑干测试的建议。但这一建议遭到了刘的家人的断然拒绝。”参见《刘海若事件与“脑死亡”真相》，载《南方周末》2002年9月19日。凌峰教授接受记者采访时也表示，英国那边其实根本就没有下诊断说刘海若是“脑死亡”，这个说法是国内的媒体以讹传讹所造成的，当初英国那边诊断她是“植物人状态”，“植物人状态”和“脑死亡”完全是两码事。参见《访“中国神经介入放射第一人”凌峰教授：我不是“神医”》，载阿里医药网，http://shenjing.aliyiyao.com/jbfl/pjs/pjsyfzl/262347.html，于2014年7月13日访问。

被滥用的话，那就有可能出现严重的后果，极端的情况是患者家属与医生达成某种协议合伙谋杀患者。这种忧虑在工伤保险案件中几乎可以不予考虑。因为在工伤保险案件中，得不得出脑死亡结论对于进行脑死亡判定的医生来说没有切身利益，另外即便少数患者家属预见到有可能需要适用《工伤保险条例》第15条第1款的规定，进而和医生合谋想把脑死亡时间提前，在事实上也会很困难，因为入院时间以及入院的病情记录是基础，很难篡改。

再次，在工伤保险案件中适用脑死亡标准既不违反法律，也更容易为大众接受。与在器官移植中采用脑死亡标准或者全面采用脑死亡标准不同，在工伤保险案件中适用脑死亡标准，其目的主要是为了判定工亡是否成立，能否得到工亡补助金等，其根本目的是要保护作为弱势群体的保护劳动者，因此更容易为大众所接受。当然，由于我国法律中并没有明确规定死亡的认定标准，因此，采脑死亡标准也并不违反法律。法官在工伤保险案件中适用脑死亡标准进行死亡认定，非但没有不遵从法律的迹象，反而会提升了双方当事人对所适用的《工伤保险条例》第15条的信仰。

最后，在工伤保险案件中适用脑死亡标准也具有现实可行性。目前我国三级甲等以下医院不接重度颅脑损伤患者，而三级甲等以上的医院基本上都具备判断脑死亡的技术和设备条件，这就为在工伤保险案件中适用脑死亡标准提供了前提条件。

五、结语

虽然我国不是判例法国家，但案例一中的判决“合法、合情、合理”，其他法院遇到类似案件时，可以参照该案的判决理由作出相同或相似的判决。还应当看到的是，案例一中医院出具了能够确切证明死者脑死亡时间的《病情证明书》，而在案例二等采心肺死亡标准的判例中部分案件是缺乏此类证据的。建议卫生部针对急危重症、昏迷患者颁行新的临床诊断标准、临床诊断流程，将脑死亡的判断和时间作为一个环节在病程记录和病例当中反映，这样既可以给司法提供证据，又能从一个侧面促进医学事业的科学化和规范化。所谓“不积跬步，无以至千里；不积小流，无以成江海”，一点小小的改变就能让我们离公正和科学更近。判

（本文仅代表作者个人观点）

身体权的扩展及身体权与物权的界分

——关于冷冻胚胎继承案的评述与反思

刘召成[*]　徐振科[**]

案情概要[①]

沈某（男）与刘某（女）2010年10月13日登记结婚，于2012年4月6日取得生育证明。2012年8月，夫妻二人因“原发性不孕症、外院反复促排卵及人工授精失败”，要求在江苏省南京鼓楼医院施行体外受精—胚胎移植助孕手术。鼓楼医院在治疗过程中，获卵15枚，受精3枚，分裂13枚。取卵后72小时为预防“卵巢过度刺激综合征”，鼓楼医院未对刘某进行新鲜胚胎移植，而是当天冷冻4枚受精胚胎在鼓楼医院生殖中心冷冻保存。

就在即将施行手术前数天，2013年3月20日深夜，沈某驾驶载有妻子的车辆发生侧翻撞到树木，夫妻双方死亡。此后，双方父母因处理冷冻胚胎事宜发生争执，原告沈某父母认为，依据风俗习惯，作为儿子生命延续的标志，在医院冷冻的胚胎应当由原告来监管和处置。被告刘某父母则认为，胚胎系他们女儿留下的唯一东西，要求胚胎的处置权。宜兴市人民法院受理后，依法追加南京市鼓楼医院为第三人。

---

* 首都师范大学政法学院讲师、中国人民大学民商事法律科学研究中心兼职研究人员，法学博士。

** 河北司法警官职业学院讲师。

① 案件来源，《法院：人工辅助受精胚胎不能任意转让》，载《法制日报》2014年5月17日，第8版。

裁判要旨

宜兴市法院一审认为，夫妻双方已经死亡，作为双方父母的原、被告均遭受了巨大的痛苦，原告主张沈某与刘某夫妻手术过程中留下的胚胎作为其生命延续的标志，应由其负责保管，但施行体外受精—胚胎移植手术过程中产生的受精胚胎为具有发展为生命的潜能、含有未来生命特征的特殊之物，不能像一般之物一样任意转让或继承，故其不能成为继承的标的。同时，夫妻双方对其权利的行使应受到限制，即必须符合我国人口和计划生育法律法规，不违背社会伦理和道德，并且必须以生育为目的，不能捐赠、买卖胚胎等。本案中沈某与刘某夫妻均已死亡，通过手术达到生育的目的已无法实现，故其夫妻二人对手术过程中留下的胚胎所享有的受限制的权利不能被继承。因而，驳回原告的诉讼请求。

评析

本案为国内首例冷冻胚胎处置权纠纷，受到广泛关注。其受关注不仅因为涉及人工生育辅助这一新兴的医学技术，也因为其涉及冷冻胚胎这一公众并不熟悉的新鲜存在，还因为其中涉及中国传统的子嗣延续的情感，更因为涉及代孕等伦理价值判断。所有这些问题通过冷冻胚胎可否继承这一命题集中爆发出来，因此，本案表现出相当的复杂性。不过所有疑难解决的关键在于冷冻胚胎的法律属性，这是所有问题解决的前提，本文以此为出发点全面探讨冷冻胚胎的法律构造，权利人对其的权利行使规则以及权利冲突规则，最后对其是否可以继承予以分析。

一、冷冻胚胎的法律属性与权利构造

（一）冷冻胚胎作为物并通过物权调整的判断及其缺陷

现代科技的发展使得生育方法获得了多种可能性，人工辅助生育技术满足了很多家庭对孩子的渴望，但是也提出了一个法律上的难题。利用夫妻双方的精子和卵子在体外通过医学技术生成的受精胚胎在法律上的属性到底应当如何认定呢？在本案中，这是需要首先予以明确的问题，因为只有财产权才能继承，人格权不能继承。

在现行民法体系中，一种并非没有争议却普遍接受的观点认为，身体组成部分一旦与身体相分离，就脱离身体的范畴而属于物的存在。由于冷冻胚

胎处于人体之外，是一种人体之外的实体性存在，因此，很容易被认定为物而非人体。类似的情况例如，传统通说认为，虽然血液和人体器官存在于人体内时属于身体的组成部分，但一旦与人体相分离就属于物。[①] 而新近学说鉴于这些人体分离物具有一定的伦理价值，毕竟不同于一般的物，因而在这一认识上进行了发展，认为，人体之外的存在应当依据其特性不同尤其是伦理价值浓度的不同，划分为不同的层次，设置不同的调整规则，也就是主张对物进行类型化研究。[②] 受这种理论作用，冷冻胚胎因可发育为生命而具有了伦理价值，被作为高级别的物对待，而不能被随意处分，并应遵从特殊的法律调整规则。[③] 本案中，法院也采用了这种观点，认为胚胎具有发展为生命的潜能、含有未来生命特征，因而是一种特殊物。

虽然将胚胎认定为物并因其具有一定的伦理价值而设定特殊的法律规则，在转移和继承等方面也能够大致实现妥当的判断结果，但是这种定位并不合理，存在诸多无法解决的问题。首先，由于胚胎本质上是一个伦理价值性的存在，满足的是人类繁育后代的功能，其次才是一个物质实体性的存在。因而其价值根本无法用金钱去衡量，无法满足物的属于财产可用金钱予以衡量的标准。其次，由于胚胎并不能进行法律交易，也无法通过市场获得财产价值的确定，如果将其作为物对待的话，在其受到侵害时损害赔偿的数额无法计算。最后，对于权利人来说，胚胎受到侵害主要是一种后代无法孕育的精神性痛苦而非财产性损害，但如果将胚胎作为一种物，那么对于胚胎的抛弃等造成的受害人的损害就不能通过精神损害赔偿予以补偿。因此，将冷冻胚胎作为一种特殊物予以对待并非一种令人满意的处理方案，那么是否可以尝试将其归入人格或人格权领域呢？有两种可能的方案：一种是将其作为独立的人格体对待；另外一种则是将其作为人格组成部分成为身体权的对象，通过身体权予以调整。

（二）冷冻胚胎不适宜作为人格体对待

与冷冻胚胎有一定类似之处的是胎儿。为了对于已经具有人类生命的胎

---

① 史尚宽：《民法总论》，中国政法大学出版社2000年版，第250页。

② 杨立新：《民法物格研究》，法律出版社2008年版，第50页。

③ 王丽莎：《体外早期胚胎的物权保护规则》，载《广西政法管理干部学院学报》2011年第4期。

儿提供法律保护，学理上在继承法律领域和人格权法律领域承认胎儿享有相应的民事权益，虽然对于这种民事权益到底是权利还是法益，是现实利益还是预期利益存在着争议，但是对胎儿能够享有民事权益的肯定事实上是将其作为一种在一定程度上相对独立的人格存在予以调整的。冷冻胚胎作为人类生命的初始阶段与胎儿有类似之处，那么既有民法体系中关于胎儿作为相对独立个体予以法律保护的机制是否可以适用于冷冻胚胎呢？本文认为，虽然冷冻胚胎与胎儿具有一定的类似性，但是两者还是存在本质的不同，冷冻胚胎不能作为一种独立或相对独立的人格予以对待。

胎儿指的是受精卵在母体子宫着床至出生前的阶段，在这个阶段胚胎丧失了分裂为多胞胎的能力，人的一切属性最终确定下来，成为确定的个体，因此其具有了作为不同于母体的个体的现实基础，① 可以在一定程度上将其作为一种半独立的人格体予以对待和调整。但是受精卵在着床之前的阶段，也就是胚胎阶段，仍然具有多种分裂的可能性，有可能发展成为单一个体或者多个个体。也就是说其并不具备人格个体所要求的特定化条件，根本不能在任何程度上被作为人格体对待，因此，不能将胎儿的法律地位和法律规则类推适用于冷冻胚胎。

那么，冷冻胚胎可否按照第二种方案作为身体权的对象予以处理呢？其中也存在着一定的障碍，因为自然状态下胚胎处于妻子一方体内，可以认定为妻子身体的一部分，但是在人工辅助生育情况下的冷冻胚胎则处于妻子身体之外，将其作为妻子身体的组成部分似乎存在障碍。那么这一障碍在现有法律体系内可否通过法学方法予以克服呢？我们可以从德国司法实践的新发展中获得克服这一障碍的启示与方法。

（三）德国司法实践中身体权的新发展及其启示

在德国，与我国传统观点类似，长期存在的普遍观点也认为，身体组成部分与身体分离后成为物，受到物权法调整。② 但是1994年德国联邦最高法院的判决改变了这一传统认识，确立了身体权的新观念以及身体权与物权界分的新变化。在该案中，时年31岁的原告于1987年因为某疾病需要进行手

---

① Vgl. BverfG 39, 37.

② 参见德国联邦最高法院在判决中对这一传统观点的陈述。Vgl. BGH, NJW 1994, 127.

术，手术后将丧失生育能力。为了将来能够拥有一个孩子，其在手术前与某大学诊所签订协议，将其精子予以冷冻保存。后来由于冷藏能力有限，该诊所于 1989 年 1 月向原告发信询问其是否有意继续保存这些精子，并在信中表明如果于四周内未收到原告回复，这些精子将被抛弃。原告在一周内进行了回信，表明其要继续保存这些精子。这一回信到达了该大学诊所，但是由于某种不可查明的原因并未被归入原告的精子保存档案。因此，原告的精子在 1989 年 5 月被抛弃。此后，原告结婚并想生育孩子时，才得知自己的精子已经被抛弃。因此，通过法院诉求诊所支付 25000 马克的精神损害赔偿，其中一个重要的理由就是其身体权受到了侵害。原告的诉求最初并未得到地方法院的支持，几经诉讼，联邦最高法院最终判决支持其诉讼请求。①

德国联邦最高法院的这一判决具有开创性，颠覆了传统理论对于身体权的认识，确立了学界和司法实践对于身体权的新认识，成为影响深远的引领性判决（leading case）。传统理论和学说从生物性和物质性存在方面认识身体权，将身体权作为一种以身体物质存在完整性为内容的权利。在这种观念支配下，作为一个物质整体一体性存在的身体才属于身体权的标的，与该物质整体相分离的部分自然无法受到身体权保护。但是，德国联邦最高法院的观点并未局限于此，其利用一般人格权的内在价值发展了身体权，作为核心的理论基础就是一般人格权的内在构造和价值以及一般人格权对于具体人格权的作用和影响。在德国，以《德国基本法》第 1 条第 1 款人格尊严和第 2 条第 1 款人格发展为基础间接发展出的民法上的一般人格权承认了一个一般的紧密人格领域，在该领域内，人有自主和自我决定的能力，从而可以排除他人干扰发展其人格个性。质言之，一般人格权确立了个体对其人格领域（方面）的决定或支配的能力，其他社会成员对此应当予以尊重，由此使得主体在其人格领域的自由得到了广泛承认。一般人格权的这一核心价值使得德国的人格权理论发生了深刻转变，学界和司法机关普遍地从传统的消极静态角度理解人格权转变为从积极动态角度理解和构建人格权。②

在本案中，德国联邦最高法院就沿用了这一思路。法院认为身体权是一

---

① Vgl. BGH, NJW 1994, 127.

② 详细论述请参见刘召成：《人格权主观权利地位的确立与立法选择》，载《法学》2013 年第 6 期。

般人格权的被法律予以特别构造了的部分，其价值与一般人格权相一致，因此，身体权保护的并非一种物质性的实体，而是通过身体这一外部存在被具体化了的人格存在和人格自主领域。① 换言之，身体权其实保护的是人的人格自主和自我决定，而身体仅为这种抽象价值得以具体实现的条件和现实基础。以此为基础，德国联邦最高法院进而认为，虽然身体组成部分与身体相分离，但是按照权利人的意愿和自我决定，该组成部分仍然承担着身体的功能或者将被重新植回其身体，那么该组成部分依然满足身体完整性的本质在于维护身体权人的人格自主和自我决定的根本要求。也就是说，即使在与身体相分离的阶段，身体组成部分仍然发挥身体所具有的满足其主体人格发展的功能，与身体具有功能一体性，属于身体权的范畴。② 具体来说，精子虽然与身体相分离，但是其仍然承担着原权利人人格发展和繁育后代的功能，在功能上与身体具有一体性，因而仍然属于身体权的范畴。而按照民法基本理论，身体权受到侵害是可以进行精神损害赔偿的，据此，德国联邦最高法院支持了原告的精神损害赔偿的诉讼请求。

德国司法实践关于身体权的这一新发展有两点启示意义。第一，关于身体权认识变化的启示。从机械的物质一体性转化为功能一体性，身体组成部分只要在功能上仍然保持与身体的一体性，即使暂时与身体相分离，也仍然属于身体权的范畴。第二，关于法学方法论的启示。我国学界虽然也承认一般人格权对于具体人格权的解释和发展功能。③ 但是在学说构造和司法实践中，这一功能处于冷冻状态，根本没有得到应用。德国司法实践将作为一般人格权核心与精髓的对于自己人格的自我决定用来解释和发展身体权，使得身体权的内容获得了全新的变革。这一法律解释和适用的方法对于我国人格权的发展也具有重要意义，值得借鉴。

（四）人格权的发展与冷冻胚胎作为身体权的构造

在传统社会，人的人格表现比较狭窄，仅限于生命、身体、健康、姓名和肖像这些方面，而这些方面对于人的价值和意义在于其完整性存续，因

---

① Vgl. BGH, NJW 1994, 127.

② Vgl. BGH, NJW 1994, 128.

③ 参见杨立新、尹艳：《论一般人格权及其民法保护》，载《河北法学》1995年第2期。王利明：《人格权法研究》，中国人民大学出版社2005年版，第181页。

此，传统法律仅对人格权提供消极静态完整性保护就足够了。但是现代科技的发展，使得人的人格具有了更多的表现方式和途径，在这种背景下，只有按照当事人意愿和希望的方法和途径去展现人格，才能使得当事人的人格得到正确实现。因此，当事人对其人格实现的意愿和选择就成为需要人格权制度予以保护的重要方面。于此情形下，比较法上主要国家的人格权构造均发生了相应的发展。

在德国，如上所述，司法实践将人格自我决定和自我发展作为一般人格权的核心价值，并以此为枢纽，通过一般人格权的辐射作用，将自我决定的权能赋予给所有的人格权。具体表现为两种类型：一方面，在传统具体人格权之外，司法实践中通过一般人格权承认了很多非典型人格利益，由于这些人格利益是直接由一般人格权发展出来的，因此其中蕴含着积极的自我决定的内容。例如，在“读者来信案”中，德国联邦最高法院认为，信件是一个人思想的语言化确定，源自人格，是否发表以及如何发表以传达于公众，涉及作者的人格，应由作者自己决定。擅自发表他人资料，或虽经他人同意，但擅自增加或减少其内容或以不当方式为之，均属对人格权的侵害。① 在“录音案”中，法院认为，人有权（限）自我决定，其话语是否向某一特定人、某些特定人或公众予以公布，其话语是否被允许采用录音媒介予以固定，这都是一般人格权保护的重要内容。② 另一方面，在传统的具体人格权领域，自我决定的价值和内容同样被发展并嵌入其中，使得具体人格权也具有了积极性内容。在德国，具体人格权被认为是一般人格权的特别表现形式，是从一般人格权中流淌出的一个个内容具体确定的权利。③ 因此，一般人格权的法律效果可以延伸于具体人格权，并适用于具体人格权。④ 一般人格权的自我决定的价值正是基于此嵌入并改造着具体人格权的内容。例如，除了上述身体权的判决之外，德国联邦最高法院还在其他判决中认为，肖像

---

① Vgl. BGHZ 13，334.

② Vgl. BGH，NJW 1958，1344.

③ Vgl. Larenz /Wolf，Allgemeiner Teil des Bürgerlichen Rechts，Verlag C. H. Beck ，2004，S. 128.

④ Vgl. Marion Baston – Vogt，der sachliche Schutzbereich des zivilrechtlichen allgemeinen Pers? nlichkeitsrechts，Mohr Siebeck，1997，S. 107.

权是权利人对于自己肖像是否、何时、在何种情况下予以公开的决定权。①另外，德国联邦最高法院还认为，根据作为人格权的姓名权的本质，姓名权人有权自主决定，是否及在何种情况下使用或允许他人使用其姓名，对于姓名权人所享有的自主决定权的侵犯就是对姓名权的侵害。② 也就是说，在德国，人格权通过一般人格权理论的媒介和改造普遍具有了积极的自我决定的内容，权利人对其人格方面的意愿和意志普遍获得了承认。

在日本，传统理论普遍关注的是静态的被动性人格权，其内容仅为消极被动性保护，在受到侵害时予以救济。但是，随着司法实践和理论研究的发展，积极的主动性层面的人格权逐渐获得关注。尤其是自“耶和华见证人拒绝输血案”中法院判决拒绝输血的意思表示的决定权是人格权内容的组成部分因而必须被尊重后，人格权包含自我决定权的内容就获得了承认。③ 并被日本学界作为人格权发展的趋势予以关注和研究。④

在美国，作为大陆法系人格权概念对应物的隐私权，也出现了从积极的自主决定其私的人格领域的角度予以构造的发展趋势。传统隐私权被理解为个人独处不被干扰，隐私和人格不受侵害的消极性权利，但是后来逐渐被从积极的人格自主角度予以构造，它被认为是每个人对其个人亲密关系的自决或控制权以及个人信息的决定权。⑤ 也就是说，隐私权呈现出一种从消极的“别管我的权利”到“个人信息的自我控制权”以及积极的“自我决定的自主权”的发展。⑥

可见，在比较法上，从积极的人格自主和自我决定的角度构造人格权已成为一种普遍的事实，这种发展一方面能够为新科技时代人格发展的多种可

---

① Vgl. BGHZ 20, 345.

② Vgl. BGH, GRUR 1981, 846.

③ 最平判12·2·29《民集》54卷2号582。转引自［日］五十岚清：《人格权法》，铃木贤等译，北京大学出版社2009年版，第9页。

④ 参见［日］五十岚清：《人格权法》，铃木贤等译，北京大学出版社2009年版，第188页。

⑤ See Tom Gerety, Redefining Privacy, 12Harverd Civil Rights - Civil Liberties Law Review 233 (1977), p. 236.

⑥ 参见［日］五十岚清：《人格权法》，铃木贤等译，北京大学出版社2009年版，第5页。

能提供法律应对，另一方面也是社会理念和社会生活对于人的自主性和人的个性的普遍强调在法律层面的投映。在这种人格权的国际发展趋势下，我国身体权的构造就需要予以反思。我们是仍然坚持传统的身体权认识还是要借鉴比较法上人格权理论与实践的新发展并结合我国社会需求对其予以改造呢？在我国，早期社会中人们对于自己身体的自我决定的可能性非常有限，而现代科技的发展，使得人们具有了对于自己身体组成部分予以决定的普遍可能性，由此导致必须承认身体权的自我决定的积极权能。首先是整容技术的发展，使得每个人都具有了选择美化自己面容的可能性，通过皮肤、骨骼自体移植等手段获得更加美观的容貌。选择整容手术的个体无疑在事实上行使着对于自己身体的自我决定，对此只有通过赋予身体权的积极自我决定的权能，才可获得法律上的调整。其次是对于医疗方案的选择权。传统医疗技术比较简单，针对疾病的诊治只有唯一可行的方法，但是现代医学的发展，使得疾病的治疗尤其是手术具有多种可行方案，每一种方案会给当事人的身体产生不同的影响。实践中普遍遵循的规则是，到底采用何种医疗方案由病患自己决定。而患者的这种医疗方案的选择权由于直接影响未来其身体的现实状态，正是患者对于自己身体的自我决定权的表现。这种事实上的对于身体的决定权只有通过在法律上承认权利人的身体权中具有自我决定的权限才能获得法律体系的正当化。因此，可以说，正是科技的发展和社会生活的变化促使身体权被从积极的自我决定的角度予以构造。

传统人格权仅注重对于人格的静态的物质性层面的承认和保护，在这种背景下，身体权所保护的只是作为人的物质性方面的身体的完整性，脱离身体的组成部分自然不再属于身体，不能作为身体权受到保护。而在当今的人格权发展背景下，人格权的本质在于人对其人格领域的自主和自我决定的能力的保护，身体权人对于自己的身体具有按照自己的意愿予以自我决定的能力。于是，物质一体性并非身体的必要条件，按照当事人意志发挥其身体功能并体现其人格自主和自我决定才是身体（权）的核心本质。即使身体组成部分与身体相分离，但是这种分离是基于权利人的意思，而且该分离的部分按照权利人的意志仍然继续发挥其身体的功能，那么，该分离的部分仍然属于身体的范畴，应当受到身体权的调整和保护。对于冷冻胚胎来说，它是由夫妻双方体内取出的精子和卵子经过医学培育后形成的，虽然其处于人体之外，但是仅暂时与人体分离，其仍然承载者夫妻生育后代的人格自我决定，仍然发挥着身体所具有的繁育后代的功能，与身体具有功能一体性，应当属于身体的组成部分，受到身体权的保护。

（五）身体与物及身体权与物权的新界分

在这种情况下，身体权与物权的界分就是一个需要重新反思的问题。在传统理论中，身体权与物权的界分比较清晰，身体是作为一个整体存在的人体，身体权对此完整性予以保护；而物则为人体之外的实体性存在，纵使曾为身体组成部分，但与人体相分离后都成为物，属于物权范畴。但是在当今法学发展的框架内，这一界分标准应有所变化。身体与物的划分以及身体权与物权的界分不再适宜以是否属于人体为标准，人体之外的存在并非均为物。

具体来说，与人体相分离的身体组成部分如果仍然承担自体的身体功能，或者仍将植回自体的身体，属于权利人（自体）按照其意思对于身体的自我决定，与身体具有功能一体性，应当属于身体和身体权而非物和物权的范畴。如果身体组成部分已经从身体分离出来，不再承担原有自体的身体功能，而是将要植入他人的身体，帮助实现他人的身体功能和人格发展，那么这些身体组成部分不再作为原权利人人格自我决定和自我实现的载体，就脱离了身体的范畴，成为一种物。

二、冷冻胚胎的使用规则与权利冲突规则

（一）冷冻胚胎的权利归属与相关当事人的权利状态

在前文已经论证了冷冻胚胎作为身体权的地位的基础上，接下来一个非常关键的问题在于确定冷冻胚胎的权利归属以及具体的权利状态。

1. 夫妻身体权准共有的否定

由于冷冻胚胎是由丈夫一方的精子与妻子一方的卵子共同结合而成，那么冷冻胚胎是否属于夫妻双方身体权的准共有呢？本文认为，冷冻胚胎不宜被认定为夫妻双方身体权的准共有。理由如下：第一，冷冻胚胎发挥的是妻子身体的功能，随后要植入妻子体内，从这个角度来说，与丈夫身体不具有直接的功能一体性，不属于丈夫身体权的范畴，因此不符合身体权准共有的构成。第二，如果将冷冻胚胎作为准共有处理，按照共有的规则，对于冷冻胚胎的使用和处理需要双方一致同意，当夫妻双方对于冷冻胚胎使用的意思

不一致时，具体处理规则难以确定。

2. 妻子一方的身体权

冷冻胚胎虽然与妻子的身体并未紧密结合构成同一体，但是其与妻子身体具有功能一体性，体现妻子生育子女的人格的自我决定，实现妻子身体所具有的孕育子女的功能，而且最终要植入妻子体内，因此属于妻子身体的范畴。在权利规制上，冷冻胚胎应当通过妻子身体权予以调整和保护。

3. 丈夫一方的一般人格权

冷冻胚胎虽然属于妻子一方的身体权，但是由于其对于丈夫一方也具有重要意义，直接关系丈夫一方子嗣繁衍问题，构成丈夫人格发展的重要方面。因此，冷冻胚胎之上也体现了丈夫一方的人格自我决定，属于其人格权范畴。由于这种人格权为一种非典型的人格利益，缺乏社会典型公开性，并未被法律所明确规定，因此属于丈夫的一般人格权。

（二）相关权利人权利行使规则与权利限度

1. 权利行使规则

由于冷冻胚胎既为妻子一方的身体权，又属于丈夫一方的一般人格权，涉及双方主体，其具体行使规则如何呢？一般来说，夫妻双方在针对冷冻胚胎的权利行使上具有利益一致性，因此，可以按照双方协商的意愿将冷冻胚胎冷藏一定时期，并决定何时将其植入妻子体内。但是在某些特殊情况下，也会存在夫妻双方对于冷冻胚胎意愿不一致的情形，对此应当如何解决呢？这就涉及夫妻双方的权利冲突。解决的基本方法就是利益衡量规则，衡量妻子一方身体权与丈夫一方一般人格权何者更值保护。一般来说，身体权与人的人格结合更为紧密，其为人之人格的根本性基础，因此在大多数情况下，身体权与生命权之外的其他人格权相冲突时，身体权更值保护。但这并非普遍和绝对的规则，严格来说，按照利益衡量的规则，所有的利益衡量结果的作出都要以案件具体情况和所涉及的事实关系为基础予以分析和判断，在个案中衡量并确定到底何种利益更值保护，其保护的限度以及其他相对利益限制的程度等。①

下面通过类型化的方法具体分析冷冻胚胎权利冲突的解决规则。一种类

---

① Heinrich Hubmann, Grunds? tze der Interessenabw? gung, AcP 1956, 95.

型是，妻子一方希望将冷冻胚胎植回体内孕育子女，但是丈夫一方不希望这样做。在这种情况下，妻子的身体决定权更值保护还是丈夫不希望拥有子女的人格决定权更值保护呢？由于对于妻子来说，该项身体决定权对其人格发展具有重要意义，孕育子女对于一个女性来说具有重大的意义。而对于丈夫一方来说，其不希望拥有子女的自我决定权也值得保护。于此情况下，就需要具体考察丈夫一方拒绝生育子女的正当原因，如果丈夫一方具有基因、健康等特别重大正当理由的，可考虑优先保护丈夫一方的自我决定权。而在其他的一般情况下，丈夫不希望拥有子女的自我决定权与妻子的身体自我决定的权利比较起来，妻子的权利更加重要，而且，妻子权利实现时对丈夫人格发展的不利影响远远低于丈夫意愿实现时会对妻子人格发展造成的不利影响的程度，因此，应当优先保护妻子的身体权，由妻子将冷冻胚胎植回体内。另外一种类型是，丈夫一方希望将冷冻胚胎植回妻子体内孕育子女，但是妻子一方不愿意这样做。在这种情况下，由于冷冻胚胎植回体内属于妻子的身体权，与其人格存在和人格发展具有非常紧密的联系，对其人格具有非常重大影响，因此，妻子拒绝将冷冻胚胎植回体内的身体自我决定值得优先保护。但是如果丈夫一方坚持植回冷冻胚胎生育子女的，并因此导致夫妻关系破裂的，可与妻子离婚。离婚时，如果丈夫已经丧失生育能力，那么法院应当将该冷冻胚胎判给丈夫一方，妻子丧失对该冷冻胚胎的权利，其卵子视为赠与。而丈夫则可于再婚时与新妻子协商将该冷冻胚胎植入其体内孕育后代。

2. 权利行使的限度

一般来说，通过体外人工授精获得的胚胎数量会在两枚以上，但是并非所有的胚胎均被植入母体进而孕育为胎儿，剩余的胚胎如何处置呢？夫妻双方可以决定将剩余的胚胎继续进行冷冻，这是他们的权利，在子女意外死亡的情况下，只要不违背计划生育政策，可以将这些剩余的胚胎植入母体内从而孕育子女。夫妻双方当然也可以决定抛弃剩余胚胎，但是却不能将胚胎赠与他人或出卖。尤其是，夫妻双方不得将剩余胚胎植入其他女性体内代其孕育子女，因为这不仅会违背计划生育有关规定，而且会产生重大伦理风险。由于法律对于母子关系的认定主要采用分娩主义，分娩孩子之人被认定为孩子的母亲，而在胚胎代孕中，虽然代孕人分娩了孩子，但是胚胎却来源于夫妻双方，因而母子关系难以认定，会产生代孕女性与妻子的重大利益冲突。

因此，在我国严格禁止胚胎代孕。

（三）丈夫一方死亡的特别规则

如果丈夫一方突然死亡，妻子可否要求从医疗机构取回冷冻胚胎，并将该胚胎植入其体内，从而孕育胎儿呢？在这种情况下，妻子对于冷冻胚胎具有身体的自我决定权，而丈夫生前实施体外人工授精手术的行为表明也其是希望生育子女的，另外妻子将冷冻胚胎植入其体内的行为又不违反任何法律强制性、禁止性规定和公序良俗，因此，应当支持妻子取回冷冻胚胎并植入其体内的正当的身体决定权。比较法上可资借鉴的案例为2010年发生于德国的案例。在该案中，原告与其丈夫在被告医院实施了体外人工授精手术，并获得九枚胚胎，其后，其丈夫因意外原因去世，原告遂诉请法院要求被告归还这九枚冷冻胚胎。罗斯托克州高等法院认为，《德国胚胎保护法》的规定主要是为了避免医院在人工辅助生育过程中实施违背法律、道德的行为以及危及孩子发育过程的行为，本案中，希望孕育孩子不仅是妻子一方的意愿和自我决定也是丈夫一方的意愿和人格自我决定，且并不违反《胚胎保护法》的规定，① 因此，判决支持原告的诉讼请求。

三、冷冻胚胎继承性的否定与冷冻胚胎的处置

在大陆法系国家的民法体系中，财产权可以继承而人身权不能继承是一项基本的规则。由于冷冻胚胎并非一种物而是兼具妻子身体权和丈夫一般人格权属性的存在，是一种人格权，因而冷冻胚胎不能作为遗产被继承。在本案中，法院否定冷冻胚胎可继承性的判决结果是正确的，但其论证理由却存在着一定的问题。法院既然认为冷冻胚胎是一种特殊的物，那么还是认定了其物的属性，而按照继承法的一般规则，物是可以继承的，仅通过其具有特殊性而否定其可被继承，在法律依据和法理论证上并不充分。更加合理充分的论证和根据其实应该在于冷冻胚胎的人格权属性，基于其人格权地位冷冻胚胎不能被继承。

在本案中，原告和被告诉讼的根本目的是希望获得并保存冷冻胚胎，这一利益和诉求是否仅有继承这一种实现可能性呢？有没有其他的法律途径可

---

① OLG Rostock, BeckRS 2010, 12238.

以获得冷冻胚胎呢？其实存在着其他的法律救济途径。在夫妻双方死亡后，其遗留的冷冻胚胎就成为死者人格权，可以通过死者人格保护制度予以规制。不管是我国还是主要比较法国家，虽然在死者人格保护正当性基础和具体学说构造上存在一些差异，① 但死者人格应当予以保护已成为一种普遍的共识。在这种情况下，虽然夫妻已经死亡，但冷冻胚胎作为他们的人格权仍然存续，并应获得法律保护。在我国，司法解释确定了死者近亲属是死者人格权的保护人，② 而在德国，德国联邦最高法院同样确定了死者遗属或死者生前指定之人为死者人格保护人，按照死者可得而知的意思去保护死者人格权。③ 在本案中，由于原被告双方均为死亡夫妻的近亲属，他们均有权作为保护人保护死亡夫妻的人格权，也就是对冷冻胚胎予以保护和监管。但是其保护方法受到限制，仅限于继续委托医疗机构保存该冷冻胚胎，而不得采用其他方法予以处置。其根本原因在于，我国法律禁止代孕，许可原被告双方采用其他方法保护或保存冷冻胚胎会导致代孕等与法律规定和公序良俗相违背的后果。当然，如果我国法律允许代孕，那么原被告双方作为死者人格的保护人，完全有权利取回冷冻胚胎并将其植入代孕母亲体内孕育胎儿，这也是实现死者人格权的重要途径，因为这一行为是死者生前可得推知的意思。

因而，本案中，原告的诉讼请求虽然不能通过继承法律制度获得支持，但是并不意味着其诉讼请求就完全不能获得支持。也就是说，本案法院的判决其实是存在问题的。固然，按照我国现行规定，冷冻胚胎不能进行代孕，但这只是权利行使层面的规制，而不能作为权利归属层面判断的考量因素，不能以法律禁止代孕这一权利行使层面的禁止性规定就否定权利人对其的保护和保存的权限。因此，只要原被告双方按照法律法规所许可的方法对于冷冻胚胎进行保护和保存，根本不存在禁止其选择哪家医疗机构继续保存冷冻胚胎的决定权的正当根据。至于原被告双方获得冷冻胚胎后如果违反法律法

① 在我国大陆和台湾地区存在间接保护和直接保护的争论，在德国主要采用直接保护的做法。详细讨论和分析请参见刘召成：《死者人格保护的比较与选择：直接保护理论的确立》，载《河北法学》2013年第10期。

② 最高人民法院1993年8月7日的《关于审理名誉权案件若干问题的解答》第5条："死者名誉受到损害的，其近亲属有权向人民法院起诉。近亲属包括：配偶、父母、子女、兄弟姐妹、祖父母、外祖父母、孙子女、外孙子女。"

③ 参见王泽鉴：《人格权法》，台北2012年自版，第337页。

规规定进行代孕的，他们和实施代孕的医疗机构的行为可通过其他法律进行调整，应当受到行政法甚至刑法的处罚，这一点也是应当予以肯定的。在刑法规制层面，《德国胚胎保护法》已对医疗机构实施代孕手术的刑事责任进行了规定，我国刑法也应当对这一问题有所规定。

四、余论

本案是一个现代医学技术发展引起的法律纠纷，高科技在为我们提供弥补人生缺憾机会的同时，也提出了人们面对这些机会时所进行的选择是否正当的难题。法律的价值无外乎在于满足人性诉求和社会价值，本案中死亡夫妻希望生育子女的愿望和原、被告双方希望自家血脉得以延续的愿望，都是重要的利益和价值诉求，但是法律关于禁止代孕的有关规定也必须被尊重，否则会产生更为复杂的伦理风险和冲突。在这种情况下，冷冻胚胎作为死者死亡后其身体权的延续，死者近亲属有权按照死者生前可推知的意思去予以维护和保存，只要这种方法不违背法律的规定即可。换言之，从法律后果上来说，原、被告双方虽然不能继承冷冻胚胎，但是可以通过继续向冷冻胚胎的医疗机构缴纳保存费或者选择其他医疗机构进行胚胎冷冻保存，从而使得他们已经死亡子女的胚胎得以继续存在，他们的情感得以有所寄托和安慰。判

（本文仅代表作者个人观点）

公民申请变更姓名权利的维度

黄书建[*] 尹婷婷[**]

案情简介

2012年9月4日，原告芦亚丽向被告浙江省宁波市公安局江北分局慈城派出所，以书面形式提交了一份改名申请，理由是“志愿协助公安机关工作，无数次举报侵犯公民人身和国家人民财产安全的犯罪违法行为，遭到打击报复，跟踪迫害”。要求将其本人姓名“芦亚丽”变更为“学雷锋”。被告经过审查，认定芦亚丽要求将本人姓名“芦亚丽”变更为“学雷锋”的依据不充分，不符合相关的规定，故依据《浙江省常住户口登记管理规定（试行)》第53条的规定及《公安部三局关于执行户口登记条例的初步意见》第9条第1款第2项的规定，于2012年9月6日作出不予更改决定。并于2012年9月7日把该决定告知了原告。

裁判结果

浙江省宁波市江北区人民法院经审理认为，姓名是公民身份识别的重要标记，是其参与社会生活的重要符号，要有相对的稳定性、严肃性。公民有改名的权利，但必须受到规定的约束。根据《公安部三局关于执行户口登记条例的初步意见》第9条第1款第2项的规定，即“年满18周岁的人，要变更现用姓名时，应适当加以控制，没有充分理由，不应轻易给予更改……”；及浙江省公安厅关于印发《浙江省常住户口登记管理规定（试

---

* 浙江省宁波市江北区人民法院办公室副主任。

** 浙江省宁波市中级人民法院法官。

行)》的通知（浙公通字〔2008〕82号）第53条之规定：有下列情形之一的，可以由公民本人或者监护人申请变更名字：（一）姓名或者姓名的谐音违背公序良俗的；（二）姓名或者姓名的谐音易造成性别混淆、他人误解或者伤及本人感情的；（三）名字中含有冷僻字的；（四）公安机关认定确需变更名字的其他特殊情形。而原告芦亚丽要求变更姓名的依据均不符合以上可以变更姓名的规定，且其提出的理由也不充分。被告对此作出的不予更名决定事实清楚，适用法律正确，程序合法。据此，法院于2012年11月13日作出（2012）甬北行初字第30号行政判决：驳回原告芦亚丽要求撤销宁波市公安局江北分局于2012年9月6日作出的不予更改决定的诉讼请求。宣判后，原告芦亚丽未提出上诉。

评析

芦某的诉讼是全国各地诸多姓名变更案件中极具典型意义的一例，反映了随着社会的发展和公民权利意识的觉醒，已经有越来越多的公民意识到了自己享有更改姓名权利，并且积极地行使。但是自然人变更姓名不仅仅是私权利的行使，而且可能会影响到他人或社会利益，这就涉及国家公权力干预的问题。因此，当前司法实践中许多要求更改姓名的申请都被公安机关以"没有法律规定""缺乏法律依据"等为由不予受理或不予批准，造成我国宪法、民法确立的公民姓名变更权并没有得到很好的保护。公民的姓名变更权应不应该受到限制，公权力介入私权的度又在哪里，这是本案中不得不回应的重要问题，也是本案据以判决的基础。本文结合已生效的判决，对上述相关问题进行粗浅的阐述，希望有益于今后这类问题的解决。

一、姓名变更权的私权属性及保护

（一）姓名权与姓名变更权

一般认为，姓名权是指自然人对其姓名所拥有的权利。根据民法通则第99条规定①，姓名权具体内容包括以下三部分：（1）姓名决定权，又称自我命名权，即公民有权决定自己的姓名、别名、笔名、艺名、雅名的权利，任

① 民法通则第99条规定："公民享有姓名权，有权决定、使用和依照规定改变自己的姓名，禁止他人干涉、盗用、假冒。"

何人都无权干涉。(2) 姓名使用权。即公民对自己的姓名依法使用的权利，它包括积极行使和消极行使两个方面。前者如在自己的物品、作品上标示自己的姓名，作为权利主体的标志；后者如拒绝透露自己的姓名等。(3) 姓名变更权。即公民依照规定改变自己姓名的权利。由于公民的首次姓名决定权是由其监护人代为行使，而随着公民的成长及独立人格的塑造，对发现不适合自身的姓名申请更改是公民行使其人身权的合理表现。

以权利客体来看，姓名包括姓氏和名字，姓氏是一定血缘关系遗传的记号，名字是特定人区别于他人的称谓。姓名是用来确定和代表一个人的符号，并在法律上具有使某一公民同社会其他成员区别开来，以便参加社会活动，行使法律赋予的各种权利和承担相应义务的特定意义。目前，姓名一般承担的社会功能主要包括：第一，代表群体或者个体的功能；第二，表明等级身份的功能；第三，规范婚姻关系；第四，弥补命运缺憾；第五，指代特殊事物；第六，体现社会评价；第七，凝聚文明精华。①

法律上把权利分为公共权利和个人权利，即公权与私权。公权是全体社会成员共同享有的权利。私权通俗地讲是公民、法人和其他组织依法享有的私人利益。对于姓名权而言，且不论其主要规范表现形式以及调整方法，仅从其客体的特性来看，姓名作为人个体化的标志或象征，取什么样的名字完全是公民个人自由发展范畴，姓名权即具有明显的私权属性。同时，由于姓名的标示意义，姓名权与一般意义上的私权又有不同，个人的姓名经过长期的使用，对该人来说，成为了其人格象征，并成为其人格的一部分，也就是说，姓名权还是一种最基本、最典型的人格权。而公民人格权，在公民基本权体系中具有基础性地位，是其他各类基本权之价值核心和思想源泉。② 这就意味着公民的姓名权是公民可以向国家主张的一种最高性质的基本权，按照自然法学家的说法，这种权利“存在于最高的自然理性当中，是不可剥夺的”。当然，作为姓名权的一个重要组成部分，姓名变更权同样是不可剥

---

① 杨立新主编：《中国人格权法立法报告》，知识产权出版社2005年版，第315页。

② 所以，公民人格权或者被明文载入宪法，比如德国基本法、我国宪法，或者通过宪法中的人权条款体现出来，如美国宪法。我国宪法第38条属于人格权条款，其规定：“中华人民共和国公民的人格尊严不受侵犯。禁止用任何方法对公民进行侮辱、诽谤和诬告陷害。”

夺的。

（二）我国姓名变更权保护的现状

1. 立法分散，可适用性差

迄今为止，我国目前没有一部规范姓名权的单行法律或条例，相关规范姓名变更权的法规主要散见于民法通则、户口登记条例、婚姻法、收养法以及个别司法解释之中。① 另外，为弥补法律规范关于公民姓名变更规定的不足，公安部和各地公安机关相继通过制定内部规范性文件的方式对公民姓名变更请求的具体处理作出规定。② 我国首部姓名登记单行法规《姓名登记条例（初稿）》，由公安部研究起草完成，已于2007年下发全国各地公安机关研究修改，但至今尚未正式颁布。可见，目前我国现行立法对于姓名变更权的规定相当分散，而且从上述规定中亦不难发现，关于保护公民姓名变更权的规定并不详尽，或者说由于规定得过于原则而难以直接适用，例如，1986年制定的民法通则只赋予了公民“依照规定”变更自己姓名的权利，没有进一步规定公民申请变更姓名的条件、理由、可变更次数、审批程序等。

2. 滥用姓名变更权，谋取不当利益

在缺乏法律明文规定的前提下，一些人认为，既然姓名权是公民的基本人格权，怎么改名当然就可以依自己的意志决定，外界无权干涉，公安机关对于改名申请应当核准而不得拒绝，否则即构成对公民权利的侵犯。基于这种认识，当前实践中姓名变更权滥用的倾向明显，而且形式多样。(1) 变更姓名，故意造成姓名混同，尤其是混同知名人士的姓名，以谋取商业利益。随着社会经济生活的复杂化，这种现象日益增多。(2) 变更姓名，冒名顶替他人，骗取不当利益。轰动全国的罗彩霞案、齐玉苓案就是这类案件的典型。(3) 更改姓名，逃脱法律的制裁。一些不法分子在实施不法行为后，故

---

① 除了民法通则第99条的原则性规定外，主要是1958年的《中华人民共和国户口登记条例》和最高人民法院1951年2月28日《关于子女姓氏的批复》、1981年8月14日《关于变更子女姓氏问题的复函》、1991年11月3日《关于人民法院审理离婚案件处理子女抚养问题的若干具体意见》等司法文件。

② 如公安部三局在1958年4月制定的《关于执行户口登记条例的初步意见》、公安部2002年5月21日对安徽省公安厅《关于变更姓名问题的请示》作出的《关于父母离婚后子女姓名变更有关问题的批复》（公治［2002］74号），以及浙江、上海、深圳等地公安机关就姓名变更工作作出的一些规范性文件。

意更改姓名，以逃避债务或者逃脱犯罪打击。

3. 对姓名变更权进行不合理限制

如前所述，我国的基本民事法律已赋予了公民变更其姓名的权利，但公安机关在户籍管理中基于对管理成本、管理效率和社会管理秩序稳定的考量，对公民尤其是成年公民申请变更姓名的请求则基本持谨慎和限制的态度，除非属于“特殊情况”或者有“充分的理由”，一般不准予变更姓名。在上海成年人只有在三种特殊情况下才可以改名；在深圳虽有九种情形，但实际也归属于十分特殊的范围。而可变更姓名的“特殊情况”“充分理由”因缺失法律的明文规定，让渡由公安机关以内部规范性文件的形式“越位”加以界定，因此，当前大部分申请变更姓名的请求因为既不属于“特殊情况”又不具备公安机关认可的“充分理由”，最终申请被驳回当然不在意料之外。可以说，户口登记机关的上述规定事实上是将普通公民在一般情形下的更名申请拒之门外。

（三）加强姓名变更权保护的意义

公民具有姓名变更权，不仅是尊重公民基本人身权利的体现，更是一个法治国家的重要标志。任由行政机关擅自裁量公民姓名的变更权利，不仅使得公民变更姓名受到了不合理的限制，也使得公民姓名变更权的行使依然摆脱不了人治的桎梏。世界上许多国家与地区，法律上均承认与保护公民变更姓名的权利。在法国，“凡能证明有合法利益的人，均可请求更改姓名。改名申请，应利害关系人的请求，或者如涉及无行为能力人，应其法定代理人的请求，向家事法官提出。”① 而《意大利民法典》第6条亦明确规定：“每个人依法享有姓名权。更改或者添加、删除姓名，按照法律规定的程序进行。”② 而以我国当前的社会实践来看，加强姓名变更权的法律保护具有十分重要的现实意义：

1. 是全面维护公民私权的需要。“任何人的行为，只有涉及他人的那部分才须对社会负责。在仅只涉及本人的那部分，他的独立性在权利上则是绝对的。对于本人自己，对于他自己的身和心，个人乃是最高主权者。”③ 英国

---

① 罗结珍：《法国民法典》，中国法制出版社1999年版，第125页。

② 费安玲、丁玫：《意大利民法典》，中国政法大学出版社1997年版，第85页。

③ ［英］约翰·密尔：《论自由》，许宝骙译，商务印书馆1959年版，第10页。

著名思想家密尔在19世纪中叶提出的这条个人自由原则在今天仍有十分重要的意义。作为姓名权中的一项重要内容，姓名变更权的保护同样体现了现代社会对私权的关注，而且必须关注，这是保护公民私权完整性的必然，因为公民的姓名变更权与公民的名誉权、荣誉权及财产利益紧密相联，侵犯公民姓名变更权的同时，也往往会侵犯公民的名誉权、著作权和财产权。同时，当公民姓名变更权都不能得到保障的时候，那终将意味着任何公民的自由发展都将面临着被国家、社会或他人侵害的可能。

2. 是全面落实宪法保障姓名权的需要。以法律手段肯定公民的姓名变更权不仅是对其基本人身权利的维护，也体现了社会法治建设的成果。相反，在法无明文规定的情况下由户口登记机关自行裁量姓名变更的范围和情况，不仅使得公民变更姓名受到了不合理的限制，也使得公民姓名变更权的行使依然摆脱不了人治的桎梏。而且也意味着我国宪法对公民姓名权等基本权利的保障缺乏应有的规范效力，法治国家和宪政秩序之建立由此而直面深刻危机。

3. 是全面构建和谐社会的需要。目前，社会重名现象的泛滥，已引起一些日常生活秩序的紊乱，有时甚至会引起不良的政治影响。从有利于整个社会生活的健康有序出发，非常有必要保护公民的姓名变更权，以最大限度地避免重名及侵犯他人姓名权等问题发生。

二、姓名变更权的公权介入及限制

（一）现代社会公权与私权的平衡

随着改革开放的不断深入，经济全球化的逐渐形成等多方面的影响，正在不断唤醒公民的法律意识、私权意识和维权意识，时下，公权与私权的博弈已愈演愈烈。但是，对立并不是现代社会公权与私权之间关系的主旋律，相反，消除权力与权利的对立和冲突，使两者在平衡中寻求和解与一致，才是现代社会和法治国家的普遍追求。

现代社会关系是一种日益复杂的立体关系，公与私的划分难以绝对，“公权介入私权”的现象在客观上已演变成一种公私交融的社会关系。事实上，公权与私权的关系是辩证的、对立统一的：一方面，私权是公权的源泉与目的。离开了私权，公权就失去了存在的价值与基础；另一方面，公权是私权的保障。没有公权，私权也就无法得以实现。因此，对于现代社会公权与私权的关系，“我们既不能把它们看成完全对立冲突的两极，也不能把他们看成没有差别、矛盾的统一协调体，而是既相适应又相冲突，既对立又统一的矛盾结构体。”①

权利必然以利益为前提，当法律规定的权利边界具有模糊性的情形下，为了减少和消除公权力与私权利的社会利益冲突，在进行利益的权衡和价值的选择时，(1) 努力使法律所确认的个人权利的内容和社会整体利益的需要相一致；(2) 当私权利与公权力发生不可调和的冲突时，在保护个人权利和维护公权力之间寻找一个最佳的平衡点。因此，我们的法律要尊重公权与私权的分界，从根本上清除公权优先的传统观念，注重对私权的尊重与保护，才有可能在真正意义上实现公权与私权的平衡。

当前，值得强调的是，我们要注意加强对公权的制约，没有科学而有效的权力制约机制，人民的政府会异化为背离公共利益而谋取个人私利的政府，出现权力腐败与权力滥用。当然，制约公权不是要消灭公权，而是要把公权限制在一定的范围内，使私权免于公权的无限扩张的危害。

（二）姓名变更权中公权介入的价值

如前所述，权利的行使必须考虑社会公共利益。姓名变更权虽是一种绝对权，其义务主题是不特定的多数人，但正因为如此，出于公共利益的考虑，才要对姓名变更权的行使作一定的限制，防止姓名变更权人滥用权利。

在现实生活中，公民总是处于特定的社会关系之中，其姓名变更权的行使也必然会对社会产生一定的影响。任何权利的行使都必须在一定的限度内，这不仅是法治国家权利运行的需要，也是维护社会正常秩序的需要。损害他人利益或违背公序良俗的姓名更名行为必将危害社会正常秩序。因此，对公民的姓名变更权适当加以限制是必须的。“姓名是你自己的，但别人叫的最多”这一熟语就是这一观点在日常生活中的另一种阐释。

从社会公共秩序和传统道德角度，世界各国都不允许公民起一些有伤风化和败坏社会道德的名字。日本《户籍法》规定：“子女的名字必须使用通用易认的字”；巴西民事登记法规定：“户籍官员对申报认申报的古怪名字可

---

① 刘作翔：《迈向民主与法治的国度》，山东人民出版社1999年版，第183~184页。

予以抵制，不作登记”；阿根廷规定禁止给婴儿取古怪、荒唐、不道德或反映政治、意识形态的名字；英国则以判例的形式认可了这一规则，2002 年 5 月，英国一对夫妻欲给新生的儿子起名叫“本·拉登”，经英国有关当局阻止后仍然不服，提起诉讼后被法院驳回，原因是本·拉登是罪大恶极的恐怖分子，起这样的名字实属“触犯众怒，有违公德”。①

前案中，原告芦亚丽要求将姓名变更为“学雷锋”，字面意思虽有积极向上之意，但姓名怪异，有悖传统取名之法，有违社会善良风俗的嫌疑，如果允许其更名，将有可能会在社会上树立标新立异取名更名的不良效果，造成社会出现大量不合常理的名字。基于此，法院作出驳回原告诉讼请求的判决。

（三）姓名变更权中公权介入的界限

公权介入姓名变更权是一柄双刃剑，适度的介入可以更好地引导公民行使姓名变更权，真正使法律规定落到实处；但是过度的介入必能伤害到公民姓名变更权的行使，导致公民姓名变更权法律事实上的虚置。有学者主张：“维护公共利益的必要以及不侵犯公民最低限度的权利实际构成了权利为求‘公益’而对私人可做干预的两大程度限制。”② 笔者认为，上述两大程度限制的提出当然具有合理性，也是公权介入姓名变更权的准绳，但是，这种限制还需要进一步的具化，需要有一个相对客观的判断标准，否则干预限制的提出，只能是一个“镜中花、水中月”的结局。这个判断标准即公权介入姓名变更权未超出两大限制范围，需要考虑两个因素：一是公权介入姓名变更权的合法性，坚持合法的前提即意味着对姓名变更权的限制应当有立法规定，这一立法必须公开透明，且效力等级应当高于或等同于肯定这一民事权利的立法，除非后者允许较低效力等级的立法可以限制前述权利的行使；二是公权介入姓名变更权的合理性，坚持合理性原则则表明，公民的姓名变更权应当得到最大限度的尊重和保障，任何限制权利的规定都应当有合理的立足点。一般而言，对个体权利的限制往往是出于公共利益的需要，脱离这一

---

① 李予霞、牛占斌：《我的名字谁做主——论姓名命名权的自由与限制》，载《法律适用》2009 年第 6 期。

② 姚辉、雷震文：《公权力介入私人关系的理由与界限》，载《判解研究》2013 年第 1 期。

出发点的限制必然是不妥当的。也就是说，公权介入姓名变更权需要同时具备介入的合法性与合理性，只有这样的介入，公权才能被限制在“必要限度”内。众所周知，在法无明文规定的前提下，公权介入姓名变更权的媒介主要有两种：一是公共利益，一是公序良俗。基于此，我们需要明确公共利益与公序良俗的内涵与外延，需要明确姓名变更权行使的边界与维度，以最大限度地减少诸如芦某这样的不必要的姓名变更之诉。

1. 公共利益与姓名变更权

关于公共利益的界定，环顾中外立法，回溯东西学说，始终未提出一个令人信服的概念，这也是当前公共利益泛化即以地方利益、部门利益替代公共利益的一个重要原因。之所以如此，这与公共利益内容的不确定性具有重要关联，公共利益的内容是不断发展的，一种行为在现在可能不属于公共利益，但将来可能就属于。现在属于公共利益的行为，将来却可能不视为公共利益。在平时不属于公共利益的行为在战时却很可能被视为公共利益。基于这种理解，我们在此仅抽象出公共利益最主要的几个特征，以作为姓名变更权的行使是否在因公共利益范围内的判断基础：

第一，受益人的不确定性。任何公共利益的受益人应当是所有的人而不是某单一或特定的利益共同体，受益者的不确定性是公共利益最主要、最复杂的特征。具体而言，公共利益是与公众有关的、为公众所公用的利益。

第二，内容的非营利性。公共利益的非营利性是指公共利益的提供者不能从其所从事的行为中赚取利益，当然这种行为可以是营利行为，但其营利的结果必须使用在公益服务上。

第三，外延的法定性。虽然公共利益的基本概念难以确定，但在法律上可以规定一定时期内公共利益的大致范围，以提供社会大众遵循的一个基本标准，避免公共利益的滥用，避免公权介入私权纠纷的发生。

第四，程序的正当性。以公共利益为由介入私权，例如姓名变更权，以致影响到公民的基本权利时，必须保证程序的正当性，确保公权行使的全过程的公开透明，确保私权享有人的知情权、陈述权、申辩权、听证权、参与决策权等程序权利的有效行使。

当前，以公共利益为由限制公民姓名变更权的行使，主要表现为以下三种情况：一是认为公民姓名变更权的行使影响到户籍机关的管理，给管理机关带来不便，从而拒绝公民姓名变更的申请；二是认为公民变更姓名的申请有可能导致申请人逃避应履行的债务，从而限制公民姓名变更权的主张；三是认为公民变更姓名的申请可能导致犯罪嫌疑人脱逃，给他人的生命、财产安全带来隐患。为此，公安部和各地公安机关对公民申请变更姓名作了严格的限制，仅规定几类特殊情况下公民才可以提出申请变更姓名。如上海在《关于执行〈上海市户口管理暂行规定〉的实施意见》中规定，申请变更姓名的条件为户口登记差错、重名过多或名字谐音有损人格。深圳 2003 年在《深圳市公安局姓名变更登记程序规定（试行）》中，明确了公民可以申请改名的 9 种情形，包括妇女去掉夫姓、僧道人员还俗、姓名含有冷僻字的、谐音不符合公序良俗以及收养关系成立或解除需变更姓名等。

且不说上述这种限制性的规定是否符合姓名变更权的人格权属性，从抽象出的公共利益概念分析可知，公共利益是具体的实质的利益，应根据客观的现实需要加以评判，不能简单地以社会稳定的需要等理由对公共利益作任意解释，应该以现有的客观的可见的标准进行评判。所以以“管理成本、管理效率”的考量，对公民尤其是成年公民的姓名变更权严加限制的情况是不可取的。在实际生活中，一个人的姓名与其进行的社会生活紧密联系在一起，姓名的变更会对其原有的社会关系产生很大的影响，与其相关的婚姻家庭关系、人事档案、银行账户、房屋产权证、个人信用体系、医疗保险等将面临相应的更改。一个理性的公民通常会权衡利弊，谨慎行使姓名变更权。

在认定姓名的变更是否有悖公共利益时，行政机关具有相对自由的裁量权。为了防止根据行政机关将公共利益原则变成“潘多拉的魔盒”，恶意地扩大或缩小公共利益范围，不仅需要确立合理的公共利益认定标准，更需要在作出不予变更决定之前引入行政听证程序来保证相对人的参与权和知情权。

凡是对行政相对人产生不利影响的行政决定，行政机关在作出之前都应当听取行政相对人意见。[①] 例如，我国行政许可法第 46 条规定：“……或者行政机关认为需要听证的其他涉及公共利益的重大行政许可事项，行政机关应当向社会公告，并举行听证。”这里“其他涉及公共利益的”就是一个在学理和实务中都不易廓清的范围。实务中，行政机关往往将公共利益的考量作为“不予变更决定”的理由，这就需要在听证程序的质辩环节听取当事人

---

① 章剑生：《现代行政法基本理论》（下），法律出版社 2014 年版，第 574 页。

的陈述，通过双方观点的激辩和互相妥协，在个案中使公共利益的概念变得越来越清晰。

2. 公序良俗与姓名变更权

公序良俗是公共秩序和善良风俗的简称。公序即公共秩序，指国家社会的一般利益，而良俗，即善良风俗，学界一般认为系指为社会、国家的存在和发展所必要的一般道德，是特定社会所尊重的起码的伦理要求。定义虽易，然而公序良俗的内涵却难以精确化，且随着时代的变迁而发展变化。尽管不能简单否认普世伦理的存在，但“对于哪些行为的内容属于违背法律和善良风俗这一问题，世界各国法律的回答并不一致，因为在这一问题上，不同的国家民族的风俗习惯非常不同，而更为复杂的是对这一问题进行判断的标准是民族自己的历史形成的，在这一问题上发挥决定性作用的就是这些历史形成的标准”。[①] 因此，为了防止因公序良俗条款的随意解释而不当限制公民姓名权行使的问题出现，我国就必须明确当下的公序良俗的判断基准。

在制定法上，以《深圳市公安局姓名变更登记程序规定（试行）》为例，其规定“公序良俗原则”是指不得有影射污辱他人、提倡封建迷信、粗鄙污秽下流、恶意利用、歧视平等公正、敌视社会、丑化美好文明等违背社会公德和优良传统，违背法律法规精神，反社会、反科学、反文明的意识和形式表现。用条文去试图厘清该原则的范围，表面上观之或许完美，但是在社会迅速变迁和价值多元的时代简单地以明文规定去界定“公序良俗”的内涵，不免会落入“挂一漏万”的陷阱。

鉴于公序良俗原则是高度抽象的法律原则，加之我国传统思想对善良风俗、社会公德等影响的根深蒂固，为便于在司法实践中对公序良俗的适用，有必要将违反公序良俗的行为类型化。根据我国的具体情况，一般认为，下列行为违反公序良俗：（1）违反国家公序的行为；（2）危害家庭关系行为类型；（3）违反性道德行为；（4）射幸行为类型；（5）违反人权和人格尊重的行为类型；（6）限制经济自由的行为类型；（7）违反公正竞争的行为类型；（8）违反消费者保护的行为类型；（9）违反劳动者保护的行为类型；

① ［德］茨威格特、克茨：《违背法律和善良风俗的法律行为后果比较》，孙宪忠译，载《环球法律评论》2003年第6期。

(10) 暴利行为类型。①

将违反公序良俗的行为类型化，便于司法机关和行政机关在决定个案时进行参考。例如，著名的有日本1993年之“魔鬼”姓名事件，属于违反人格和人格尊严的行为类型。又如，美国新墨西哥州上诉法院虽允许某男变更其姓名为“变色龙”（Variable），但拒绝其后变更为“他妈的审查制度”（Fuck Censorship）之申请，理由为此名“淫秽、无理并有悖善良风俗”，这种更名属于违反国家公序的行为。再者，司法实践中有个例子，被告河北王某在原告湖南王某成为知名作家之后，将自己的姓名改为湖南王某的姓名，法院在审理中认为，“与其改名的行为相联系，不难看出：河北王某借湖南王某在文化市场上的知名度来误导消费者，从而达到推销自己作品的目的”，这种行为属于违反公正竞争的行为类型，是典型的有悖公序良俗原则的行为。

回到本案，芦某向公安机关申请更名为“学雷锋”，公安机关认定该更名申请有悖公序良俗，从而作出不予变更的决定。提到雷锋，人们便会联想到特定时代、特定人物以及特定时代所褒扬的特定人物所凝聚的思想品质及道德追求。通过搜索工具检索不难发现，许多“张雷锋”“王雷锋”等同名同姓的人存在，但是通过更改姓氏来达到标新立异的目的，确实违反人权和人格尊重的行为类型。

如前所述，公序良俗原则和公共利益都是公权介入姓名变更权的两把尚方宝剑。具有高度抽象性的公序良俗原则也赋予行政机关很大的自由裁量权，虽然上文已经把公序良俗原则尽可能的类型化来指导行政实践，但是对其的考量和在个案中的运用依然是一个关涉个人价值判断的过程。行政机关在做价值判断时，必须尽充分说明理由义务。根据具体案件，依照法律的精神、立法的目的，针对社会的情形和需要将公序良俗的认定予以具体化，以求实质的合法性。因此，行政机关作出不予变更决定时必须将具体化过程中所考虑的诸多因素向相对人充分说明。

说明理由义务要求行政机关在作出行政决定后，将支持其行政行为的一句作如何筛选的理由向相对人展示，可以有效地预防行政机关滥用自由裁量权，禁止其以维护公序良俗为“幌子”侵犯公民的姓名变更权。同时，行政

---

① 张玉敏主编：《民法》，中国人民大学出版社2003年版，第34~35页。

机关通过理由的说明，减少相对人的对抗不满情绪，使得相对人更容易接受不利于己的行政决定。前述案例的诉争很大程度是由于公安机关在拒绝卢女士姓名变更权的诉求后，没有履行好告知义务所引发的，因此在一审判决后，当事人服判息诉。

三、姓名变更权的公权和私权之合理规范

姓名变更权的行使不仅涉及个人的私利，而且也涉及社会利益和他人的合法权益。姓名变更权的双重权利属性表明，对于姓名变更权的合理规范不仅要保护其私权属性，也需要给予私权必要的限制；又加之公权在姓名变更权行使过程中会产生滥用的可能，故此也需要控制公权的介入。设计姓名变更权制度的过程就是公权和私权互相博弈，最终达到平衡的一个过程。

（一）保护和限制并举，合理规范姓名变更权

姓名变更权在显示私权利属性的同时也意味着公民享有变更姓名的自由，这种自由的前提是对私权的合理规范，它“恰如面包圈中间的那个洞，如果没有周围一圈的限制，它只是一片空白，本身就不会存在”。[①] 因此，合理规范的姓名变更权，能够有效地引导公民正确行使姓名变更权之自由，防止私权滥用的发生。

1. 保障公民享有平等的姓名变更权

除法律有特别规定外，公民不分年龄、性别、民族、种族、宗教信仰、财产状况、受教育程度等均一律享有姓名变更的权利。公民在出生之后由于户籍管理登记的需要，必须有一个姓名，此时姓名权当然无法由刚出生的无行为能力人行使。因此，公民的一个人姓名一般由亲权人——父母代为设定。成年之后，公民有权以自己的意志变更姓名，包括出生时由父母代为设定的姓名。公民变更姓名，只需要单方面的表示即可生效，但是姓名属于居民身份证等个人身份文件的法定登记事项，基于防范私权的过度使用而损害公共利益等考量，其变更非经行政登记不得生效。[②] 由此可以看出，保障公民享有平等的姓名变更权是满足个人意思自治，彰显姓名变更权私权属性的要旨。

---

① ［美］德沃金：《认真对待权利》，信春鹰等译，上海三联书店2008年版，第53页。
② 朱庆育：《民法总论》，北京大学出版社2013年版，第396页。

2. 防止私权滥用，明确姓名变更的要件

公民任意行使姓名变更权，不仅徒增行政资源和管理成本的浪费，也会造成社会生活关系的混乱，公共利益受损。为了防止私权遭受滥用，在合理规范姓名变更制度时，应明确姓名变更的要件。法律、法规应当合理设置公民申请改名所应提交的材料和相关程序。在提交材料方面，可以包括申请表，写明具体的申请理由；身份证明文件，如身份证、户口簿等；个人信用记录；以及可能有的银行贷款记录、刑事制裁记录等；还可以包括户口登记机关认为需要提交的其他材料。因收养关系变更要求更改姓氏的，户口登记机关可以要求申请人提供有关收养成立或解除的证明；因父母离婚，未成年之女要求更改姓氏的，应有离婚双方对此达成一致的协议等。这些前置义务的规定，一定程度上会促使公民审慎对待姓名变更，并对行政机关是否决定准予变更产生合理的心理预期。如果公民提供的材料不齐全或者没有履行相关程序，他将承受相应的不利后果。

3. 明确姓名变更之后公民应尽的法律义务

姓名的变更不仅会对公民自身带来一定的负担和影响，而且也会引起产生相应的法律义务。我国在今后立法中应明确规定公民在变更姓名后，必须在规定时限内修改居民身份证、社会保障卡等基本个人信息，并可全国联网查询。如果公民更名后没有履行向税务机关债权人、合伙人、共同债务人的通知义务，因而造成相关利害关系人的权利损害的，更名公民应承担相应的民事赔偿责任。

（二）加强立法和程序的规制，适度控制姓名变更权中公权的介入

如上文所述，公共利益和公序良俗是公权介入姓名变更权的两个判断基准，也是行政机关对姓名变更内容审查的合理性依据。由于公共利益和公序良俗同属于不确定法律概念，其赋予行政机关较大的自由裁量权。法治实践表明，对公民权利危害最大的莫过于行政权的触角伸得过远。为了控制公权并驱使其正当行使，首先要制定规范姓名变更权的实体法，让行政机关做到有法可依。但是，我们知道公权具有天然的膨胀性，实体法一旦赋予行政机关自由裁量的空间，行政机关能否克制、戒除滥用此项权力，历史的经验与现实的教训常常让人深存疑虑。所以，通过健全规范行政裁量权的法律程序，在权力行使始初和过程中控制其行为结果趋于合理，可能是一种比较有

效的控制公权的方法。于是，健全规范姓名变更权的实体法势在必行。而在防止公权力过度介入姓名变更权方面，法律程序的控制不啻是一剂良方。

1. 转变立法理念，确立“改名从宽”原则

目前我国的人格权理论逐渐从个人自主的保障朝向个人尊严的方向发展，姓名权的内容包含了更多个人自主决定的精神。在立法思想上，应该适用“改名从宽”原则。名和姓不同，姓氏的更改关涉公序良俗的内容。因为，姓氏世代相袭，具有血缘区分、宗族观念之意义，已构成社会秩序与伦理道德的一部分，任意更改姓氏，可能破坏姓名文化的内涵，有损宗室感情，进而违背公序良俗。但是对于改名的限制，应更多赋予自主精神，给予私权更大的空间。即通过规定公民在哪些法定情形下申请变更姓名才受限制：如公民改名有逃避不良信用记录嫌疑的；有借改名逃避债务嫌疑的；公民在短期内频繁改名的；被剥夺政治权利、正在受刑事处罚的；正在被劳动教养的；与外国人通婚的等。同时，要注意为避免今后执法中的依据不统一和执法依据欠缺的问题，应当坚决杜绝部门立法和地方立法的倾向，制定统一的全国性的立法。

2. 强调程序规制，重视听证程序的运用

行政听证程序是行政机关在作出影响行政相对人合法权益的行政行为前，由行政机关告知作出行政行为的理由和听证权利，行政相对人陈述和申辩意见、提供证据以及行政机关听取意见、接纳证据等程序构成的一种法律制度。[①] 听证程序的运用非常广泛，可以运用到涉及公共利益的行政行为的各个领域。对于姓名变更等其他行政确认类案件，它通过提供一个两造双方互相对质的平台，使得行政机关可以听取申请变更姓名的公民的意见，并对不予变更姓名的理由进行解释。在听证程序中，对是否属于公共利益的范畴进行质辩，将宽泛的公共利益的内涵在具体案件中得以确定，有利于行政决定的结果更趋于合理性，提高不予变更决定的可接受性。

在设置行政听证程序时，要注意一个问题，效率是行政的生命。听证程序一定程度上会减损行政效率，因此不是所有的申请更名的案件都要纳入行政听证的范围的。一般情况下仅对申请人争议较大的，涉及公共利益的，可能对申请人作出不利决定的更名申请展开听证。另外，注意非正式听证的运

---

① 章剑生：《现代行政法基本理论》（下），法律出版社2014年版，第573页。

用，可以根据案件具体情况选择通过让申请人“书面答辩”的方式来听取他的意见和辩解。

3. 注重义务限制，加强说理机制的推进

说明理由要求行政机关在不采信行政相对人的意见时，应当给予理由，以接受将来可能发生的行政复议或者司法审查的监督。在这样的情况下，行政机关就不能把行政听证当作聋子的耳朵，而是要认真地考虑行政相对人提出的意见。这种程序客观上形成了一种约束行政机关滥用自由裁量权的力量。

行政机关以违背公序良俗原则等不确定法律概念为理由拒绝变更姓名申请时，由于公序良俗内涵和外延的模糊，使得这一行政行为更多是一种价值判断，或是一种“内心确信”。如果不把这一内心确信的依据作为行政决定依据的理由向申请人说明，这种内心确信有可能质变成一种专横的、捉摸不定的权力。因为，无论申请人提出多么有力和确凿的理由，行政机关都可以在不展示理由的前提下毫不费力地加以否定，并将听证程序中获得的申请人的陈述弃之如敝屣。所以，对于姓名变更等其他行政确认类案件，说明理由制度的设置将有效限制公权的过度介入，保障公民的知情权。

对于不准予变更姓名的行政决定，行政机关必须有自圆其说的理由支撑，并且这种理由又必须具有正当性，是经过充分的说理论证的。例如本案中，芦某向公安机关申请更名为“学雷锋”，公安机关仅仅以“姓名更名为‘学雷锋’明显不符合社会公序良俗”为由拒绝其更名申请，却缺乏对该理由的阐述和论证，不免让芦某难以信服。

（三）充分发挥判例指引作用，确保个案中公、私权的动态平衡

在现代社会中，随着政府职能的不断扩大，公权已经渗入到社会生活的各个方面各个角落，可以说，只要有私权存在的地方，就有公权的存在。自古至今生动的历史进程向我们昭示，权力或权利的拥有者都逃脱不了权利/权力被滥用的怪圈。被誉为美国宪法之父的麦迪逊曾这样警示人们：“如果人都是天使，就不需要任何政府了。如果是天使统治人，就不需要对政府有任何外来的或内在的控制了。”人非天使，一方面，国家需要通过权力来监督和制约私权的行使，保障合法的权利得到实现；另一方面，公民希望通过私权来制约公权的行使，防止权力滥用。随着社会的发展，公权与私权将不

断地进行着博弈较量，在这一过程中，二者将处于一个动态的平衡状态。具体到姓名变更权，我们可以清晰地看出，在市民社会生活领域，公民拥有更名的自由权利；在政治国家生活领域，公权力又可以通过行政裁量权介入姓名变更权的行使。两者分居在利益天平的两端，偏向任何一方都会使利益天平失衡，从而导致私权受侵害或公权被滥用。

公权和私权的分离，使得司法权力应运而生，并且为私权提供有力的救济机制。在姓名变更权的实务中，大多数不服行政机关作出的不予更名决定的公民都选择用一纸诉状，到司法机关启动行政诉讼，展开与公权的对峙。法院在个案中发挥着维持私权和公权动态平衡的作用。如何更有效地解决此类行政诉讼，做到波宁讼息，法院需要把握以下几点：（1）注重个案，在个案中把握对申请更名的理由以及不予更名决定的依据进行审查。行政机关作出不予更名的决定所依据的理由多是有悖公共利益或公序良俗，对此类不确定法律概念的理解是一种价值判断的过程，法院在作这一价值判断时，应该根据个案的具体情况去评判。例如，“恶魔”“金刚”“学雷锋”等名字是否背离公序良俗原则，需要考察立法的目的和精神、当时社会价值观的开放性、人格尊严的题中之义、社会公德的内涵等。根据个案面临的具体情况，方可作出正确的令人信服的司法判断。（2）与时俱进，及时更新对姓名变更权限制情形的审查标准，保障姓名变更权的自由属性。“权利和法一样都属于社会上层建筑的东西，归根到底是受社会经济关系所制约和决定。权利和法永远不能超出社会的经济结构以及由经济结构所制约的社会的文化发展。”① 社会迅速变迁，个性日益张扬，立法时期对姓名变更权的限制随着社会经济生活的发展会发生变化，对公共利益和公序良俗内涵的理解也会更加开阔。比如，本案中的芦某意图申请更名为“学雷锋”，此时公安机关以不符公序良俗为理由拒绝；但是随着社会经济生活的日新月异，有可能以后“学雷锋”的名字会被涵摄在公序良俗原则之内。因此，法院在审理姓名变更权案件时，更需要保持与时俱进的开放性。

---

① 文正邦：《有关权利问题的法哲学思考》，载张文显主编：《法理学论丛》第1卷，法律出版社1999年版。

四、结语

每个公民都有一个代表自己的名字，这个符号既是个人个性的张显，又富含父辈的美好期许和祝愿，同时又与我们的社会生活关系息息相连。姓名变更权是与我们每个人都密切相关的一项权利，由于这项权利的行使处于公权和私权交叉的属地，渗透着公权的张力和私权的彰显，所以仅靠一种手段对其进行保护和规制难免陷入捉襟见肘的尴尬境地。故此，本文采用统一立法、适度控权、司法救济等路径以期达到姓名变更权之私权和公权的平衡状态，这种努力的方向希望对实务中解决姓名变更权所面临的难题有所助益。

（本文仅代表作者个人观点）

必需品严重短缺例外在中国原材料案中的适用评析

王　兰*

案情概要

2009年6月23日，美国和欧盟就中国对矾土、焦炭、氟石、镁、锰、金属硅、碳化硅、黄磷和锌等九种原材料的出口限制措施，向我国提出世界贸易组织（以下简称“WTO”）争端解决机制下的磋商请求。8月21日，墨西哥就相同事项向我国提出磋商请求。虽然三个起诉方所诉措施相同，但由于三方是分别起诉，且诉讼请求略有差异，按照WTO争端解决机构的统计规则，美、欧、墨的起诉是三个独立的案件，被分别编号为DS394、DS395和DS398。此即中国原材料出口限制措施案，简称中国原材料案。

美、欧、墨称，中国对涉案原材料实施的出口关税和出口数量限制（包括出口配额、限制出口权、实施最低出口价格、审查出口合同和价格等）违反了中国的入世承诺和相关WTO规则。就本文主旨而言，申诉方认为，中国对耐火级矾土等原材料采取的出口配额等出口数量限制措施违反了《1994年关税和贸易总协定》（以下简称“GATT1994”）第11.1条确立的“一般禁止（或普遍取消）数量限制义务”。中方辩称，其采取的上述措施符合GATT1994第11.2条（a）项规定的“必需品严重短缺例外”，即一般禁止数量限制义务不应适用于为防止或缓解出口缔约方的粮食或其他必需品的严重

* 西北师范大学法学院副教授，法学博士。

短缺而临时实施的出口禁止或限制措施。

2009 年 12 月 21 日，WTO 争端解决机构设立单一专家组，后者于 2011 年 7 月 5 日公布专家组报告。随后，中方提出上诉，美、欧、墨提出交叉上诉。2012 年 1 月 30 日，上诉机构报告出炉。

裁判要旨

专家组认为，中国对耐火级矾土等原材料实施的出口配额等出口数量限制措施违反了 GATT1994 第 11.1 条一般禁止数量限制的规定，并且，中国不能证明该措施符合 GATT1994 第 11.2 条（a）项必需品严重短缺例外的适用条件，即中国采取的上述措施不能满足该项例外关于“严重短缺”和“临时实施”的要求。① 上诉机构在这一问题上维持了专家组的裁定。②

评析

自然资源是社会物质财富的源泉，是一国生存和发展的物质基础。我国自然资源过度利用现象十分严重，而过度出口则是导致自然资源过度利用的重要原因之一。采取有效措施，限制主要来源于可用竭自然资源的原材料的出口，保护可用竭自然资源，保护国家基本安全利益，保护环境及国人的生命和健康，实现经济和社会的可持续发展，已成为国人的共识。

然而，WTO 秉承贸易自由理念，志在削减甚至禁止关税和非关税（数量限制）等贸易壁垒。以数量限制为例，GATT1994 第 11.1 条规定：“任何缔约方不得对任何其他缔约方领土产品的进口或向任何其他缔约方领土出口或销售供出口的产品设立或维持除关税、国内税或其他费用之外的禁止或限制措施，无论此类禁止或限制措施是通过配额、进出口许可证还是其他措施实施。”据此，GATT1994 对其成员方施加了一般禁止数量限制义务。从 GATT1947 临时适用到 WTO 成立以来的争端解决实践表明，几乎所有实施数

---

① See Panel Reports, China – Measures Related to the Exportation of Various Raw Materials (hereinafter referred to as "China – Raw Materials"), WTDS394R, WTDS395R, WTDS398R, adopted on 5 July 2011, para. 8.3.

② See Appellate Body Reports, China – Measures Related to the Exportation of Various Raw Materials (hereinafter referred to as "China – Raw Materials"), WT/DS394/AB/R, WT/DS395/AB/R, WT/DS398/AB/R, adopted on 30 January 2012, para. 362.

量限制的成员方都被裁定违反了该义务。[①] 可见，一般禁止数量限制义务具有严格性，构成 WTO 法的一项基本原则。

一般禁止数量限制义务的根本性和严格性决定了任何数量限制都违反这一义务。因此，我国想要在 WTO 体制下通过出口配额等数量限制措施限制原材料出口只能诉诸 WTO 相关例外证明措施的正当性，必需品严重短缺例外即是可援用的例外之一。然而，由西方法治发达国家主导的 WTO 体制是“规则导向”的，例外规定的适用条件几近苛刻。中国原材料案的败诉更让我们真切地感受到这一点。不过，笔者认为，该案专家组和上诉机构对必需品严重短缺例外适用条件的分析有失偏颇，裁决的依据也难言公正，进言之，我国援用该项例外证明原材料出口数量限制措施的正当性也不是完全没有可能。本文拟就必需品严重短缺例外在中国原材料案中的适用予以深入评析，在此基础上提出我国的具体应对策略，以期为我国在 WTO 体制下合法、有效地限制原材料出口提供有益的参考。

一、必需品严重短缺例外的适用条件

GATT1994 第 11.2 条（a）项规定，第 11.1 条一般禁止数量限制的规定不应适用于为防止或缓解出口缔约方的粮食或其他必需品的严重短缺而临时实施的出口禁止或限制措施。此即“必需品严重短缺例外”。在中国原材料案之前，WTO 争端解决机构还未有机会对必需品严重短缺例外的规定进行法律解释。[②] 因此，必需品严重短缺例外适用条件的分析实际上就是对该项例外在中国原材料案中的适用的阐释。

（一）临时适用

专家组认为，第 11.2 条（a）项允许数量限制措施在一段有限的时间内（a limited timeframe）适用。作为相关条款，GATT1994 第 20 条（g）项要求一项与保护可用竭自然资源有关的措施的实施不在情形相同的国家之间构成任意的或不合理的歧视或构成对国际贸易的变相限制；[③] 而第 11.2 条（a）

---

① 参见韩立余：《世界贸易组织法》，中国人民大学出版社 2010 年版，第 111 页。

② 参见王希：《美国、欧盟、墨西哥诉我原材料出口限制案评析》，载《世贸组织规则博弈——中国参与 WTO 争端解决的十年法律实践》，商务印书馆 2011 年版。

③ 该措施还须与限制国内生产或消费一同实施。

项并没有类似要求，这证明该项下的禁止或限制措施的适用应限于一段有限的时间（a limited duration）而不是无限期的；否则，成员方可能无法辨别是援用第 11.2 条（a）项，还是诉诸第 20 条（g）项以解决可用竭自然资源问题；如果第 11.2 条（a）项被解释为允许一项限制措施的长期适用（long - term），则第 20 条（g）项的意义即使不至于多余，也会被严重削弱。[①] 事实上，中国至少从 2000 年起即对耐火级矾土实施出口配额措施；并且，耐火级矾土的开采年限还有 16 年的判断暗示中国打算维持该措施直到所剩资源被耗尽或者直到新的技术或情况减少对耐火级矾土的需求；此外，中国还解释该措施属于旨在延长耐火级矾土开采年限的保护计划的一部分。[②] 也即，没有迹象表明中国对耐火级矾土实施的出口配额措施何时会被撤销；反而，所有迹象均表明该措施会持续实施到该资源被用竭。所以，中国对耐火级矾土的出口配额措施不能被认为是“临时适用”的。[③]

上诉机构也认为，副词“临时地”和“适用”连在一起使用时，意指一项措施适用于一段有限的时间（a limited time）。[④] 对于专家组进一步将“一段有限的时间”解释为一个确定的期限（a fixed time - limit），[⑤] 上诉机构指出，“临时”并不隐含“预先确定一个期限”的意思；第 11.2 条（a）项只是规定措施适用于一段有限的时间，并不考虑措施适用的时间范围是否预先确定。

专家组提及，如果第 11.2 条（a）项被解释为允许一项限制措施的长期适用（long - term），则第 20 条（g）项的意义即使不至于多余，也会被严重削弱。对此，上诉机构认为，就解释“临时地”一词的含义而言，“长期”和“短期”这两个术语没有多大价值；因为，何为长期，应依个案认定；而且，长期和短期表述的是与临时不同的概念。同时，上诉机构不认为专家组的上述解释意指第 11.2 条（a）项和第 20 条（g）项相互排斥，并构成专家组解释“临时地”一词的基础。

---

① See Appellate Body Reports, China - Raw Materials, para. 310.

② See Appellate Body Reports, China - Raw Materials, para. 340.

③ See Appellate Body Reports, China - Raw Materials, para. 311.

④ See Appellate Body Reports, China - Raw Materials, para. 323.

⑤ See Panel Reports, China - Raw Materials, para. 7.255.

不过，对于第11.2条（a）项必需品严重短缺例外和第20条（g）项可用竭自然资源例外的关系，上诉机构也怀疑专家组上述解释的正确性，其认为，如果必需品严重短缺例外的要求被满足，那么可用竭自然资源例外就没有被适用的机会。因为，适用可用竭自然资源例外的前提是成员方的某一措施违反GATT义务，然而，如果该措施符合必需品严重短缺例外的要求，那么该成员方就没有违反第11.1条“一般禁止数量限制”这一GATT义务，进而也就不存在因违反GATT义务而适用可用竭自然资源例外的问题了。① 必需品严重短缺例外和可用竭自然资源例外的功能不同，所含的义务也不同。不排除一项必需品严重短缺例外所指的防止或缓解粮食或其他必需品严重短缺的措施，也是一项可用竭自然资源例外所指的保护可用竭自然资源的措施。而且，必需品严重短缺例外所指的措施可以与符合可用竭自然资源例外要求的保护措施同时实施。②

（二）预防或缓解严重短缺

专家组认为，“临时适用”给定了“严重短缺（critical shortage）”的含义；“缓解或防止”意味着“短缺”是“已经存在的”；如果要采取某一措施解决某一可用竭自然资源的有限储量问题，该措施应在该资源被完全耗尽时实施；即严重短缺应被解释为“危机或决定性时刻”。③ 即使如中国所言，其耐火级矾土16年后将被用竭，也不表明形势已至关重要或严重到构成危机的程度。而且，资源的开采年限可能会随着勘探或开采技术的提高而延长，或者，在接下来的16年里，可能会产生额外的生产能力，从而缓解或消除中国对于耐火级矾土长期供应的忧虑。况且，申诉方主张中国的耐火级矾土的开采年限还有91年，而不是16年。④

上诉机构也认为，严重短缺指短缺的形势已至关重要或已到达决定性阶段或转折点。从上下文来看，第20条（j）项中“普遍或局部供应短缺（general or local short supply）”的措辞与第11.2条（a）项中严重短缺的用法相关；而第20条（j）项并没有“严重（critical）”或其他修饰语，这意

① See Appellate Body Reports, China – Raw Materials, paras. 331 ~ 334.

② See Appellate Body Reports, China – Raw Materials, para. 337.

③ See Panel Reports, China – Raw Materials, para. 7.297.

④ See Panel Reports, China – Raw Materials, para. 7.351.

味着第 11.2 条（a）项所指的短缺的性质比第 20 条（j）项所指的短缺的性质更严重。①

但上诉机构认为，第 11.2 条（a）项既为采取措施以缓解或减轻已经存在的严重短缺提供了依据，也为采取措施以防止即将发生的严重短缺（an imminent critical shortage）提供了依据。② 另外，GATT1947 的筹备工作表明，日内瓦会议上添加了“防止”一词以使缔约方可以在严重短缺实际发生之前采取矫正措施。③ 不过，对于专家组“缓解或防止”意味着“短缺”是“已经存在的”这一解释，上诉机构却认为这只是专家组的一种假设，④ 并不违反 DSU 第 11 条项下专家组应对其审议的事项作出客观评估的职责。⑤

（三）必需品

专家组认为，如某一产品对某一特定国家而言是重要的或必需的或不可缺少的，该产品即为必需品；其可以是某一重要产品或产业的投入物。某一产品是否为必需品，应考虑成员方实施限制措施时的特定情况。⑥ 1947 年国际贸易与就业会议筹委会日内瓦会议指出，产品的重要性须结合特定国家的具体情况判定。⑦ 但专家组认为，这并不意味着 WTO 成员方可以自行决定一产品是否为必需品，否则就会使用第 21 条（b）项中的措辞：缔约方采取其认为对保护其基本国家安全利益所必需的任何行动。⑧

最后，上诉机构认为，上述每一概念都有其特定含义；同时，这些概念

---

① See Appellate Body Reports, China – Raw Materials, paras. 324 and 325..

② See Appellate Body Reports, China – Raw Materials, para. 327.

③ See GATT Analytical Index: Guide to GATT Law and Practice (1995): Article XI General Elimination of Quantitative Restrictions, p. 326.

④ See Appellate Body Reports, China – Raw Materials, para. 343.

⑤ 在欧共体和某些成员方影响大型民用航空器贸易的措施案中，上诉机构认为，自相矛盾的推理违反了 DSU 第 11 条项下专家组应对其审议的事项作出客观评估的职责。See Appellate Body Report, European Communities and Certain Member States – Measures Affecting Trade in Large Civil Aircraft, WT/DS316/AB/R, adopted by 18 May 2011, para. 894.

⑥ See Panel Reports, China – Raw Materials, paras. 7.277 and 7.282.

⑦ See GATT Analytical Index: Guide to GATT Law and Practice (1995): Article XI General Elimination of Quantitative Restrictions, p. 326.

⑧ See Panel Reports, China – Raw Materials, para. 7.276.

之间相互给定含义，由此界定第11.2条（a）项的适用范围。比如，短缺是否严重可根据（may be informed）某一特定产品的必需程度来确定。另外，措施的持续时间可根据产品的性质、与严重形势有关的因素来确定。相应地，某一措施是否满足第11.2条（a）项的要求应考虑该项规定所包含的各个因素予以个案分析。①

二、必需品严重短缺例外在中国原材料案中的适用评价

在中国原材料案中，我国即援引GATT1994第11.2条（a）项必需品严重短缺例外证明我国对耐火级矾土采取出口配额措施的正当性。然而，专家组和上诉机构均裁定我国的上述抗辩不成立。就必需品严重短缺例外对出口数量限制措施的适用而言，本文认为WTO争端解决机构的裁定至少在以下问题上不“客观”:②

（一）专家组对“预防或缓解”的解释

专家组认为，“缓解或防止”意味着“短缺”是“已经存在的”。如前所述，GATT1947的筹备工作表明，日内瓦会议上添加了“防止”一词以使成员方可以在严重短缺实际发生之前即采取矫正措施。上诉机构也认为，第11.2条（a）项既为采取措施以缓解或减轻已经存在的严重短缺提供了依据，也为采取措施以防止即将发生的严重短缺提供了依据。由此可见，专家组的上述解释是不客观的，甚至可以说是荒谬的。然而，对于专家组的这种不客观的、荒谬的解释，上诉机构却认为这只是专家组的一种“假设”，并不违反DSU第11条项下专家组应对其审查的事项作出客观评估的职责。

（二）专家组和上诉机构对“严重短缺”的解释

专家组认为，严重短缺应被解释为“危机或决定性时刻”；如果要采取某一措施解决某一可用竭自然资源的有限储量问题，该措施应在该资源被完全耗尽时实施。上诉机构也认为，严重短缺指短缺的形势已至关重要或已到达决定性阶段或转折点。由此该案争端解决机构均认为，即使如中国所言，

---

① See Appellate Body Reports, China – Raw Materials, para. 328.

② DSU第11条规定，专家组应对其审查的事项作出客观评估，包括对案件事实、有关适用协定的适用性及与有关适用协定的一致性的客观评估。可见，对审查的事项作出“客观评估”是DSU对专家组的裁决的基本要求。

其耐火级矾土 16 年后将被用竭，也不表明形势已至关重要或严重到构成危机的程度。

然而，本文认为，正如上诉机构所言，短缺是否严重可根据某一特定产品的必需程度来确定。换言之，越必需的产品，确定其短缺是否严重的标准也应越低。例如，关于“严重（critical）”一词，GATT1947 谈判期间曾讨论并认可澳大利亚对美利奴绵羊的出口禁令符合第 11.2 条（a）项的要求。① 澳大利亚素有“骑在羊背上的国家”之称，其美利奴绵羊的存栏量居世界之首；② 而绵羊又属于可再生的生物资源。即便如美国虾案中上诉机构将海龟纳入可用竭自然资源那样将澳大利亚的美利奴绵羊也解释为可用竭自然资源，也没有任何迹象表明其将或即将被用竭（灭绝）。如果 GATT 能够给予澳大利亚对美利奴绵羊实施的出口“禁止”措施第 11.2 条（a）项下的例外，为何不能给予中国对开采年限只剩 16 年的耐火级矾土实施的出口“限制”措施该项下的豁免？而且必须指出的是，澳大利亚对美利奴绵羊实施的出口禁令不违反一般禁止数量限制义务是因为，GATT1947 缔约方基于对第 11.2 条（a）项中的“严重（短缺）”一词的分析，认为其符合该项的要求；而不是因为，其本不符合第 11.2 条（a）项的规定，只是基于保护既得权益的“祖父条款”而被“法外开恩”。③

---

① See GATT Analytical Index: Guide to GATT Law and Practice (1995): Article XI General Elimination of Quantitative Restrictions, p. 326.

② 参见蒋英：《澳洲美利奴羊在中国》，载《世界农业》1986 年第 7 期。

③ “祖父条款”这一比喻性称谓源于美国国内法。1865 年美国解放黑奴的南北战争结束后，南方的几个州中顽固坚持剥夺黑人权利的势力仍然十分猖獗，其试图在本州宪法中写入这样的条款：只有在 1867 年《重建法》通过以前有选举权的人（那时黑人没有选举权）及其子孙才有选举权。该条款实际意味着：选举权是祖父辈特有的“祖父权利”，“祖父条款”由此而得名。后来，美国法律界沿用这一生动比喻，把保护既得权益，使之不受其后立法侵犯的规则，统称为“祖父条款”。《关税及贸易总协定临时适用议定书》第 1 条规定，临时适用议定书的签字国政府同意于 1948 年 1 月 1 日和该日之后：（a）临时适用关税及贸易总协定的第一部分和第三部分，并且（b）在不违反现行立法的最大限度内临时适用总协定的第二部分。这就是说，各国国内法中原先已有的与总协定第二部分相抵触的规则，可作为保留或例外，优先适用。正是在这个意义上，第 1 条（b）款被称作“祖父条款”或者“现有立法条款”。参见赵维田：《论关贸总协定的“祖父条款”》，载《国际贸易问题》1993 年第 2 期。

再举一例，美国1990年制定了《森林资源保护和短缺救济法》（Forest Resources Conservation and Shortage Relief Act of 1990），[①] 明确规定为保护森林资源，限制出口从联邦土地上、州和其他公共土地上取得的未加工的木材，并限制将未加工的联邦木材作为已被出口的从私人土地上取得的未加工的木材的替代物。具体而言，A. 禁止任何人出口其从西经100度以西的联邦土地上取得的未加工的木材，或者为出口目的而对这些木材进行销售、互易或转让，除非这些木材根据该法被确定为大于美国木材加工需求的剩余部分；B. 禁止任何人直接从美国政府部门或机构那里购买从西经100度以西的联邦土地上取得的未加工的木材，如果这些木材将被作为已被出口的从私人土地上取得的未加工的木材的替代物，或者此人在前24个月已经出口了从私人土地上取得的未加工的木材；禁止任何人从其他人那里购买从西经100度以西的联邦土地上取得的未加工的木材，如果此人被禁止直接从美国政府或机构那里购买此类木材；C. 禁止出口从州和其他公共土地上取得的未加工的木材。[②]

该法在其立法目的中明确指出，采取必要措施以满足GATT1994第11.2条（a）项的目标，并确保美国所必需的某些森林资源和产品的充足供应。这就是说，作为中国原材料案起诉方之一的美国为保护其自身的森林资源，对未加工的木材采取了第11.2条（a）项下的出口限制措施。美国的森林面积占世界森林总面积的7%，年生产工业用材占世界总量的1/4；[③] 而森林又属于可再生的生物资源，因此，没有任何迹象表明美国的森林资源将或即将被用竭。如果美国认为其对未加工的木材实施的出口限制措施符合第11.2条（a）项以及WTO协议的规定，为何要质疑我国就开采年限只剩16年的耐火级矾土实施的出口限制措施的"合法性"？显然在这个问题上，美国采取了

---

① 该法为《1990年海关和贸易法》（Customs and Trade Act of 1990）的第四部分（Title IV），自1990年8月20日起生效。See Bill Summary & Status - H. R. 1594, Legal Information Institute: http://www.law.cornell.edu/usc-cgi/get_external.cgi?type=pubL&target=101-382.

② See Sections 489, 490 and 491 of the Forest Resources Conservation and Shortage Relief Act of 1990.

③ 参见李卫东：《美国的森林资源及其利用现状》，载《世界林业研究》2006年第4期。

“双重标准”。

至于专家组认为，随着勘探或开采技术的提高，资源的开采年限可能会延长；在接下来的16年里，可能会产生额外的生产能力，从而缓解或消除中国对于耐火级矾土长期供应的忧虑。本文认为，在接下来的16年里，勘探或开采技术可能提高，也可能不提高；即便勘探或开采技术提高了，资源的开采年限也未必一定会延长；而额外的生产能力更是可能会产生，也可能不会产生。DSU第11条明确要求专家组的职责是对包括案件事实在内的审查事项予以予以客观评估，而不是进行主观臆断。

此外，专家组提到，美国声称中国的耐火级矾土的开采年限还有91年，不是中国主张的16年。发达国家的勘探或开采技术远高于发展中国家，按照发达国家的勘探或开采技术测算出的开采年限自然会长于按照发展中国家的勘探或开采技术测算出的开采年限。问题是，资源在中国，并由中国勘探、开采，美国做这种测算的合理性何在？事实上，根据“既满足当代人的需求，又不危及后代人满足其自身需求的能力”这一公认的可持续发展理念，① 考虑到中国当代人和后代人对耐火级矾土需求的长期性，即便是91年的开采年限也足以证明我国耐火级矾土的供应已严重短缺。

最后，专家组认为，GATT1947谈判方讨论澳大利亚对美利奴绵羊的出口禁令只是为了确定第11.2条（a）项是否可用于解决干旱时期的供应短缺问题，因此该案例对本案的解释并没有特别的帮助。② 本文认为，GATT1994第11.2条（a）项只是提及“必需品的严重短缺”，至于严重短缺产生的原因，是自然因素如干旱，还是人为因素如过度开采、利用，则在所不问。在美国1946年提出的国际贸易组织宪章草案中使用的术语不是“严重短缺”，而是“困境（conditions of distress）”。美国代表声明，困境不是指经济困境，而是指饥荒等原因造成的农作物供应短缺。③ 而“困境”这一术语最终并未被采用，这也印证了本文的上述观点。

---

① See A/RES/42/187, Report of the World Commission on Environment and Development: Our Common Future, A/42/PV.96, 11 December 1987, page 41.

② See Panel Reports, China – Raw Materials, footnote 437.

③ See GATT Analytical Index: Guide to GATT Law and Practice (1995): Article XI General Elimination of Quantitative Restrictions, p. 326.

综上，考虑到耐火级矾土对我国的重要性、必需性和不可或缺性以及开采年限只剩16年的客观事实，并参考澳大利亚和美国的实际做法；又鉴于第11.2条（a）项只提及严重短缺，并未限定严重短缺产生的原因，本文认为，我国的耐火级矾土的供应已构成第11.2条（a）项所指的“严重短缺”。

（三）专家组对“临时适用”的解释

专家组认为，第11.2条（a）项下的出口数量限制措施的适用应限于一段有限的时间，而不是无期限的。并进一步将“一段有限的时间”解释为“一个确定的期限”。对此，正如上诉机构所言，“临时”并不隐含“预先确定一个期限”的意思；第11.2条（a）项只是规定措施适用于一段有限的时间，并不考虑措施适用的时间范围是否预先确定。因此，我国没有明确对耐火级矾土实施的出口配额措施预先确定一个适用期限，即没有明确规定该措施何时会被撤销，并不违反第11.2条（a）项中“临时适用”的规定。

退一步讲，对耐火级矾土等原材料实施的出口数量限制措施，我国每年均予以审查并更新。① 这也可以认为，我国对耐火级矾土等原材料实施的出口配额措施预先确定了一年的适用期限，期满时根据情况决定来年是否再适用及如何适用出口数量限制措施。

专家组又指出，如果第11.2条（a）项被解释为允许一项限制措施的长期适用，则作为第11.2条（a）项的相关条款——第20条（g）项的意义即使不致于多余，也会被严重削弱。也就是说，专家组认为，“一段有限的时间”也意味着第11.2条（a）项不允许一项限制措施的长期适用，或者说只允许其在短期内适用。对此，借用上诉机构的观点，“长期”和“短期”表述的是与“临时”不同的概念；就解释“临时地”一词的含义而言，“长期”和“短期”这两个术语没有多大价值，因为，何为长期，应依个案认定。

澳大利亚对美利奴绵羊实施的出口禁令自1929年起至2010年止，持续了80多年；② 美国对未加工的木材实施的出口限制措施自《1990年森林资源保护和短缺救济法》生效起至今也已经持续了20多年，没有任何迹象表

---

① 1999年至2013年每年岁末，我国均发布“出口许可证管理货物目录”，规定来年实施出口数量限制的产品种类及对应的出口数量限制的种类。

② See Panel Reports, China – Raw Materials, 7.252.

明该措施何时会被撤销，我国对耐火级矾土实施的出口配额措施自《2000年出口许可证管理货物目录》实施起至中国原材料案磋商程序开始止不足10年。显然，相对于绵羊和木材这些可再生资源而言，我国对耐火级矾土等不可再生资源采取的出口限制措施的持续时间并不算长。

需要注意的是，对于中国援引澳大利亚对美利奴绵羊实施的长期出口禁令支持其第11.2条（a）项下的措施可以长期适用（extended periods）的观点，专家组认为，澳大利亚对美利奴绵羊实施的出口禁令是在GATT1947谈判期间被讨论的，属于《条约法公约》第32条所指的条约解释的补充资料。《条约法公约》第32条规定，为证实适用第31条所得之意义；或适用第31条所得意义仍不明确或仍有歧义，或所得意义显属荒谬或不合理时，为确定其意义，得使用解释的补充资料，包括条约准备工作及缔约情况。专家组不认为"临时"一词适用第31条解释所得意义仍不明确或仍有歧义，因此，无需诉诸条约解释的补充资料。① 本文认为，专家组的这一解释属于对《条约法公约》第32条的断章取义。根据《条约法公约》第32条的规定，在三种情况下可适用条约解释的补充资料：（1）为证实适用第31条所得之意义；（2）适用第31条所得意义仍不明确或仍有歧义，为确定其意义；（3）适用第31条所得意义显属荒谬或不合理时，为确定其意义。在中国原材料案中，首先，"临时"一词的解释对于中国能否援引第11.2条（a）项证明其对耐火级矾土采取的出口限制措施的正当性问题具有至关重要的意义，因此，有必要"为证实适用第31条所得之意义"而诉诸条约解释的补充资料——GATT1947谈判期间讨论并认可澳大利亚对美利奴绵羊的出口禁令符合第11.2条（a）项的规定。其次，专家组对"临时"一词的解释并不明确。专家组先后将"临时"解释为"一段有限的时间""一个确定的期限"和"短期"，正如上诉机构所言，这三种解释的含义并不相同，进而在申诉方、被申诉方之间产生了分歧，因此，有必要"为确定其意义"而求助于补充资料。最后，"一个确定的期限"的解释显然不合理，也有必要适用上述条约解释的补充资料。

专家组将"临时"解释为"一段有限的时间"，上诉机构对此表示认可。本文认为，按照上诉机构的观点，第11.2条（a）项中的每一个概念都

---

① See Panel Reports, China - Raw Materials, 7.259.

有其特定含义；同时，这些概念之间相互给定含义，由此共同界定该项规定的适用范围。比如，短缺是否严重可根据某一特定产品的必需程度来确定，而措施的持续时间可根据产品的性质、与严重形势有关的因素来确定。某一措施是否满足第 11.2 条（a）项的要求应考虑该项规定所包含的各个因素进行个案分析。易言之，越必需的产品，确定其短缺是否严重的标准也应越低，出口限制措施的持续时间也应越长；就性质而言，不可再生资源比可再生资源更易被用竭耗尽，因此，对其采取的保护措施的持续时间也应更长；而必需品的短缺越严重，其限制措施的持续时间也应越长。也就是说，产品的必须程度不同、可再生与否等性质不同以及短缺的严重程度不同，一段有限的时间的含义也应不同。耐火级矾土对我国可持续发展的重要性、必需性和不可或缺性，澳大利亚和美国的实际做法，16 年剩余开采年限的事实，以及不可再生的属性，这些因素共同决定了就耐火级矾土的出口限制措施而言，一段有限的时间应是相当长的一段时间，至少 10 年是远远不够的。因此，我国对耐火级矾土采取的出口限制措施符合 GATT1994 第 11.2 条（a）项的规定。

三、我国的具体应对措施

针对专家组和上诉机构的裁决，为援用必需品严重短缺例外证明我国采取出口配额等出口数量限制措施限制原材料出口的正当性，我国可从如下两个方面采取应对措施。

（一）在立法技术上

在立法上，为确保我国采取的原材料出口数量限制措施符合必需品严重短缺例外以及其他 WTO 协议的要求，可借鉴美国《1990 年森林资源保护和短缺救济法》的立法技术。该法在第一条开宗明义地、不厌其详地指出了国会的调查结果和本法立法目的。就调查结果而言，该法指出：A. 木材对美国是必需的（契合第 11.2 条（a）项“必需品”的要求）；B. 森林、森林资源和森林环境是可用竭自然资源，需要采取有效率并有效果的保护措施（契合第 20 条（g）项“可用竭自然资源”的要求）；C. 为保护森林资源，已采取或将采取立法、行政和司法措施开辟可砍伐林地（这一调查结果又分列了三项，契合第 20 条（g）项关于保护措施应“与限制国内生产或消费一同实施”的要求）；D. 有证据表明美国西部地区未加工的木材供应已出现短缺，并且有理由相信如不采取措施则已出现的短缺会进一步恶化（契合第11.2条（a）项“严重短缺”的要求）；E. 配合未来几年将采取的广义上的保护措施，对未加工木材的出口采取保护措施是必需的。

在详细列明国会的上述调查结果之后，该法明确指出其立法目的是：A. 配合州和联邦的资源管理规划及其他措施，以促进森林资源的保护，影响其利用（在表明立法目的的同时契合第20条（g）项关于保护措施应“与限制国内生产或消费一同实施”的规定）；B. 采取西部地区供应短缺的森林资源或产品的取得和销售所必需的措施（契合第11.2条（a）项“严重短缺”的规定）；C. 采取必要措施以满足GATT1994第11.2条（a）项的目标，并确保美国所必需的某些森林资源和产品的充足供应；D. 继续执行并改进联邦现有的对西部地区联邦土地上取得的未加工木材的出口限制政策（再次契合第20条（g）项保护措施应“与限制国内生产或消费一同实施”的要求）；E. 采取措施以满足与美国根据WTO协议和其他多边贸易协议承担的义务相符的目标（使该法在总体上符合WTO协议及其他多边贸易协议的规定）。①

可见，在立法技术上，该法通过明确、细致、严谨和全面的“调查结果”和“立法目的”的宣示，使其所确立的保护措施至少在形式上符合GATT1994第11.2条（a）项和第20条（g）项以及其他WTO协议的规定。这种先进的确保国内立法符合WTO规则的立法技术值得我国借鉴。

（二）在应诉策略上

在应诉策略上，正确处理GATT1994第11.2条（a）项和第20条（b）项的关系。我国应援引第11.2条（a）项必需品严重短缺例外还是第20条（g）项可用竭自然资源例外证明原材料出口数量限制措施的正当性问题，是一个在正确理解这两项规定的关系的前提下的策略选择问题。

第11.2条（a）项规定，一般禁止数量限制义务“不适用于为预防或缓解出口缔约方的粮食或其他必需品的严重短缺而临时实施的出口禁止或限制”；第20条（g）项规定，本协定（GATT1994）的任何规定不得解释为阻止任何缔约方采取或实施“与保护可用竭自然资源有关的措施，如此类措施

---

① See Section 488 of the Forest Resources Conservation and Shortage Relief Act of 1990.

与限制国内生产或消费一同实施”。这两项规定之间的联系主要体现在如下几个方面:

第一，这两项规定都属于义务例外条款。符合第11.2条（a）项的要求可豁免一般禁止数量限制义务，而符合第20条（g）项的要求可豁免包括一般禁止数量限制义务在内的GATT1994义务。

第二，第11.2条（a）项涉及的措施的适用对象是必需品，第20条（g）项涉及的措施的适用对象是可用竭自然资源，而必需品和可用竭自然资源在范围上有交叉，因此，正如上诉机构所言，不排除一项第11.2条（a）项所指的防止或缓解必需品严重短缺的措施，也是一项第20条（g）项所指的保护可用竭自然资源的措施。此外，第11.2条（a）项所指的措施可以与符合第20条（g）项要求的保护措施同时实施。

第三，这两项规定都可以用于资源和环境保护目的。即WTO成员方可以为资源和环境保护目的，援引这两项例外证明其违反GATT1994义务的正当性。

除了上述三个方面的联系外，第11.2条（a）项和第20条（g）项的区别也是显而易见的。

第一，从两者所豁免的义务的范围和性质上看，前者适用于违反一般禁止数量限制义务的出口数量限制措施，而后者适用于违反GATT1994义务（包括一般禁止数量限制义务）的任何措施，无论是出口措施，还是进口措施；也不问是限制措施，还是鼓励措施。

第二，前者的立法目的是为了预防和缓解必需品的严重短缺，而后者的立法目的则是为了保护可用竭自然资源。可见，虽然这两项规定都可以服务于保护资源和环境的最终目的，但是其立法的直接目的是不同的。由此导致这两项例外的适用对象、适用条件以及所包含的义务均不同。

第三，就适用对象而言，前者是必需品，后者是可用竭自然资源；必需品未必是可用竭自然资源，而可用竭自然资源也未必是必需品。

第四，就适用条件而言，如某一必需品也是可用竭自然资源，那么前者要求该可用竭自然资源的供应严重短缺或即将严重短缺，而后者则没有这一要求。

第五，就所包含的义务而言，一方面，前者要求预防或缓解措施的实施是临时的，而后者则没有关于保护措施实施的时间限制；另一方面，后者要求采取保护措施的同时，应采取国内生产或消费限制措施，而前者则没有类似要求。

最后，按照上诉机构的理解，如果第 11.2 条（a）项的要求被满足，那么第 20 条（g）项就没有被适用的机会。因为，适用第 20 条（g）项的前提是成员方的某一措施违反 GATT 义务，如果该措施符合第 11.2 条（a）项的要求，那么该成员方就没有违反第 11.1 条“一般禁止数量限制”这一 GATT 义务，进而也就不存在因违反 GATT 义务而适用第 20 条（g）项的前提了。可以认为，在上诉机构看来，不能同时援引这两项规定为同一项措施的正当性进行抗辩。

在中国原材料案中，我国就违反第 11.1 条一般禁止数量限制义务对耐火级矾土实施出口配额措施进行抗辩的思路是：一方面，鉴于耐火级矾土属于储量有限的可用竭自然资源，保护可用竭自然资源是我国相关管理政策的目标之一，因此，援引第 20 条（g）项进行抗辩；另一方面，鉴于其也是我国众多产业的必需品且国内需求量很大，防止供应短缺也是我国相关管理政策的目标之一，因此，同时援引第 11.2 条（a）项进行抗辩。①

本文认为，我国的上述抗辩思路还是比较可行的。在此基础上，还可进一步优化今后的抗辩策略。整体而言，第 11.2 条（a）项的要求比第 20 条（g）项的要求更严格：一是，如欲援引第 11.2 条（a）项保护可用竭自然资源，该可用竭自然资源还必须是必需品；二是，该必需品还必须严重短缺或者即将严重短缺；三是，第 11.2 条（a）项下的措施的实施只能是临时的。由此，援引第 11.2 条（a）项成功的可能性比援引第 20 条（g）项成功的可能性要小；同时，鉴于上诉机构不能同时援引这两项规定为同一项措施的正当性进行抗辩的推论，在诉讼策略上，可先援引第 11.2 条（a）项进行抗辩，并假定如果争端解决机构认定不符合该项规定，则再依据第 20 条（g）项予以抗辩。②

---

① 参见王希：《美国、欧盟、墨西哥诉我原材料出口限制案评析》，载《世贸组织规则博弈——中国参与 WTO 争端解决的十年法律实践》，商务印书馆 2011 年版。

② 在中国原材料案中，上诉机构即使用了类似的审裁策略：先认定，中国无权援引 GATT1994 第 20 条证明其违反《议定书》第 11.3 条出口关税限制义务的正当性；再认定，即使假定中国有此权利，其对氟石征收出口关税的措施也不符合 GATT1994 第 20 条（g）项的要求。

未约定检验期间时“合理期间”的认定标准

郑依彤*

案情简介

原告：LH 贸易（上海）有限公司（以下简称“LH 公司”）

被告：上海 YD 广告传播有限公司（以下简称“YD 公司”）

2009 年 1 月，LH 公司将系争电子屏幕运营权售予案外人上海 SX 广告传播有限公司（以下简称“SX 公司”）。完成安装后，LH 公司致函 SX 公司，指出系争电子屏幕存在维修通道不畅、没有空调设备及适当的排风系统、电压不稳等质量隐患。

后 YD 公司替代 SX 公司取得系争电子屏幕广告经营权，并于 2009 年 5 月同 LH 公司签订合同购买该显示屏。双方约定显示屏提供质量保证期为 20 个月。后 YD 公司现场签收了系争电子屏幕，但并未按合同约定按期支付货款。LH 公司遂起诉要求 YD 公司支付逾期货款。

庭审中，YD 公司称系争电子屏幕存在质量问题，在案件受理后多次发生黑屏、起火事故而造成损失，故提出反诉，要求解除买卖合同，返还货款、退货并由 LH 公司赔偿经济损失。

裁判要旨

一审法院认为：当买卖双方未对于标的物的检验期间进行约定时，买受人对于标的物提出异议的合理期间的判断应当根据合同标的物本身的性质、当事人自身的素质、合同订立的具体时空背景等进行综合判断，且该合理期

* 华东政法大学经济法专业博士研究生。

间并不必然受到两年之最长期间的限制，但不超过约定的质量保证期间。YD公司无证据证明在使用后至 LH 公司起诉前的合理期间就系争电子屏幕质量问题事宜提出过异议，从而支持 LH 公司的诉请而驳回 YD 公司的反诉请求。

一审判决后，YD 公司不服判决，提起上诉。二审法院认为：YD 公司未在合理期间内向 LH 公司提出异议，故认定 YD 公司认可系争屏幕的质量符合约定。二审法院据此驳回上诉，维持原判。

评析

在买卖合同纠纷中，对于货物质量的检验向来是双方当事人在诉讼中最为重要的争议焦点，而在双方对于质量检验期间未明确约定的情况下，对于提出质量异议的一方是否超过了“合理”的检验期间的认定，则直接决定了案件审理的导向。由于我国合同法以及相关的司法解释对于“合理”的检验期间的规定较为松散，亦缺乏明确的定义，造成法官行驶自由裁量权确定“合理”的检验期间缺乏明确的标准，故必须对于案件实施中反映出的当事人的自身状况以及形成法律关系的背景等因素进行综合判断。

一、质量检验期间制度的法理基础

（一）质量检验期间的设立基础

质量检验是货物买卖合同中的一个重要程序①，它指的是买受人对买卖合同标的物的验证行为。检验期间则是指买受人对出卖人所交付的买卖合同标的物是否符合合同约定的数量、质量、包装等内容的验证行为的履行期限②，该期限应当在一定的时间区间内，这一区间即为检验期间。从本质上来看，这里的检验行为所指向的对象为标的物的质量瑕疵，实际上是瑕疵的具体属性即决定了检验行为的限度，从而产生质量检验期间。所以我们首先应当对瑕疵的属性进行了解。

2012 年 7 月 1 日起施行的《最高人民法院关于审理买卖合同纠纷案件适用法律问题的解释》（以下简称《解释》）中第 15 条则将型号、规格作为

---

① 邓春平、王冬妮：《浅析买卖合同中质量检验程序及质量异议处理的法律实务》，载《法制与社会》2012 年第 5 期（下）。

② 孙永全：《关于质量检验期间与质量异议期间的司法认定——对〈合同法〉第 157 条、第 158 条的理解与适用》，载《山东审判》2011 年第 5 期。

"外观瑕疵"的内容，因此，将质量瑕疵分为外观瑕疵和隐蔽瑕疵。前者指用通常办法即可发现的瑕疵，[①] 包括了标的物表面性能和种类瑕疵。即产品的规格、型号、花色、品种等。后者指即通过通常的检验手段难以获知的质量瑕疵，需要通过使用、拆解、分析等手段才能够被发现的瑕疵。[②] 可见，标的物瑕疵并非一个无法确定的变量，而是可以在一定时间内通过一定手段确定的事实，所以，对标的物瑕疵的检验过程区间也应当可以明确，正因如此，才有必要设立检验期间进行规范。

（二）质量检验期间的立法目的

在信息不对称的情况得到极大改善的现代商业环境中，需要对于交易双方的权利义务进行更为平衡的调整。而检验期间作为对于买受人行使检验权利设定的对应义务，是诚实信用原则在买卖合同中的具体体现，其目的即在于平衡买卖双方的权利义务。我国合同法第157条规定："受人收到标的物时应当在约定的检验期间内检验。没有约定检验期间的，应当及时检验。"具体而言，对于买受人课以检验义务有如下意义。

首先，有利于保护善意出卖人的利益。现代商业交易呈现出交易频繁，批量较大的特点，善意出卖人在交付时很可能没有机会检查标的物是否存在瑕疵。因此，设置检验期间能够防止善意出卖人处于无止尽的不确定状态，便于其及时采取补救措施，有效避免嗣后发生无谓争议。[③] 其次，体现保护买受人利益的传统。出卖人瑕疵担保义务最早产生于罗马法并成为买卖法律关系双方权利义务的重要内容，[④] 买受人在检验期间内发现标的物瑕疵，则可以此作为抗辩，产生免除或减少付款义务的效果。第三，避免买受人滥用权利。质量检验是买受人的权利，但是不可以滥用，成为买受人拒绝付款的无限期抗辩。合理的检验期间能够催促买受人及时、正当地行使权利，平衡

---

① 最高人民法院民事审判第二庭编著：《最高人民法院关于买卖合同司法解释理解与适用》，人民法院出版社2012年版，第286页；吴庆宝主编：《合同纠纷裁判标准规范》，人民法院出版社2009年版，第226页。

② 同上。

③ 黄立主编：《民法摘编各论》，中国政法大学出版社2002年版，第78页。

④ 韩世远：《出卖人的物的瑕疵担保责任与我国合同法》，载《中国法学》2007年第3期。

买卖双方的权利义务。

（三）关于质量检验期间同异议期间的辨析

我国合同法第157条规定："买受人收到标的物时应当在约定的检验期间内检验。没有约定检验期间的，应当及时检验。"第158条则规定："当事人约定检验期间的，买受人应当在检验期间内将标的物的数量或者质量不符合约定的情形通知出卖人。买受人怠于通知的，视为标的物的数量或者质量符合约定。当事人没有约定检验期间的，买受人应当在发现或者应当发现标的物的数量或者质量不符合约定的合理期间内通知出卖人。买受人在合理期间内未通知或者自标的物收到之日起两年内未通知出卖人的，视为标的物的数量或者质量符合约定，但对标的物有质量保证期的，适用质量保证期，不适用该两年的规定。出卖人知道或者应当知道提供的标的物不符合约定的，买受人不受前两款规定的通知时间的限制。"

从法条来看，合同法第157条规定了买受人收到标的物时应当在约定的检验期间内检验，没有约定检验期间的，应当及时检验。该条确立了检验期间内的检验义务，以及检验原则上应当及时的要求。① 第158条则规定了买受人的通知义务，包含了怠于履行检验义务和通知义务的后果的规定。而买受人在发现买卖合同标的物存在质量问题后向出卖人通知的期间就是质量异议期间。仔细品读第158条规定会发现，其第一款第一句规定，当事人约定检验期间的，买受人应当在检验期间内将标的物的数量或者质量不符合约定的情形通知出卖人。这一款将检验期间内买受人应当开展的行动从检验一项，扩展到检验和通知两项，从而使对质量异议的通知期间被合并、吸收到检验期间之中。接下来，第158条第2款第一句规定，如果没有约定检验期间，买受人应当在发现或者应当发现物的不适约的合理期间内通知出卖人。也就是说质量异议期间在原则上应当是遵照"合理性"要求，而非"及时性"要求。② 其中矛盾就出现了：检验期间原则上"及时、尽快"的标准与质量异议期间原则上"合理"的要求显然存在内在冲突，这也造成了实务中经常难以协调。针对这一矛盾，有观点认为法律实际上将检验期间和异议期

---

① 武腾：《合同法上难以承受之混乱：围绕检验期间》，载《法律科学（西北政法大学学报）》2013年第5期。

② 同上。

间分为两个阶段,[①] 异议期间为检验期间的递进，包含了两年最长期间以及质量保证期等。[②] 这样的分类在形式逻辑上似乎可以接受，但是仔细考察即可发现，机械地将我国合同法的规定拆分为两个阶段无实际意义。

从逻辑上而言，提出异议的前提在于发现了质量问题，而在不存在关于检验期间约定的情况下，一旦发现质量问题，买受人就应当依据我国合同法第158条第二款后段的规定在合理的异议期间内通知出卖人。因此，异议期间的判断实际上重合于合理检验期间的判断，退一步而言，即使以两年最长期间以及质保期的规定为由将其分开，亦会造成买受人已经发现问题但有意不立即通知以继续使用或加重出卖人补救成本的不合理情形，造成买受人应当分担瑕疵造成的损失的结果，不产生买受人免除或减少支付义务的效果，也否定了检验期间本身的制度目的。因此没有必要人为地将两者在时空上划分为截然不同的两个阶段分别讨论。[③]

二、综合认定合理期间的考量因素

如上文合同法第157条、158条，对于当事人没有在合同中约定的情形或者约定不明确的情形，立法采用了一种看似公平的原则，即合理期限来表述。但究竟何为合理期限？一般而言，合理期限是在合同履行过程中，当事人以一种平常的心来对待或处理事情所需要的时间。只要在合理期限内，没有履行相应的义务是不承担违约责任的，或者在合理时间内，行使权利是要受法律保护的。但合理期限究竟是多长呢？法律却并无明确，它允许当事人自行把握，也允许法官自由裁量。所以在实务中，如何把握合理期限就是一个重点和难点。[④]

---

① 尹忠显主编：《新合同法审判实务研究》，人民法院出版社2006年版，第322页。

② 孙永全：《关于质量检验期间与质量异议期间的司法认定——对〈合同法〉第157条、第158条的理解与适用》，载《山东审判》2011年第5期。

③ 而对于实践中常见的“质量有异议期间”一词，为沿用《经济合同法》和《工矿产品购销合同条例》时代的法律术语，在我国合同法明确将数量和质量列为瑕疵通知内容的情况下，不宜再沿用。参见最高人民法院民事审判第二庭编著：《最高人民法院关于买卖合同司法解释理解与适用》，人民法院出版社2012年版，第315页。

④ 赖秋蓉、卢胜乾：《对合同法中合理期限的理解与适用》，载《天府新论》2007年6月。

《解释》中第15条到第20条为了进一步明确合理期间以及法律后果，对其作出了更为详细的解释，从而为解决审判实践中遇到的问题提供了更为有针对性的方法和指导。根据《解释》第17条的规定，人民法院在认定“合理期间”时，应当综合当事人之间的交易习惯、瑕疵程度等因素，依据诚实信用原则进行判断。

（一）当事人之间的交易习惯、交易方式

交易习惯，所谓交易习惯是指在当时、当地或某一行业、某一类交易关系中得到经常性遵从，从而有理由期待在有争议的交易中同样适用，[①] 且不违反公序良俗的习惯做法。[②] 因此，在审判实践中，交易习惯除了指整个行业的习惯，也指双方当事人在同一类的交易中形成的彼此之间的交易习惯。由于交易习惯应当为双方在交易时明知，而不产生权利义务的失衡，相当于双方当事人之间的默示约定，从而应当认定为“合理期间”。比如某地区拖欠租金，两个月后就催告限期履行，给予一个月的宽限期，否则，就解除合同，那么，解除合同的合理期限就应当确定为一个月；如A地区收到某种特定货物的检验期间一般是在7天，那么就应当以7天作为该地区该特定货物的质量检验期，否则，视为交付的货物符合合同的约定。一般而言，交易习惯是判断合理期限的首要原则，是当事人内心确认的客观标准。[③] 交易方式受到交易习惯的影响，在某些情况下就是交易习惯的体现，但交易方式本身的不同对于“合理期间”的认定有着影响。比如当试用期买卖中，由于当事人可以在试用期结束后选择是否购买，因此不存在检验期间的问题。而在拍卖合同中，由于拍卖交易方式本身即要求当事人对于拍品的真伪承担责任，因此，也不存在检验期间的问题。

（二）标的物的种类、数量、质量、安装和使用情况

合同的权利和义务必然要以标的物作为对象而展现，标的物因客观的自然属性不同，如物理属性、化学属性不同，其保存的期限也有长有短，所

---

① 戴双喜、巴音诺尔：《论牧区以“羊”为“等价物”的交易习惯——兼论民事习惯与交易习惯之结构层次关系》，载《法学杂志》2010年第11期。

② 王泽鉴：《民法总则》，中国政法大学出版社2001年版，第58页。

③ 赖秋蓉、卢胜乾：《对合同法中合理期限的理解与适用》，载《天府新论》2007年6月。

以，判断合理期限要考虑标的物客观状况。① 《解释》中特别用罗列表明的方式，将种类、数量、质量、安装和使用情况这几种最为典型的属性特征，作为考量合理期限的因素。标的物的种类为标的物的客观属性，如当标的物为新鲜蔬果或鱼虾时，合理期间应当以保证标的物不发生变质进行判断。而对于标的物的数量而言，大量商品标的物的检验同少量标的物的检验的难易程度和准确程度均不同，故对于大宗商品的合理期间的确定应当适当长于小件小量商品的合理期间。对于标的物的安装情况，如果买受人已经实际使用标的物，且在出卖人要求支付剩余货款时才提出标的物质量瑕疵问题，则显然应当认定其异议超过了合理期间。本案中，YD公司作为买受人，在HL公司起诉要求支付剩余货款时才提出质量异议，且实际能够举证的质量问题也发生在起诉之后，显然难以认定其未超过合理期间。

（三）标的物瑕疵的程度以及买受人的专业技能

正如上文所述，标的物的瑕疵分为外观瑕疵和隐蔽瑕疵。对于外观瑕疵，买受人应当立即进行通知，故较长时间不提出异议的，应当视为超过合理期间。对于隐蔽瑕疵，由于需要进行专门检测，其合理期间可以适当放宽。但对于买受人明知或约定应当以某种专业检验手段进行检验却长时间不实施，或者已经实际使用，经出卖人多次催款仍不提出异议的，应当视为超过了合理期间。但买受人的专业技能对于合理期间的确定有实质影响。在一般交易活动中属于隐蔽瑕疵的情况，对于专业买受人也可能属于外观瑕疵，如对于通过品相即可判断金属矿石的种类及大致的成色，以及食品原料的颜色、气味、味觉感受所代表的质量的等级等。对此，应参照外观瑕疵的相关处理方法确定合理的期间。在本案中，YD公司在接收系争电子屏幕时已经明知该屏幕系二手产品，且对于LH公司所反映的SX公司存在不当使用的问题亦为知晓，故更应当对于系争电子屏幕的质量状况进行更为细致的约定和安排。因此其在签收后长时间内未提出质量异议，显然没有尽到相应的注意义务。

---

① 赖秋蓉、卢胜乾：《对合同法中合理期限的理解与适用》，载《天府新论》2007年6月。

三、关于合理期间认定的限制

（一）两年期间对合理期间的影响

合同法第158条第2款中段规定："买受人在合理期间内未通知或者自标的物收到之日起两年内未通知出卖人的，视为标的物的数量或者质量符合约定，但对标的物有质量保证期的，适用质量保证期，不适用该两年的规定。"由此可见，合理期间受到两年期间的限制。而根据《解释》第17条第二款的规定，"两年"是最长的合理期间。与民法通则中两年诉讼时效与二十年的诉讼时效的关系基本相同。即收货人首先受"合理期间"的约束，该"合理期间"最长不得超过物收到之日起两年。该期间为不变期间，不适用诉讼时效中止、中断或者延长的规定。因此，结合我国合同法第158条的规定，两年期间同质量保证期间的效力存在先后顺序，即质量保证期间的效力优先于两年期间。当双方未约定质量保证期间时，合理期间应当以两年期间为限。当双方约定质量保证期间，则不适用两年的最长期间的限制。当然，计算"合理期间"的起始点与计算两年的起始点是不一致的，前者以买受人检验发现质量问题为起始点，后者以买受人自标的物收到之日为起始点。

（二）质量保证期间对合理期间的限制

合同法第158条规定："当事人没有约定检验期间的，买受人应当在发现或者应当发现标的物的数量或者质量不符合约定的合理期间内通知出卖人。买受人在合理期间内未通知或者自标的物收到之日起两年内未通知出卖人的，视为标的物的数量或者质量符合约定，但对标的物有质量保证期的，适用质量保证期，不适用该两年的规定。"从该条规定来看，在理解质量保证期与两年的关系时，质量保证期优于两年期间，因为质量保证期有的长于两年期间，有的短于两年期间。[①] 所以，当双方约定"质量保证期间"时，买受人往往以"质量保证期间"等价于检验期间的合理期间而作为抗辩。此时，由于两年的最长期间已经不适用，故必须理清质保期间同检验期间的关系。

---

① 孙永全：《关于质量检验期间与质量异议期间的司法认定——对〈合同法〉第157条、第158条的理解与适用》，载《山东审判》2011年第5期。

如何理解“合理期间”与“质量保证期”的关系呢?合同法对此没有明确的规定。我们认为,在理解“合理期间”与“质量保证”的关系,应当相同于“合理期间”与“自标的物收到之日起两年内”的关系一样,当事人没有约定检验期间的,买受人应当在发现或者应当发现标的物的数量或者质量不符合约定的合理期间内通知出卖人。买受人在合理期间内未通知或者自标的物收到之日起质量保证期内未通知出卖人的,视为标的物的数量或者质量符合约定。① 也有观点认为,质量保证期应当优于合理期间,只要在质量保证期提出质量异议即可,但这种理解并不符合合同法立法本意。

再从质量保证期间与检验期间的内涵来看。一般而言,质量保证期间是指出卖人向买受人承诺标的物符合质量要求或使用性能的期间。而检验期间指的是对于标的物在交付时是否存在质量瑕疵。总体而言,质量保证期间解决的问题是标的物使用寿命长短,而检验期间解决的问题是标的物在交付这一时间点时的质量是否符合双方约定。② 因此,质量保证期间并不当然地等价于检验期间,因此不能当然地成为合理期间。如果机械地将质量保证期等价于检验期间,就会造成出卖人对于标的物在交付后的风险也承担责任的实际效果,不利于双方权利义务的平衡,违背了合理期间制度本身所追求的诚实信用原则。

同时,质量保证期只是“干预”而非“等于”最长时间范围。无论是法律规范所要求的强制性、半强制性(如三包期限,只可以朝着有利于消费者的方向延长)质量保证期,还是商事主体之间自主约定的质量保证期,往往只是与物的特性或者在一定时期的效用保持有关,而不包含这样的合意:“买受人只能在该期间内作出通知”。在这种情况下,如果不适约在质量保证期间的最后时刻才出现,通知必须在哪个日期作出呢?是仍旧必须在保证期间结束之前被出卖人收到,还是买受人可以被授权一段合理期间,即使超过了保证期的最后时刻,仍可以作出通知呢?这一点上可以借鉴国外学者的倾向意见,他们认为,如果出卖人保证的是物的特征或者货物在一个特定期间

---

① 孙永全:《关于质量检验期间与质量异议期间的司法认定——对〈合同法〉第157条、第158条的理解与适用》,载《山东审判》2011年第5期。

② 最高人民法院民事审判第二庭编著:《最高人民法院关于买卖合同司法解释理解与适用》,人民法院出版社2012年版,第329页。

内具有通常或者特殊目的的适合性，而围绕通知没有更多约定的话，那么即使超出保证期作出通知也是允许的。①

对于合理期间的判断而言，正如上文所述，既然质量保证期间是出卖人承诺的保持标的物质量的时间，因此，质量保证期间应当长于检验期间。质量保证期间说明了出卖人在交付后一定时间段内不出质量问题的承诺，因而买受人如果由于《解释》第17条的规定中的某些方面造成不能在短时间内做出检验，那么在这个出卖人承诺的时间段内做出检验并进行异议通知是可以理解的。故质量保证期间应当成为合理期间判断的上限，而不能直接引用成为合理期间。

本案中，YD公司认为双方约定的20个月的质量保证期间应当等同于合理期间。但事实上，20个月仅仅是合理期间判断允许的最长期间，法院仍然需要根据合同的各方面状况进行综合判断。YD公司在明知系争电子屏幕为二手产品的情况下，在HL公司起诉要求支付剩余货款时才提出质量异议，显然不符合买受人应当承担的注意义务的要求，其提出异议的期间显然超出了合理期间。判

（本文仅代表作者个人观点）

---

① 武腾：《合同法上难以承受之混乱：围绕检验期间》，载《法律科学（西北政法大学学报）》2013年第5期。

论吸烟规制的宪法界限

孙汉基*

案情概要[①]

《国民健康增进法》第9条第6项、第4项中规定公众利用的设施中，设施的所有者、占有者或管理者（以下简称“设施管理者”）指定该设施全为禁烟区域或区分为禁烟区域和吸烟区域的设施应当依据保健福利部令规定，基于此，《国民健康增进法施行规则》第7条作为保健福利部令对相应设施作出了具体规定，《国民健康增进法》第9条第5项禁止了设施利用者在以上指定禁烟区域吸烟。请求人于2003年7月11日，以《国民健康增进法施行规则》第7条侵害请求人的基本权利为由，请求确认以上条文具有违宪性，提出审判请求。

裁判要旨

韩国宪法法院在2004年的《国民健康增进法施行规则》第7条违宪确认事件中，曾将宪法第10条的人的尊严和幸福追求权以及第17条的私生活的秘密与自由作为吸烟权的宪法根据提出过。判示：“若将吸烟者自由吸烟的权利称为吸烟权，那么这种吸烟权受到规定人的尊严与幸福追求权的宪法第10条和规定私生活自由的宪法第17条的支撑。首先对宪法第17条能够成为根据这一点进行讨论，私生活的自由是指在社会共同体的一般生活规范的

---

* 中国人民大学法学院博士研究生。

① 案件来源：韩国宪法法院2004年8月26日，2003宪法诉愿审判457决定。

范围之内形成自由的私生活，且其设计及内容不受外部干涉的权利（宪法法院2001.8.30.99违宪审查型宪法诉愿92），吸烟的行为包含于这种私生活的自由之中，因此可以从宪法第17条中寻找吸烟权的宪法根据。另外，为了实现人的尊严和价值以及追求幸福，任何人都应当能够自由决定自身的意志，并且形成基于此的自律生活；因此，自由吸烟的决定以及包含吸烟行为的吸烟权也可以在宪法第10条中找到根据。吸烟权是以私生活的自由为实质，而嫌烟权不仅涉及私生活的自由，还与生命权相关，因此可以将嫌烟权看作是比吸烟权上位的基本权利。当存在这种上下秩序的基本权利相互冲突时，根据上位基本权利优先的原则下位基本权利可能受到限制，因此应当在不侵犯嫌烟权的基础上对吸烟权予以承认的。”在这一决定中可以得知韩国宪法法院将吸烟者的吸烟权和非吸烟者的嫌烟权认定为宪法上的基本权利，并将此看作是基本权利冲突的问题。在这里可以提出如下问题。

评析

吸烟是导致中国人死亡的主要原因之一。美国癌学会（ACS）和世界肺财团（WLF）预测每年由吸烟导致死亡的中国人有120万人，到了2030年会增加到350万人。中国是世界最大的烟草消费国和生产国。中国烟草公司的年总生产量是1兆7千亿根，是世界第2位的美国的2.5倍；全世界11亿吸烟者中，中国人占3亿5千人，是因为吸烟受到最大损害的国家。而且，全世界烟草的43%都是中国生产。世界保健机构驻中代表施贺德（Bernhard Schwartlander）指出中国男性的吸烟率达50.4%，约有3.4亿人由于吸烟患有疾病或处于死亡的危险之中，由烟引起的中国男性死亡率为12%，这一比率将来暴增的可能性很大。中国禁烟协会相关人表示“中国虽然在2006年已成为世界保健机构（WHO）烟草规制基本协定的当事国，但是在过去的8年里中国国内的卷烟销售量反而增加了41.4%”，“国家层面上没有禁烟的法律，且室内公共场所禁烟措施等的现场执行力也很落后”。另外，中国保健当局指出目前每年有100万人死于与吸烟相关的各种疾病。中国15岁以上者的吸烟率达28.1%，有7亿4千人受到间接吸烟的影响，中国专家们警告若不改善这种现状，到了2025年中国每年将会有200人死亡于癌症等有关吸烟的疾病。即，在中国吸烟引起的危害很大，国家层面上也由此施行禁烟政策。但是目前还没有关于这个问题的法律根据，尤其是有关宪法根据的研究。因此，在本文中以韩国宪法法院判例的评析为中心，对韩国吸烟者的权利（吸烟权）和非吸烟者的权利（嫌烟权）的基本权利性以及他们之间的权利优劣关系进行探讨。特别是对宪法法院的判决持批判的视角，对判决中存在的问题进行讨论。

本案涉及的主要问题为：

●吸烟者的吸烟权和非吸烟者的嫌烟权是否可被认定为基本权利？韩国宪法并没有明文规定吸烟权和嫌烟权。

●韩国宪法法院在上面的事例中将这个问题理解为基本权利冲突问题，这种宪法法院的论理妥当吗？即，这个案件的争议是国家立法作用引起的基本权利侵害与否，在这个案件中是否可以适用基本权利冲突理论？

●韩国宪法法院作出吸烟权和嫌烟权存在冲突时嫌烟权更优先的决定，这种宪法法院的见解妥当吗？

一、吸烟权和嫌烟权的基本权利属性

（一）基本权利的含义及其推导

吸烟者自由吸烟的权利这一含义中所谓的“吸烟权”，以及不吸烟的权利乃至具有从吸烟自由的权利这一含义中的“嫌烟权”，由于宪法中没有明示规定这种基本权利，因此，在什么样的宪法根据下能够承认这种基本权利是一个问题。

韩国宪法第2章“国民的权利和义务的章”中规定的权利等符合“宪法上保障的基本权利”，这一点是毋庸置疑的。继而以宪法第37条第1项①为根据在宪法中明文规定的基本权利之外，还可能存在更多的“依据宪法保障的基本权利”。即，可以承认以第37条第1项为根据未在宪法中列举的基本权利，但是宪法法院为什么不是以第37条第1项，而是将第10条人的尊严和幸福权追求规定和个别基本权利私生活的自由以及生命权和健康权作为基

---

① 韩国宪法第37条第1项规定“国民的自由与权利不因未被宪法列举而受到轻视”。

本权利的根据提出的呢？这是关于韩国宪法第 10 条的法律性质①及第 10 条和第 37 条第 1 项之间的关系的问题，也是关于宪法上基本权利的导出或包容②的问题。

无论看待韩国宪法第 10 条和第 37 条第 1 项的关系的视角如何，在承认宪法中未列举的基本权利这一点上学者们的见解是没有差异的。只是在方法

---

① 韩国宪法第 10 条是对所有基本权利的理念出发点或国法秩序的价值最高构成原理或形成所有基本权利的全体的客观宪法原理的规范化。因此，人的尊严在具体化和形成宪法秩序上成为方向和基准，宪法条款和法令的含义等存在问题的情形是解释的基准，宪法条款和法令存在缺陷时则成为完善的基准，在这些方面所有的学者都是赞同的。但是，关于这个规定是否可以认定为独立的主权权利存在对立的学说，韩国宪法法判示"宪法第 10 条规定所有国民都拥有人的尊严和价值以及追求幸福的权利，因此，所有国民以其尊严和人格权为基础，拥有自律形成自身的生活领域的权利"（1997. 3. 27. 95 违宪法律审判 14 等），表示"使还未确定有罪的未决在押者穿上在押者的衣服……侵害了来源于人的尊严和价值的人格权和幸福追求权以及得到公正裁判的权利"（1999. 5. 27. 97 宪法诉愿审判 137 等），承认了人的尊严性规定的主观权利性。

② "基本权利的导出"是指从宪法规定中将成文宪法中未直接明示的基本权利导出后认定为基本权利。基本权利的导出可以扩大基本权利的保护领域，也因此可以更加强化国民的基本权利保障，所以对于国民的基本权利保障是非常重要的。韩国宪法法院也有过几次导出基本权利的事例，但主要都是从宪法第 10 条人的尊严和价值及幸福追求权中派生的。从宪法第 10 条中导出基本权利意味着宪法第 10 条的人的尊严和价值及幸福追求权包含宪法中未明示的基本权利，这意味着宪法第 10 条的人的尊严和价值及幸福追求权是包括性基本权利。即，韩国宪法法院将这一规定利用为导出"未列举的基本权利"的窗口，韩国宪法的这一规定受到美国宪法第 9 条修正案的影响。

论上既可以从宪法第10条中演绎出个别的基本权利①，也可以从其他个别的基本权利导出特定基本权利②。韩国宪法中未明示规定的基本权利能够通过宪法解释被认定，从这一点上来看，吸烟权和嫌烟权能够被认定为新的基本权利。

韩国宪法法院表示“宪法中保障的基本权利具体意味着什么并不是绝对明确的。虽然可以认定韩国宪法第2章国民的权利和义务（第10条至第39条）中除义务之外的部分在原则上属于基本权利，但是有关是否只局限于此，除以上宪法规定之外能否承认基本权利性，以及即使没有宪法明文规定是否也存在能够被认定的基本权利，若存在又是什么样的，对于这些问题并不是十分明确。虽然这个问题最终只能通过个别的、具体的宪法解释解决，但是其中内在的含义可以把握为‘依靠宪法直接保障的个人的主观公权’”。③即，韩国宪法法院的立场认为依靠宪法解释能够把握“个人的主观

---

① 从人的尊严和价值导出的宪法中未明示的基本权利有生命权、人格权、自己决定权等。韩国宪法法院的判例判示为“来源于宪法第10条的人的尊严和价值的人格权”（宪法法院.2001.7.19，2000宪法诉愿审判546），表明了人格权是由宪法第10条中派生的。宪法法院从人的尊严和价值中引出了自己决定权。这种自己决定权有个人的自己命运决定权和性的自己决定权（宪法法院1990.9.10，89宪法诉愿审判82等），知情权（宪法法院1989.9.4，88宪法诉愿审判22），个人信息自己决定权（宪法法院2005.7.21，2003宪法诉愿审判282）等。从幸福追求权中派生出可以实现人的幸福的基本权利。满足个人的自身要求的状态就是幸福。作为能够达到这种状态的权利，突出自身的权利、寻找并且消费或持有自身渴望的商品以寻求满足的权利、创造并标出自身的个性的权利等就是从幸福追求权中派生的。宪法法院认为幸福追求权中包含“一般的行动自由权”“个性的自由发现权”等未在宪法中明示的基本权利，承认幸福追求权的包括性基本权利性。从“一般的行动自由权”中又可以派生出多种自由权。一般的行动自由权并不是指某一领域中的自由权，而是意味着能够包括性、全面性承认的自由权。为了引出宪法中未明示的某一领域中的自由权，设定并承认从幸福追求权产生的“一般性”自由行动权。例如引出过契约的自由、驾驶的自由等。

② 除韩国宪法第10条之外，从韩国宪法的个别基本权利规定中也可以派生出相关基本权利规定。韩国宪法法院从宪法第10条之外的其他宪法条文中派生基本权利的例子有，可以举出从保障婚姻和家族生活的宪法第36条第1项中派生父母的子女教育权的例子（宪法法院2000.4.27，98违宪法律审判16）。

③ 宪法法院2001.3.21.99宪法诉愿审判139等，判例集13-1，676。

公权”的情形，能够将此认定为权利。

（二）吸烟权的基本权利属性

宪法法院虽然将吸烟的权利理解为基本权利，但是如上文所述，韩国宪法并未明文保障，因此，存在基本权利性的承认与否的问题和在哪里寻找其宪法根据的问题。

韩国宪法法院将吸烟者自由吸烟的权利称为吸烟权，并且认为这种吸烟权得到规定人的尊严和幸福追求权的宪法第10条和规定私生活自由的宪法第17条的支撑，从第10条和第17条中寻找宪法上的根据。特别是，韩国宪法法院表示“关于宪法第17条成为根据，私生活的自由是指在社会共同体的一般生活规范范围之内自由形成私生活，且其设计及内容不受外部干涉的权利（宪法法院2001.8.30.99违宪审查型宪法诉讼92，判例集13－2，174，202），吸烟的行为是包含于这种私生活的领域中的，吸烟权可以在宪法第17条中寻找其宪法根据”。①

即，宪法法院承认吸烟权这一基本权利。但是关于承认吸烟权这一基本权利的学说可以分为肯定说和否定说，否定说认为“从宪法上依据基本权利受保护的权利和基本权利本身应当相互区别的宗旨来看，吸烟权是行使幸福追求权或私生活自由的基本权利时受保护的内容，其本身并不是基本权利”。②另外“烟本身就是恶。享有人的尊严是指人倾听且认知发自自身内心的理性（良心）的声音，能够树立普遍的法则并行动，在这意义上具有自律性和道德性的人格性存在。吸烟行为并不是对人理性的命令，而是禁止。做出理性命令禁止的行为只不过是受非难的行为，这是与选择这种行为的享受人的尊严是相区别的。且这意味着由个人的自律判断选择吸烟是做出自律判断的行为主体对其行为以及由此发生的结果承担全部责任。若吸烟行为是根据自律选择和判断的行动，那么吸烟者自身应当对由此发生的结果承担所有责任。但是吸烟行为里没有充分的能够做出自律性选择和判断的关于烟的有害性信息，且在吸烟依赖综合症的情形下不存在自律性判断，因此没有对吸烟行为的期待可能性。另外，吸烟行为在违背人的尊严和价值时，即使是在

① 宪法法院2004.8.26.2003宪法诉愿审判457，判例集16－2上，355。

② ［韩］金相兼：《吸烟权和国民的健康权》，载《韩国考试新闻》2004年9月25日。

私生活的自由领域中吸烟，私生活的自由也不能成为承认吸烟行为的基本权利性的根据。因此认为吸烟行为具有基本权利性是根据人的尊严和价值的或者认为吸烟是具有实现私生活的自由的含义，都是错误的”①，否定了吸烟权的基本权利性。

与此相反，肯定吸烟权的基本权利性的见解是“吸烟是依据个人的自己决定权的自由行使形成的，具有自由权的性质，称为个人的自由权，其宪法根据比起从特定条款寻求，在私生活的自由权和消费者的惯例、保健权等中综合寻求是更妥当的”。②

笔者认为，应当像宪法法院的决定一样将吸烟权本身看作是一种基本权利。基本权利中具有防御权意义的自由权的情形，若成为基本权利的保护内容，那么其自身作为权利的意义将被确保。是因为自由权的情形，无法区分成为保护的内容的自由和保障自由的权利的地位。③一直以来宪法法院从人的尊严和价值及幸福追求权上承认了一般行动自由权，在这个事件上韩国宪法法院虽然只是单纯依据第10条，但是个人根据爱好吸烟作为这种一般的行动自由权的一种，可以受到保护。进而成为基本权利的保护内容，为了方便起见可以将这种保护内容特定化后看作是具体的个别基本权利。若将烟草理解为像毒品一样的社会共同体无法容忍的违禁品，那么当然不能认定为基本权利。换句话说，只要没有将烟规定为违反社会传统或基本秩序的违禁品，那么吸烟的权利就包含于个人的自律权中。即，不能只以具有一定有害性和危险性为由，否定不可侵犯的具有基本自律性的个人的行动自由。因此，赞同将吸烟权判断为基本权利的宪法法院的决定。④

---

① [韩] 夏哉洪:《对吸烟权的基本权利性的考察》，载《宪法学研究》2008年第4号。

② [韩] 朴英哲:《人权和吸烟权》，载《宪法学研究》2003年第9册。

③ 反面，与自由权不同的要求国家的积极介入的社会权的情形，能够区分保护的实质性内容和权利。例如，接受教育的权利并不意味着可以按照个人的意愿受到所有不同水平的教育。因此，接受教育的权利和实际受保障的教育的内容可能是分离的。

④ 但是在美国不仅是吸烟权，就连嫌烟权的基本权利性也是被否定的。详细内容请参考J. Raphael, " THE CALABASAS SMOKING BAN: A LOCAL ORDINANCE POINTS THE WAY FOR THE FUTURE OF ENVIRONMENTAL TABACCO SMOKE REGULATION", 2007 S. CAL. L. Rev. 393, pp. 405 - 406。

（三）嫌烟权的基本权利属性

关于嫌烟权的基本权利性问题，存在否定嫌烟权的基本权利性的见解，这个见解认为“无法全面赞同将嫌烟权认定为在宪法上受保障的基本权利，认定嫌烟权作为权利的实体本身就是勉强的，因此将嫌烟权看作是比吸烟权具有更优越地位的基本权利在理论上是有问题的”，并表示“从吸烟权的客观价值秩序内容中可以充分找到嫌烟权的内容，根据这之外的保健权或健康权制约吸烟权，这种理论构成反而更妥当。没有理由导出没有实体的权利认定为具体的宪法权利”。但是笔者认为嫌烟权也应从以国家不作为为内容的一般的行动自由权或私生活的自由内容受到保护，认为嫌烟权也可以认定为独立的基本权利。因此，同意韩国宪法法院的判决。

和吸烟权一样，韩国宪法法院也是从宪法第 10 条和第 17 条中寻找嫌烟权的根据。然后作为嫌烟权的根据，进一步追加提出了生命权和健康权。但是将生命权作为嫌烟权的根据的宪法法院的见解是有问题的。这是因为虽然间接吸烟可以引发对生命致命的疾病，但其本身不能说是侵害了生命权。生命权是以是否剥夺生命为判断基准，即限制本身就会成为侵害的特殊的基本权利。①虽然有见解认为生命权中包括“对国家要求提供能够生存的社会经济条件的生存权的内容”②，但是若按照这种见解将基于生命的生存权认定为单独的权利的情形，那么就会产生生命权包含所有基本权利的结果。因此，将生命权理解为与剥夺与否相关的消极权利更妥当。从而无法主张生命权是嫌烟权的根据。但是由于烟对生命产生危害，所以，利益衡量时可以将此作为优先考虑要素。

二、吸烟者和非吸烟者的基本权利冲突问题

（一）基本权利冲突的含义和解决方法

基本权利的冲突是指复数的基本权利主体为了实现互相冲突的权益，向

---

① “生命权的情形，与其他一般性的基本权利限制的构造不同，生命的部分剥夺是无法估计的，因此对生命的限制必然意味着生命权的完全剥夺”。宪法法院 2010. 2. 25. 2008 违宪法律审判 23，判例集 22－1 上，36。

② ［韩］金哲洙：《宪法学概论》，博英社 2006 年版，第 409 页。

国家主张各自对立的基本权利的效力的情形。① 基本权利的冲突是复数的基本权利主体之间的问题，即，在基本权利主体的复数性这一点上与基本权利竞合是相区别的。基本权利冲突的情形是复数的基本权利主体之间的矛盾，若这种矛盾展开为法律纷争的问题，那么就需要依靠国家权力的调节，从而这个问题也表现为宪法问题。这是私人相互间主张基本权利的基本权利对私人的效力问题，根据怎样确定基本权利的保护领域可能会产生表面上的冲突，但是这与实际上无法看作基本权利冲突的类似冲突是相区别的。

有关基本权利冲突的解决的学说和判例的立场如下。学说可以分为三大类，权宁星教授主张“首先通过利益衡量的方法，对序列靠前的基本权利给予优先保护，序列不分明的情形则需要通过依据规范协调的解释方法的方法解决冲突”②（第1说）。许营教授主张“应当一同利用利益衡量和依据规范协调解释的方法，多变性地解决”③（第2说）。桂禧悦教授主张“优先使用依据规范协调解释的方，如绝育手术的情形等无法通过这种方法解决时只能通过利益衡量的方法解决”④（第3说）。

韩国宪法法院大致立足于利益衡量的原则，并且结合规范协调解释解决基本权利的冲突。⑤“利益衡量的方法”及“规范协调的解释方法”的含义根据学说并不相同，“利益衡量的方法”意味着不同的基本权利产生冲突时衡量其能够实现的利益，然后对“更为重要”或“更为优越”的利益给予保

---

① “基本权利的冲突是指不同的复数基本权利主体为了实现各自的权益，在同一事件中向国家主张互相对立的基本权利的适用的情形，其特点是一个基本权利主体的基本权利行使会限制或牺牲其他基本权利主体的基本权利行使”。（宪法法院 2005. 11. 24, 2002 违宪审查型宪法诉讼 95）

② ［韩］权宁星：《宪法学原论》，法文社 2008 年版，第 342 页。

③ ［韩］许营：《韩国宪法论》，博英社 2008 年版，第 268 页。

④ ［韩］桂禧悦：《宪法学（中）》，博英社 2005 年版，第 111 页。

⑤ 如韩国宪法法院所示“根据基本权利的性质和形态，及时选择和综合适当的解决方法进行解决（2005. 11. 24. 2002 违宪审查型宪法诉讼 95 等）。反论报道请求权和言论的自由冲突的事件（1999. 9. 16. 89 宪法诉愿审判 165）和债权者取消权事件（2007. 10. 25. 2005 违宪审查型宪法诉讼 96）中是通过依据规范协调的解释的方法解决的，有关 Union Shop 协定，在劳动者的不团结自由和工会的积极团结权冲突中使用了利益衡量的方法，劳动者的团结选择权和工会的集团团结权的冲突中则是利用了依据规范协调解释的方法（2005. 11. 24. 2002 违宪审查型宪法诉愿 95 等）。

障，对相对不重要的利益保留的方法，“规范协调解释的方法”即使是在两个基本权利存在冲突的情形，也不会依据利益衡量使某一基本权利优先于另一基本权利，为了维持宪法的统一性，会寻找能够使所有相冲的基本权利最大限度地发挥其功能和效力的协调的方法。这种规范协调的解释不以基本权利内的位阶秩序为前提，而是寻找能够尊重相冲的两个基本权利的效力的“协调”之路，因此在宪法的统一性观点上，这是比利益衡量的方法更忠实于宪法精神的解决方法。

（二）宪法法院援用基本权利冲突理论的妥当性

基本权利的冲突是依据立法具体规制的，当其立法本身存在问题时，基本权利冲突的问题可以作为其立法的合宪性问题解决。从而，像这种案件的情形，基本权利冲突问题通过立法转换为基本权利限制的界限问题。因此，即使在基本权利序列上认定嫌烟权是比吸烟权更优越的基本权利，这种案件的情形，吸烟权限制的宪法正当性问题只能通过比例原则的违背与否的检讨进行判断。国民的基本权利根据第37条第2项的要求，在国家安全保障、秩序维持、公共福利等一定目的下作为法律遵守比例原则的话，限制是可能的。其结果是吸烟权可以根据这个规定进行限制，没有必要以其他基本权利的保障为由提出基本权利冲突理论。事实上，基本权利冲突理论是在没有像韩国一样的能够通过法律限制基本权利的一般性法律保留条款的德国宪法学中发展的宪法解释论。对于个别基本权利以公共福利等为由，提供规制立法的宪法根据不充分的情形，基于基本权利中存在其本身内在的界限或侵害他人的基本权利时可能会受到限制等宪法解释论的立法规制是不可避免的。但是在韩国，宪法第37条第2项已开启了为公共福利等目的可以通过法律限制基本权利的可能性，因此，另行通过复杂的基本权利冲突理论进行议论是没有多大意义的。并且，基本权利冲突论的解决方式中，尤其是以基本权利间的上下关系及序列关系为前提的解决论可能会对推定为下位关系的基本权利的保障产生重大的威胁，因此，具有与基本权利的均衡保障背道而驰的危险性。因此，笔者不赞同韩国宪法法院援用基本权利冲突理论。

三、嫌烟权与吸烟权的宪法位阶

一味地只以上下关系宣言吸烟权和嫌烟权的关系真的是妥当的吗？具体

将吸烟权和嫌烟权认定为基本权利，或者是将这种权利包含于保护范围之内的基本权利，即一般的行动自由权和健康权之间的优劣关系是否可以被认定呢？人的尊严和价值是为所有基本权利提供理念根据或成为所有基本权利的根源的基本权利，比任何基本权利都具有优先的效力。另外，生命权是以基本权利的享有为前提的，因此，也可以承认生命权的优越性地位。

但是在同位的基本权利之间认定一味的优劣关系并不容易，只能根据具体情况通过利益衡量解决。这是因为所有基本权利都是拥有自身历史背景的独立的保障规定，无法推测出贯通所有基本权利的一般性序列。① 像人格价值优先的原则或自由优先的原则一样原则上无法承认上下关系的同位的基本权利之间，无法制定承认所谓优先效力的基准。

吸烟权和嫌烟权的情形，虽然两者基本都是根据一般的行动自由权或私生活的自由，但是由于间接吸烟形成对健康权或生命权的潜在危险，因此可能承认嫌烟权的相对优越性。但是绝对优越性的承认可能会过度缩小吸烟权的保障范围或包含绝对禁止吸烟的危险性。即使吸烟有害健康，但是考虑到人的生活要求保障承受这种危险的自由时，基本权利之间的绝对优劣关系只有在极少的例外情形被认可是妥当的。② 因此，虽然赞同宪法法院承认嫌烟权的优越性，但是笔者认为判决书中出现的嫌烟权对吸烟权的绝对上位这种表达是存在问题的。

四、结论

本文以韩国宪法法院的判决评析为中心，围绕吸烟权和嫌烟权这两个基本权利考察了有关烟草规制的宪法根据。笔者虽然同意韩国宪法法院的最终结论，但是对于其论理展开上援用基本权利冲突理论存疑。另外，对于将嫌烟权认定为绝对优越于吸烟权的基本权利这一点上，也指出了问题所在。限制基本权利的立法的内容即使预想到或者包含了私人间的基本权利冲突，判断这种立法作用的违宪性时，只需适用判断一般性的国家作用违宪性的基准

---

① ［韩］洪性邦：《基本权利冲突和竞合》，载《安岩法学》1999年第9号。

② ［韩］金宗哲：《关于吸烟权和嫌烟权的优劣关系的小考：以宪法法院2004.08.26，2003宪法诉愿审判457决定为中心》，载《法学研究》2007年第17册。

即比例原则进行解决，没必要一定援用基本权利冲突理论，这种基本权利冲突理论是为解决与韩国的基本权利规定的内容不同的德国的问题才兴起的，没有经过充分的检讨就盲目接受是有问题的。在还未导入宪法诉讼制度的中国，无法谋求宪法的救济手段，由吸烟引起的法律诉讼另当别论。但是若要寻找中国宪法中有关吸烟规制的根据，可以从第33条第3项的人权规定中导出相关基本权利，笔者认为从第33条第3项中可以充分导出吸烟权和嫌烟权，但是需要具体的论证。对于这个问题将会做进一步探讨。

公司国际法侵权责任的反思：美国"Kiobel案"评析

魏晓红*

案情概要

1. 基本事实

2002年，以Esther Kiobel为首的12名尼日利亚原告，依据美国《外国侵权法案》（Alien Tort Statute，以下简称《法案》），① 在美国纽约南区联邦法院，提起了针对皇家荷兰壳牌石油公司（Royal Dutch Shell）和壳牌运输贸易公司及其子公司尼日利亚壳牌石油发展有限公司（以下统称为壳牌公司）的一项集团诉讼。本案所有的原告均是以政治避难身份居住在美国的尼日利亚人，他们或为直接受害人或为受害人的亲属。原告Esther Kiobel是受害人Barinem Kobel博士的妻子。Barinem Kobel是奥格尼（Ognoni）生存运动组织成员（The Movement for the Survival of the Ogoni People MOSOP）。该组织旨在发起行动反对在尼日利亚境内奥格尼地区石油开采对环境的破坏，并

---

* 中国人民大学国际法学博士研究生。本文系国家留学基金委资助公派留学项目的阶段性研究成果。

① 依据该法案，联邦地区法院对于外国人提起的违反外国法及美国签订的条约的民事诉讼，拥有初审管辖权，具体参见下文案例评析部分关于该法案的概述。See the Alien Tort Statute, 28 U. S. C. 1350 (2006): "The district court shall have original jurisdiction of any civil action by an alien for a tort only, committed in violation of the law of nations or a treaty of the United States."

提高该地区民族群体的区域自治。1994年，原告的丈夫还有其他成员分别被非法关押在军队监狱里，然后被军人政府成立的有违国际公正审判标准的特别法庭，判定为谋杀罪并被处决。本案原告诉称，壳牌公司通过其子公司尼日利亚壳牌石油发展公司（Nigerian subsidiary Shell Petroleum Development Company of Nigeria，以下简称SPDC），向尼日利亚军队提供交通工具，允许公司资产用于侵害奥格尼人民的场所，并且还向尼日利亚军队供给食物和支付报酬，以期尼日利亚政府镇压针对壳牌石油业务的抵制。原告主张，根据《法案》，被告公司协助和教唆实施了酷刑、法外处决、危害人类罪、任意逮捕和羁押及其他违法行为。①

2. 审理和上诉过程

2006年9月29日，联邦地区法院驳回了原告部分诉求，即驳回了协助和教唆实施毁损财产、强迫流放、法外处决、侵犯生命权、自由、安全及结社。法院认为，习惯国际法尚未具体明确这些违法行为。② 但同时，法院拒绝被告要求驳回有关协助和教唆实施任意逮捕和羁押、危害人类罪、酷刑或残忍及不人道待遇的动议。③ 2008年3月，联邦地区法院签发了被告以不具备属人管辖权为由而请求驳回诉讼的动议。2009年11月16日，法院发布了原告请求重新审查管辖权的动议。法院表示，为适用《法案》，美国与SPDC之间必须有直接的业务关系。2010年6月21日，联邦地区法院裁决，原告并没有证明此种关系，因此驳回了对SPDC的诉讼。之后，原告提起上诉。

2010年9月17日，美国联邦第二巡回上诉法院做出裁决，多数意见确认下级法院驳回诉讼的裁决，并认定《法案》不适用于公司违反国际法的诉讼，认为国际法并未规定公司应对侵犯人权的国际罪行承担责任。④ 2010年10月14日，原告提起了全体法官重新审理的申诉。2011年2月4日，上诉法院拒绝重申。2011年6月，原告向最高法院提出申诉请求审理下级法院的裁决。2011年10月17日，最高法院宣告受理原告的申诉请求。⑤ 2012年2

---

① See Kiobel v. Royal Dutch Petroleum Co., 621 F. 3d 111 (2nd Cir, 2010).

② See Kiobel v. Royal Dutch Petroleum Co., 456 F. Supp. 2d 457, 464 - 65, 467 (S. D. N. Y. 2006).

③ See id. at 465 - 67.

④ See Kiobel v. Royal Dutch Petroleum Co., 621 F. 3d 111 (2nd Cir, 2010).

⑤ 565 U. S. _ _ (2011).

月28日，举行了口头辩论。2012年3月5日，最高法院宣布不在上半年的审理阶段作出裁决，增加一个关于《法案》域外适用的新问题。① 双方于2012年10月就新问题举行了口头辩论。2013年4月17日，美国最高法院作出了最终裁决。②

裁判要旨

1. 美国联邦第二巡回上诉法院裁决意见

2010年9月17日，美国联邦第二巡回上诉法院作出裁决认定，公司不承担违反习惯国际法的责任。法院首先针对适用法（governing law）的问题，即依据什么法律决定公司是否应该承担违反万国法的责任问题。法庭多数意见书通过引用三十多年以来第二巡回法院自身先例，例如Filartiga案③、Sosa

① 565 U. S. _ _ （2012）.

② Kiobel案件的相关资料，包括判决、各界法庭之友意见等，可以通过本网站获取：http：//cja. org/article. php？ list = type&type = 509；Kiobel案件在美国最高法院的口头辩论录音及法庭记录可以通过本网站获取：http：//www. oyez. org/cases/2010 - 2019/2011/2011_ 10_ 1491。

③ Filartiga v. Pena - Irala，630 F. 2d（2d Cir. 1980）. 案例简介：1976年，17岁的Joelito Filartiga，在巴拉圭的首都亚松森，被时任总警察长的Pena - Irala绑架并折磨致死。其家人曾在巴拉圭尝试提起诉讼但失败告终，后来在1978年搬至美国纽约，在获知Pena - Irala入境美国后，根据《外国侵权法案》向纽约东区法院提起诉讼。地区法院以不具有管辖权为由驳回诉讼，而第二巡回法院推翻了裁决，认为《法案》赋予联邦法院关于外国人侵权案件的管辖权；当时的万国法已经发展成为禁止官方酷刑行为；多边条约和国家实践也都证明了一致的禁止酷刑的国家实践；个人免受酷刑的权利已经成为一项习惯国际法原则。

案①等，还有最高法院的先例，得出结论，《法案》在决定被告公司的责任范围时（scope of liability），应适用国际法规则，而不是国内法，且这些国际法规则必须是“具体的、普遍的及义务性的”，责任范围应该由习惯国际法自身决定。在解决了适用法的问题后，法庭多数意见书接着探讨公司是否能承担习惯国际法责任的问题，之后得出结论认为习惯国际法中没有规定公司责任规范。②法庭大量引用国际刑事机构的规约及案例，其中包括二战纽伦堡国际军事法庭、联合国前南问题国际刑事法庭、联合国卢旺达问题国际刑事法庭以及常设的国际刑事法院，用以说明所有的国际刑事司法实践都是追究自然人的个人刑事责任，所有国际刑事司法机构都将公司法人排除在管辖范围之外，因而认为，国际法对公司没有拘束力，排除国际法的责任。并且从条约法视角解释，规定了公司责任的条约，要么没有得到广泛批准，要么规定了很有限的内容，因此，并不构成一个公司习惯国际法责任的普遍规则。③此外，法庭也引用学术界的观点用以支持法庭意见，例如引用 James Crawford

---

① Sosa v. Alvarez – Machain, 542 U. S. 692, 698 (2nd Cir, 2004). 案例简介：被告 Alvarez 是墨西哥哈利斯科州瓜达拉哈拉（Guadalajara）的一名外科医生。1985 年，一名美国缉毒局官员在墨西哥执行公务时被抓到瓜达拉哈拉处的一所房子，并在两天的讯问过程中被施以酷刑，然后被谋杀。根据目击者举证，美国缉毒局认为本案被告 Alvarez 在案发现场，对缉毒官员实施医疗措施延缓其生存时间以便延长审讯和酷刑的时间。1990 年，美国联邦大陪审团指控 Alvarez 的酷刑和谋杀，加利福尼亚中部地区法院发布逮捕令。缉毒局请求墨西哥政府协助逮捕未果后，决定雇佣墨西哥公民抓捕 Alvarez 至美国受审。之后，本案的申诉人 Sosa 与其他墨西哥人合作将 Alvarez 抓获，并通过私人飞机带到美国德克萨斯，Alvarez 在那里被捕。1992 年，地区法院作出无罪判决。1993 年，Alvarez 返回墨西哥后，分别对 Sosa、美国及缉毒局提起民事诉讼。地区法院驳回针对缉毒局的诉求，但针对《法案》的诉求，判决 25000 美元的损害赔偿金。第九巡回法院确认该赔偿诉求，但推翻了针对缉毒局《联邦侵权请求法》的裁决。Sosa 和美国政府就 Alvarez 案向美国最高院提出申诉，Alvarez 的诉求是否构成《联邦侵权请求法》的诉求，及是否可依据《外国侵权法案》获得赔偿。最高法院最终认定 Alvarez 不能基于前述法案获得赔偿。

② See Kiobel, 621 F 3d 111, 127 – 31 (2nd Cir, 2010).

③ See Kiobel, 621 F 3d 111, 133 – 8 (2nd Cir, 2010).

和 Christopher Greenwood 教授在 Talisman 案①中支持被告公司的公开意见,“截止目前,没有任何国际法庭,在一项民事或刑事诉讼中,认可公司违反万国法或习惯国际法的责任,这一点区别于个人责任;而且在国际法中没有,也从来没有关于公司刑事责任的主张”。②

法庭多数意见招到了 Leval 法官的强烈反对。尽管 Leval 法官同意法庭驳回诉讼的决定,但不同意多数意见认为公司不能依据《法案》被诉的观点。Leval 法官认为法庭的意见没有国际法依据或先例,并分别指出了法庭意见推理的不足:国际法不可能免除公司责任;多数意见在美国法或国际法中均没有先例;错误解读国际刑事法庭的判决及规约,并得出错误的结论;误解

① Presbyterian Church of Sudan v. Talisman Energy, Inc., 07-0016-cv, (2nd Cir, 2009). 案例简介:自1956年苏丹从英国和埃及获得独立,爆发了以北方阿拉伯占主导的伊斯兰政府与南苏丹非穆斯林人群之间的内战。1972年,双方在埃塞俄比亚的亚的斯亚贝巴达成权力分享协议,相对的稳定局势持续到1983年的反政府起义,动乱造成了大量平民伤亡。在1998年加拿大 Talisman 能源公司通过收购进驻投资时,暴力仍在继续。Talisman 投资的石油联营企业,其持有25%股份,苏丹政府亦拥有股份。由于企业的运营场所处于内战区域,苏丹政府及其部队协调为企业人员进行了相应的安全部署,其中涉及了苏丹政府将石油作业区域周边空出,设立非战区,以确保石油开采作业。2001年,原告苏丹长老会及其他受害人,在美国纽约南区法院提起诉讼,诉称 Talisman 公司协助苏丹政府犯下种族罪、战争罪及危害人类罪。原告诉称 Talisman 公司协助苏丹政府设立非战区及安置平民,这一过程造成了对附近区域平民的迫害,其中包括大量平民的流离失所、法外处决、强奸,以及纵火燃烧村庄、教堂和庄稼。2006年9月12日,纽约南区法院驳回了诉讼。2009年10月3日,第二巡回法院确认了驳回诉讼的裁决。第二巡回法院认为,基于先前判例,应适用国际法决定协助和教唆侵犯人权罪行的标准。法院认为,根据国际法,对于所犯的罪行主观认定标准,应该是“故意(purposeful intention)”,而不是“明知(Knowledge)”。因此,必须证明 Talisman 公司“故意”支持参与了苏丹政府的侵犯人权罪行。法院认为,原告未能证明这一标准。(注:值得注意的是,第二巡回法院在本案中并没有对公司是否可以被诉这一前提提出疑问,而仅是依据国际法回答公司参与国际罪行的主观认定标准。而其在2010年 Kiobel 案中,却认为公司不能依据《法案》被诉,因为公司不承担国际法责任。因此,有学者认为,第二巡回法院在 Kiobel 案中的观点,也推翻了自己先前的判决。)

② See Kiobel, 621 F 3d 111, 143 (2nd Cir, 2010).

最高法院在 Sosa 案裁决书中的脚注 20,[①] 及错误引用该案中国际法规则的界定，并错误主张公司不是国际法主体；多数意见也缺乏相应的学术观点支持。

2. 美国最高法院裁决意见

就 Kiobel 的申诉，最高法院需要作出裁决的问题包括：1）依据《法案》提起的公司民事侵权诉讼，是否属于管辖范围之内；2）公司是否可以作为违反万国法（或习惯国际法）的侵权责任主体；3）对于发生在美国领土之外的违反万国法的行为提起的诉讼，《法案》是否及在何种情形下可以适用。

2013 年 4 月 17 日美国最高法院作出最终裁决。由 Roberts 大法官（Chief Justice Roberts）发布的法庭意见中，重申了其在 Sosa 案件中的意见，即《法案》规定了联邦地区法院受理特定诉求的管辖权，并未明确规定具体诉因。法庭认为，本案的问题不是申诉人的诉求是否是适用于《法案》的一项合理诉求问题，而是所诉求的行为是否发生在外国领土之内的问题。被诉人认为申诉人的诉求不适用于《法案》，主要依据了一项经典的成文法解释原则，即推定排除域外适用的原则（presumption against extraterritorial application）。该原则规定："如果一项法案未明确规定域外适用，那么就没有域外管辖权。"[②] 也说明了一个推定，即"美国法律是国内性的法律，而不是用于管治世界的法律。"[③] 这一推定主要"用于避免美国法律与他国法律之间会导致国际不和的意外冲突"。[④] 接下来，法庭意见书引用判决先例，分别从美国对外政策及《法案》历史角度，围绕《法案》的适用问题展开，尤其是推定排除域外适用的原则是否适用于《法案》。

首先，裁决书中多次引用其在 Sosa 案的意见，说明《法案》是完全管辖性的，并不直接规定行为或提供救济，而是允许联邦法院基于具体明确的

---

① 最高法院在 Sosa 案涉及公司责任问题的脚注 20 中指出，最高法院需要解决的问题是国际法是否把违反某项国际法规则的责任范围延伸适用于被告为公司或个人这样的私法主体。See Sosa v. Alvarez - Machain, 542 US 692, 732 n 20 (2004). 基于这一脚注，法庭多数意见认为，依据纽伦堡所形成的并被每一个国际法庭所重复的法理，对于违反了侵犯人权的万国法或习惯国际法的行为，能够起诉国家或者自然人，但不能起诉公司这样的法人。See Kiobel, 621 F 3d 111, 120 (2nd Cir, 2010).

② Morrison v. National Australia Bank Ltd., 561 U. S. _ _ (2010), slip op., at 6.

③ Microsoft Corp. v. AT&T Corp., 550 U. S. 437, 454 (2007).

④ EEOC v. Arabian American Oil Co., 499 U. S. 244, 248 (1991) (Aramco).

国际法规则，认可特定的诉因。而且所依据的国际法规则必须是“具体的、普遍性的、且义务性的”规范。[①] 同时，在认可诉因的过程中，还需谨防法庭的行为是否侵犯到了美国行政部门处理外交事务的自由裁量权，足够谨慎地考虑美国的外交政策，法庭的任一决定都会对外交政策造成重要影响。因此，认为推定排除域外适用的原则限制法庭行使其在《法案》中的权力。

其次，就申诉人依据《法案》的文本、历史背景及宗旨，提出其诉求适用于《法案》的主张，法庭意见书中也分别予以辩驳。从《法案》的文本看，没有任何内容暗示国会意图认可域外诉因，即便是申诉人提出的“侵权”也不表示第一届国会认可诉因可以涉及发生在外国主权领土之内的行为。因此，《法案》的文本并未明确指出可以域外适用。这一点同样从历史背景的角度也得以证明。《法案》最初通过时所适用的三种行为：（1）违反安全行为；[②]（2）侵犯使节权利行为；（3）海盗行为。[③] 前两个行为均无域外适用的必要。另外发生在《法案》通过前夕的两个历史事件[④]亦可说明《法案》通过的历史背景并不支持域外适用的主张。至于第三种海盗行为，法庭意见认为海盗行为通常发生在公海上，不属于任一国家的主权管辖范围之内，因此，将美国法适用于海盗，也不会构成将美国的主权意识强加在属于另一主权国家领土管辖内的行为。另外，就《法案》通过的目的而言，也无意要把美国成为执行国际规范的一个友好平台，因此，不能推定，第一届国会希望刚刚成立且正待国际认可的共和国扮演这样一个角色。

最后，法庭意见最终裁定不支持《法案》域外适用的主张，并且认定

---

① Sosa v. Alvarez - Machain, 542 U. S. 692, 714, 732 (2004).

② 安全行为赋予一个社会的成员进入另一个社会的权利。

③ 542 U. S., at 723, 724; see W. Blackstone, Commentaries on the Laws of England 68 (1769).

④ 第一个事件是在1784年，一个法国雇佣兵在费城袭击了法国军团秘书。该袭击导致法国全权公使向大陆国会提交正式的抗议书，威胁将离开美国，除非提供相应的救济。参见 Respublica v. De Longschamps, 1 Dall. 111 (O. T. Phila. 1784)。另一个事件是发生在1787年，纽约一名治安官闯入荷兰大使官邸，并逮捕其中一名仆人。经外交秘书请求，纽约市长逮捕了该治安官，但提醒说，由于国会或州立法均无通过任何法案惩治侵犯大使特权的行为，因此，如何提供救济将取决于普通法。参见 3 Dep. Of State, The Diplomatic Correspondence of the United States of America 447 (1837), see also Bradley, The Alien Tort Statute and Article III, 42 Va. J. Int' l L. 587, 641 - 642 (2002).

“本案所有的行为发生在美国之外。如果有关诉求涉及美国领土，那么这些诉求也必须足以移除域外适用的假定。公司经常会出现在许多国家，然而公司仅仅的出现（presence）是不足够的。如果国会推定域外适用，那么需要制定一部较《法案》更加具体的法案。”①

Kennedy 法官（Justice Kennedy）同意法庭观点。他在单独发表的同意意见中指出，法庭非常小心的把有关《法案》的具体适用范围及解释的很多重要问题留待日后解决。他认为法庭这样的处理方式是非常合理的。就海外侵犯人权的行为，国会已经通过《酷刑受害人保护法案》（Torture Victim Protection Act of 1991，简称 TVPA）② 及其他法案加以规定。将来可能会出现严重违反国际法的案件，不仅超出《酷刑受害人保护法案》管辖范围，而且也会是本案法庭的意见及推理所不能涵盖的。对于那些疑问，就需要更进一步阐释推定排除域外适用原则。③

Alito 法官（Justice Alito）发表了同意观点，Thomas 法官（Justice Thomas）也加入其意见。Alito 法官认为法庭意见明显留有很多尚待回答的问题，也或许是法庭明智的处理方式。引用最高法院在 Morrison 案件④中关于推定排除域外适用原则的观点，说明 Kiobel 案适用于推定排除域外适用原则。接着引用最高法院 Sosa 案的观点，即“联邦地区法院不应该将那些与《法案》

---

① Kiobel v. Royal Dutch Petroleum Co. 569 U. S. _ _ （2013）, Opinion of the Court.

② Pub. L. 102－256, H. R. 2092, 106 Stat. 73,《酷刑受害人保护法案》（Torture Victim Protection Act of 1991，简称 TVPA）：针对个人为外国政府工作职务范围内实施的酷刑或者法外处决，依据该法案，可以在美国法院提起民事诉讼。2012 年 4 月 18 日，美国最高法院在 Mohamad 案中，判定该法案中“individual”仅适用于自然人，不适用于组织。See Mohamad, Individual and for Estate of Rahim, Deceased, Et Al. v. Palestinian Authority Et Al. 566 U. S. _ _ （2012）.

③ See Kiobel v. Royal Dutch Petroleum Co. 569 U. S. _ _ （2013）, Kennedy, J. , concurring in judgment.

④ Morrison v. National Australian Bank Ltd. , 561 U. S. _ _ （2010）. 本案向美国最高法院申诉的问题是有关 1934 年美国《证券交易法》的第 10 条 b 款是否规定了一个诉因，允许外国原告就外汇业务证券交易相关的不当行为起诉外国或美国被告。最高法院在 2010 年 1 月 24 日的裁决中，判定该款中操纵或欺诈设备或设计的使用仅仅适用于在美国证券交易所上市的证券买卖以及美国国内其他证券的买卖。而该案被诉的证券均不属美国国内证券交易所的上市的证券，而且证券购买相关行为均发生在美国之外，因此，最高法院确认驳回诉讼。

制定时文明国家间所熟知的国际法规范相比更缺乏明确认同及接受的规范作为法律依据，把违反这些规范的行为，认可为联邦普通法下的私法诉求。”① 进而得出，《法案》推定的诉因适用于推定排除域外适用原则，因此，禁止域外适用，除非被诉国内行为所违反的国际法规则，达到了 Sosa 案件中要求的为文明国家间明确认同及接受的要求。②

Breyer 法官（Justice Breyer）亦发表观点，同意法庭结论，但不同意法庭的推理。Ginsburg 法官（Justice Ginsburg），Sotomayor 法官（Justice Sotomayor），以及 Kagan 法官（Justice Kagan）加入其意见。Breyer 法官的推理依据不是围绕推定排除域外适用原则，而是美国对外关系法的原则及实践，其认为《法案》适用管辖的情况包括：（1）被诉侵权行为发生在美国领土上；（2）被告是美国国民；（3）被告行为对美国重要的国家利益造成了实质性的不利影响，这种国家利益包括一项独特的利益，即避免美国沦为酷刑及其他为人类公敌罪行的安全港，逃避民事或刑事责任。③ 据此，Breyer 法官认为本案双方当事人及其相关行为均缺乏行使《法案》管辖权所需要的与美国的足够连接。在其推理过程，Breyer 法官同样引用了最高法院在 Sosa 案件中国际法规则的适用要求，着重讨论海盗问题，认为海盗行为可以属船旗国管辖，④ 而不赞成法庭意见中提到的海盗只发生在公海上，不属于任何一国主权领土管辖范围内的观点，提出《法案》的管辖权适用于与海盗一样为人类公敌的其他国际罪行。但同时，也指出了其他原则的适用，例如国际礼让、用尽当地救济原则及不方便法院地原则等，而且还要谨慎考虑行政部门的意见。⑤

---

① See Sosa V. Alvarez - Machain, 542 U. S. 692 (2004), at 732.

② See Kiobel v. Royal Dutch Petroleum Co. 569 U. S. _ _ (2013), Alito, J., concurring in judgment.

③ See Sosa V. Alvarez - Machain, 542 U. S. 692, 732 (2004); see also 1 Restatement (Third) of Foreign Relations Law of the United States 402, 403, 404 (1986).

④ See McCulloch v. Sociedad Nacional de Marineros de Honduras, 372 U. S. 10, 20 - 21 (1963); United States v. Palmer, 3 Wheat. 610, 632 (1818); United States v. Furlong, 5 Wheat. 184, 197 (1820).

⑤ See Kiobel v. Royal Dutch Petroleum Co. 569 U. S. _ _ (2013), Breyer, J., concurring in judgment.

评析

一、《外国侵权法案》与公司国际法侵权责任概述

(一)《外国侵权法案》概述

1789年的《司法法》(Judiciary Act of 1789) 是美国独立之后，第一届国会行使宪法第三条赋予的宪法权力建立一套国家的司法体制的成果之一。《外国侵权法案》源于1789年的《司法法》的第9条，经过数次修改后，现编撰在《美国法典》（United States Code，U. S. C.）的第1350条。该法案规定：“联邦地区法院，对于外国人基于违反万国法或美国缔结的国际条约而提起的侵权诉讼，享有初审管辖权。”① 该法案为违反国际法的侵犯人权的外国受害者提供了民事救济。然而，由于缺乏足够的资料可以用来解释第一届国会当时的立法意图，因此，关于法案的原始意义争论不断。②而且，就《法案》的解释，美国的历届政府态度不一。卡特和克林顿政府支持联邦法院对发生在外国的侵权诉讼享有管辖权，但是里根和布什政府则建议缩小《法案》的适用范围，小布什政府代表美国被告，以反对态度介入的频率远远高于其历届政府。③

《法案》在1789年通过，沉寂了近两百年，直到1980年被Filartiga案重

---

① 28 U. S. C. §1350. “The district courts shall have original jurisdiction of any civil action by an alien for a tort only, committed in violation of the law of nations or a treaty of the United States.”

② 立法者并没有提供关于万国法的定义。参见 Keith A. Petty, Who Watches the Watchman? ‘Vigilant Doorkeeping’: the Alien Tort Statute, & Possible Reform, 31, Loy. L. A. Int’l & Comp. L. Rev., 2009, p7 - 8.

③ See Elsea, Jennifer K., “The Alien Tort Statute: Legislative History and Executive Branch Views”, American Congress Research Service, October 2, 2003. 文章PDF版本网络链接：http://www.policyarchive.org/handle/10207/bitstreams/1864.pdf, last visited on August 2nd 2012.

新启动后，从Kadic案①和Unical案②到Sosa案，再到本文探讨的Kiobel案，被诉主体完成了从公法主体到私法主体，从自然人主体到法人主体的演变，《法案》实践得到了迅猛的发展，而这种发展，在某种程度也是伴随着世界范围内的人权运动的发展。因此，也可以说《法案》进入了现代意义上的人权诉求时代。然而，在过去三十多年的诉讼实践当中，只有非常少量案件，法院作出了支持原告诉求的判决，但也无法执行。尽管成功的诉讼非常少，但却引起了世界范围内政府部门、学界，律师、人权活动人士及商界的关注，③ 最高法院在过去的十年间即已作出了三个有关《法案》的裁决，并引发了来自世界各地的法庭之友意见。美国行政部门也向联邦系统内各个级别

---

① Kadic v. Karadzic, 70 F. 3d 232, 239 (2d Cir. 1995). 案例简介：原告是前南斯拉夫，即现在的波斯尼亚和黑塞哥维那的公民。原告作为受害人代表，对波斯尼亚内战期间，波斯尼亚塞族军队实施的暴行，对被告Karadzic提起侵权诉讼。被告同样也是前南斯拉夫，即现在的波斯维亚和黑塞哥维那的公民。内战期间，被告是自我宣称的波斯尼亚塞族共和国的总统，事实上实际控制着当时波斯尼亚和黑塞哥维那的大部分领土。作为总统，Karadzic是波斯尼亚塞族军队的最高统帅。原告所主张的损害是Karadzic领导并有波斯尼亚塞族军队实施的大规模系统性的侵犯人权的暴行导致的。纽约南区地区法院作为初审法院，以不具有管辖权为由驳回诉讼。第二巡回法院认为，对于某些违反万国法的行为，私人主体能够承担国际法责任，无论其行为属于国家授权职务行为，或者个人行为。这些行为包括，种族罪、战争罪，酷刑。法庭认为，国家主体或个人主体均不能违反国际法中的强行法规则。因此，判定对案件具有管辖权，被告Karadzic对其私人身份所犯下的种族罪、战争罪和危害人类罪及其他官方职务不法行为承担责任。Kadic案标志着《法案》的适用范围已经不再仅仅限于具有国家行为性质色彩的职务侵权行为，个人作为私人主体同样可以承担责任。

② Doe v. Unocal Corp., 110 F. Supp. 2d 1294 (C. D. Cal. 2000). 案例简介：美国公司Unocal在缅甸与当地子公司合作建设一条天然气管道项目。该项目不受当地民众的欢迎，因此需要安保措施。Unocal公司雇佣缅甸军队为其提供安保服务，即便明知后者之前强迫劳工的事例。缅甸军队协助项目清理和建设管道沿线的道路。向法庭出示的证据表明，Unocal公司在获知缅甸军队的暴行的情况下，仍然继续接受其为项目提供安保服务。原告为项目周边的村民，声称缅甸军队实施了强奸、谋杀、酷刑，强迫迁移及强迫劳工。Unocal案是《法案》历史上另一标志性的判例。其意义就在于在该案中跨国公司作为私人主体承担了责任。

③ 根据Westlaw "Journals and Law Reviews" 数据库的检索，自1980年以来，4000多篇文章引用了《法案》。转引自Beth Stephen, "the Curious History of the Alien Tort Statute", Notre Dame Law Review, Vol. 89: 4, p. 1468.

的法院提交了案件的观点及政府利益声明。商界领导认为《法案》的诉讼会影响到国际经济，然而人权人士却对《法案》拍手称快，认为提供了一个非常重要的追究人权责任的机制。①

（二）公司国际法侵权责任案例概述

仅就针对公司的诉讼，自1997年第一个公司作为被告的诉讼 Unicol 案②以来，提起了包括中国企业在内的大概150个追究海外直接侵权责任的诉讼，③ 其中涉及金融机构④、食品饮料生产企业⑤、采矿企业⑥、私人保安公司⑦、汽车机械生产商⑧以及医疗公司⑨。在几乎所有针对公司的诉讼中，均会被提出的一个法律问题即为公司是否可以成为《法案》的被诉主体。而就这一问题，各个巡回法院法庭意见显示出了不同的立场。2010年9月，第二巡回法院就 Kiobel 案做出公司不能被诉的裁决的前几天，加州地区法院成为了第一个以习惯国际法不适用于公司为由而驳回《法案》诉讼的法院。⑩然

---

① Beth Stephen, "the Curious History of the Alien Tort Statute", Notre Dame Law Review, Vol. 89: 4, p. 1468.

② 395 F 3d 932 (9th Cir. 2002).

③ See Liesbeth Enneking, "The Future of Foreign Direct Liability? Exploring the International Relevance f the Dutch Shell Nigeria Case", Utrecht Law Review, Vol. 10, Issue 1 (January) 2014, p. 44 - 54.

④ Khulumani, 504 F 3d 254 (2nd Cir, 2007).

⑤ Doe v Nestle, 748 F Supp 2d 1057 (CD Cal, 2010) ('Nestle'); Sinaltrainal v Coca - Cola, 578 F 3d 1252 (11th Cir, 2009).

⑥ Talisman, 582 F 3d 244 (2nd Cir, 2009); Unocal, 395 F 3d 932 (9th Cir, 2002); Wiwa, 226 F 3d 88 (2nd Cir, 2000); Bowoto v Chevron 621 F 3d 1116 (9th Cir, 2010); Romero v Drummond, 552 F 3d 1303 (11th Cir, 2008) ('Romero').

⑦ XE Services, 665 F Supp 2nd 569 (ED Va, 2009).

⑧ Daimler Chrysler, Ford Motor Company and General Motors in Apartheid Litigation, 617 F Supp 2d 228 (SD NY, 2009); Corrie v Caterpillar, 503 F 3d 974 (9th Cir, 2007).

⑨ Pfizer, 562 F 3d 163 (2nd Cir, 2009).

⑩ Doe v. Nestle, S. A., No. 05 - 5133 SVW, 2010 U. S. Dist. LEXIS 98991, at * 192 (C. D. Cal. Sept. 8, 2010).

而，美国第七巡回法院①、第九巡回法院②以及华盛顿特区巡回法院③随后却在各自的判决中认定了公司能够基于《法案》承担侵权责任。

Kiobel案在世界范围内所受到的关注度是前所未有的，不仅仅是因为其牵涉法律、政治及经济等多方面问题，更是因为最高法院将就多年来几个有关《法案》悬而未决的问题作出裁决。如上文裁判要旨中所述，第二巡回法院在其裁决中作出的否定公司可以承担违反习惯国际法的责任，否定公司可以成为《法案》的被诉主体的意见，广受争议，因而原告向最高法院申诉，然而，最高法院在最终的裁决中，却回避了这一个问题，着重回答了《法案》的域外适用的问题，一方面严格限制了《法案》的域外适用，另一方面并没有排除《法案》对公司被告的适用，只是其需要与美国建立足够的管辖连接。至于何种程度的连接，最高法院没有具体明确，留待下级法院自由裁量。

关于《法案》的法律适用问题，直接涉及依据何种法律决定公司的侵权责任问题。美国最高法院早在两个世纪前即已确认“美国国内法认可万国法”。④ 联邦法院在发展和认可《法案》新的诉因时，可以依赖国际法的原则和标准，不仅仅是因为这些原则和标准是国际法的一部分，也构成联邦普通法的一部分。⑤ 至今，直接适用于《法案》的法律是联邦普通法还是国际法的问题，美国各个法院的观点不一致，在学界也饱受争议。在Kiobel案中，诉讼双方、来自各界的法庭之友意见，美国政府的观点，都在围绕着公司是否承担违反国际法的责任问题进行辩论，⑥ 甚至在2012年2月份在最高院举行的口头辩论过程中，诉讼双方均引用法庭之友意见及学界观点用以支

---

① Flomo v. Firestone Natural Rubber Co., 643 F. 3d 1013 (7th Cir. 2011).

② Sarei v. Rio Tinto, PLC, Nos. 02 - 56256, 02 - 565390, 09 - 56381, 2011 WL 5041927 (9th Cir. Oct. 25 2011).

③ Doe v. Exxon Mobil Corp., 654 F. 3d 11 (D. C. Cir. 2011).

④ The Paquete Habana, 175 US 677, 700 (1900), and The Nereide 9 Cranch 388, 423 (1815).

⑤ See Odette Murray, David Kinley and Chip Pitts, “Exaggerated Rumours of the Death of an Alien Tort: Corporations, Human Rights and Peculiar Case of Koibel”, Melbournel Journal of International Law, Vol. 12, 2011, p. 16.

⑥ Kiobel案件的相关资料，包括判决、各界法庭之友意见等，可以通过本网站获取：http://cja.org/article.php?list=type&type=509。

持自己的主张。[①] 第二巡回法院在其判决中援引的纽伦堡审判案例、国际刑事法庭规约、国际刑事法院《罗马规约》的外交谈判历史以及国际条约及法律文件的相关规定，分别受到了各界的质疑及辩驳。下文将就这一问题进行分析。

二、公司国际法侵权责任的辩论[②]

（一）国际法律文件[③]

Kiobel 案是针对公司的国际法侵权责任，属于民事案件。然而，在依据《法案》提起的公司侵权诉讼中，涉及的几乎都是严重违反国际法的国际罪行。对于公司的国际法责任问题，国际社会也是从惩治公司法人犯罪开始。最早在 20 世纪初，国际社会已开始关注法人犯罪的问题，一些国际组织开始探讨法人犯罪的刑事责任问题，如国际刑法协会和联合国预防犯罪与刑事司法会议等。1973 年，联合国通过的《禁止并惩治种族隔离罪行公约》（International Convention on the Suppression and Punishment of the Crimes of Apartheid），把种族隔离宣布为违反国际法原则的国际犯罪，要求世界各国采取有效措施禁止并惩治该罪行。该公约明确使用了“犯有种族隔离罪行的组织、机构”的用语，这就说明，一定的组织、机构可以成为种族隔离罪行的主体。[④] 1989 年的《控制危险废物跨境转移及其处置的巴塞尔公约》（Basel Convention on the Control of Transboundary Movements of Hazardous Wastes and their Disposal）[⑤] 公约的第 2 条第 9 款和 21 款规定，未经相应授权跨境转移

---

① Kiobel 案件在美国最高法院的口头辩论录音及法庭记录可以通过本网站获取：http：//www.oyez.org/cases/2010－2019/2011/2011_ 10_ 1491。

② 国际公约及法律文件的用语多用“法人”，其已涵盖公司，下文中的“法人责任”用语与本文中的公司责任将不作区分，除非另有说明。

③ 关于 2006 年之前的法人国际犯罪的国际法律文件情况，范红旗在其博士论文的第二章，以时间为序，从思想萌芽到制度确立、从发展到完善的过程，对控制法人犯罪的国际法律文件作了非常详实的梳理分析，并试图对法人犯罪的国际法律规范进行理论上的提升。具体参见范红旗：《法人犯罪的国际法律控制》，中国人民大学博士学位论文，2006 年；另参见张颖军：《国际法上的法人责任》，载邵沙平主编：《国际法专题研究》，中国人民大学出版社 2009 年版，第 148～164 页。

④ 1015 U.N.T.S. 243, Nov. 3, 1973 art I (2).

⑤ 1673 U.N.T.S. 57, Mar. 22, 1989.

危险废物的行为非法，第4条的第3款，把该行为界定为犯罪行为。第2条第17款，将“承运人”界定为“从事危险废物或其他废物运输的任何人”，并且“任何人”类似用语同样也适用于进口者、生产者和处置者。公约将“人”界定为“任何自然人或法人”。①也就说，根据该公约，自然人和法人都可以成为该公约罪行的犯罪主体和刑事责任主体。

随后在20世纪90年代及进入21世纪之后，随着经济全球化的发展，环境犯罪，毒品犯罪、洗钱犯罪、贿赂犯罪等跨国犯罪现象日趋严重，国际社会开始在全球性和区域性框架内展开刑事司法合作，纷纷出台各种国际法律文件，对法人犯罪现象的关注和规制，成为打击国际犯罪和跨国犯罪的重要组成部分。其中，联合国、美洲国家组织、欧洲理事会和经济与合作发展组织等国际组织在这一时期发挥了关键的作用，做出了卓有成效的努力。例如欧洲理事会《关于保护儿童免受性剥削及性虐待的公约》（Council of Europe Convention on the Protection of Children against Sexual Exploitation and Sexual Abuse）②。该公约于2007年10月25日开放签署，并于2010年7月1日生效。公约第26条规定，缔约国应该采取必要的立法及其他措施，以确保法人对其员工违反该公约的行为承担责任，不管是以单独地或以法人部门集体地实施该行为。关于法人的责任形式，公约规定以缔约国的国内法律原则为准，可以是刑事责任、民事责任或者行政责任，并且公司的责任形式不妨碍对自

① Andrew Clapham, “The Question of Jurisdiction Under International Criminal Law Over Legal Persons” in Menno T. Kamminga and Saman Zia – Zarifi Eds. Liability of Multinational Corporations under International Law, Kluwen Law International: The Hague, London, Boston, 2000, p. 173.

② 参见 http://conventions.coe.int/Treaty/Commun/QueVoulezVous.asp? NT = 201&CL = ENG，于2011年10月12日登陆。

然人刑事责任的追究。[①]因此，基于以上国际公约及法律文件，Kiobel 案多数法官认为法人承担国际犯罪责任没有国际法依据的意见是不成立的。

（二）纽伦堡审判中法人责任的承担

Kioble 案多数法官意见引用了二战纽伦堡审判中最经典的支持个人刑事责任的判决段落，用以主张纽伦堡审判只确定了自然人可以承担违反国际法的国际犯罪的责任，而排除了法人的责任主体地位。然而，二战时在纽伦堡的美国军事审判法庭（The US Military Tribunal in Nuremberg）的 I. G. Farben 案为例足以说明这一观点与史实不符。

同盟国管制委员会（The Allies Control Council）是二战期间治理被占领德国领土的国际机构。《伦敦宪章》（The Charter of the International Military Tribunal）是同盟国管制委员会签订的协定，制定了用于在国际军事法庭指控主要战争罪犯的危害和平罪、战争罪、危害人类罪及预谋罪的法律依据。[②]管制委员会随后通过的《第 10 号管制委员会法案》,[③] 允许同盟国根据《伦

① 其他规定了公司法人责任的国际公约如：1991 年 1 月 30 日，非洲统一组织的《禁止进口危险废物和控制其在非洲越境转移的巴马科公约》；1995 年 7 月 26 日，欧洲联盟签署的《关于保护欧洲共同体金融权益的公约》；1996 年欧洲理事会部长委员会通过的《关于以刑法保护环境的公约》；1996 年 3 月 29 日，美洲国家组织批准的《美洲间反腐败公约》；1997 年 12 月 17 日，经济合作与发展组织 29 个成员国和 5 个非成员国签署的《禁止在国际商业交易中贿赂外国公职人员的公约》；1999 年欧洲理事会的《反腐败刑法公约》；1999 年的《制止向恐怖主义提供资助的国际公约》；2000 年的《联合国打击跨国有组织犯罪公约》；2003 年 10 月 31 日，联合国大会 58/4 号决议通过了经特设委员会核准的《联合国反腐败公约》；2005 欧洲理事会的《关于防止恐怖主义的公约》等等。

② Brief for Nuremberg Scholars as Amici Curiae Supporting Plaintiffs - Appellants - Cross Appellees' Petition for Rehearing and Rehearing En Banc at 3 - 5, Kiobel, 2010 U. S. App. LEXIS 19382 (2d Cir. Sept. 17, 2010) (No. 06 - 4800).

③ Control Council Law No. 10, Punishment of Persons Guilty of War Crimes (Dec. 20, 1945), in I ENACTMENTS AND APPROVED PAPERS OF THE CONTROL COUNCIL AND COORDINATING COMMITTEE 306, available at http://www.loc.gov/rr/frd/Military_Law/Enactments/01LAW09.pdf.

敦宪章》中的国际法在占领区进行审判。①基于该法案，成立的纽伦堡军事法庭，也是审判了包括经营 I. G. Farben 在内的众多企业家的法庭。而根据该委员会制定的《第9号管制委员会法案》，I. G. Farben 作为德国纳粹的最大企业支持者，最终受到了类似刑法死刑的清算解散的制裁。②然而，尽管法庭指出“I. G. Farben 作为公司被告不能出庭，并不能作为本法庭程序刑罚的对象”，但是法庭却事实上认定 Farben 作为法律实体违反了战争法：“私人（包括法人）在军事占领区，违背原所有人的意愿，未经其同意，而获取私人财产。这种未被任何可适用的《海牙法规》明示为合法的剥削军事占领区的行为是违反国际法的。在这种情况下，支付相应的财产价格或其他足够的对价，都不能改变其行为的非法性。”同样，如果私人和法人成为当事方，参与计划和执行一项预先设计好的法案，以永久获取财产所有权为目的而非法没收公私财产，那么这种对没收财产的获取行为就构成了违反《海牙法规》的行为。③

另外，值得注意的是，规定了对公司进行清算解散决定的《第9号管制委员会法案》的制定时间要早于规定了起诉公司领导个人刑事责任的《第10号管制委员会法案》。④也就说管制委员会先决定对参与了德国纳粹暴行的公司予以制裁，然后决定对参与公司的领导及雇员追究其个人刑事责任。基于以上史实，一方面，法庭宣告 I. G. Farben 非法获取私人财产的行为违反战争法行为；另一方面，又对 I. G. Farben 实施了清算解散的制裁。那么可以说，I. G. Farben 已经为其违反国际法的行为承担了相应的责任，因此，Kiobel 案

---

① Brief for Nuremberg Scholars as Amici Curiae Supporting Plaintiffs – Appellants – Cross Appellees' Petition for Rehearing and Rehearing En Banc at 3 – 5, Kiobel, 2010 U. S. App. LEXIS 19382 (2d Cir. Sept. 17, 2010) (No. 06 – 4800).

② Control Council Law No. 9 pmbl., Seizure of Property Owned by I. G. Farben industrie and the Control Thereof (Nov. 30, 1945), in I ENACTMENTS AND APPROVED PAPERS OF THE CONTROL COUNCIL AND COORDINATING COMMITTEE225, available at http://www.loc.gov/rr/frd/Military_ Law/Enactments/01LAW06.pdf.

③ Trials of War Criminals before the Nuremberg Military Tribunals, Vol. VIII, at p. 1153, and p. 1132 – 1133.

④ Control Council Law No. 9 was passed on November 30, 1945; Control Council law No. 10 (December 20, 1945). See also Tyler Giannini and Susan Farbstein, Corporate Accountability in Conflict Zones: How Kiobel Undermines the Nuremerg Legacy and Modern Human Rights, Harvard International Law Journal Online/Vol. 52 2010, p. 129.

多数法官意见通过引用纽伦堡审判来证明公司不能承担国际法责任的主张是偏离事实的。

（三）1998年罗马外交会议关于法人提案的争论

二战之后成立的各种国际（特别）刑事法庭只追究个人刑事责任的事实，也是Kiobel案多数法官意见用以支持其主张的依据之一。而且，特别指出了在1998年成立国际刑事法院的罗马外交会议上，法国提出的将法人列入法院管辖的提案受到强烈反对，最终把法人排除在法院管辖之外，因而得出了法人不承担国际法责任的结论。然而，根据罗马会议谈判的历史资料，法院结论的依据也是曲解了历史。

事实上，最初向罗马外交会议提交的规约草案，国际刑事法院的管辖权不仅包括自然人，也包括法人。①然而，《罗马规约》的最终管辖权条款却没有涉及法人，只对自然人具有管辖权。在罗马外交会议上委员会的第一次会议上，提出的第一个问题就是关于法人的建议条款是否应当保留；如果保留的话，其范围内容是否应当加以修改。法国代表发言并解释法国提议将法人纳入国际刑事法院管辖的理由。委员会成员国家对法国的提案反应大相径庭。约旦、突尼斯、坦桑尼亚、阿尔及利亚和韩国对法国提案表示了兴趣；包括中国在内的十几个国家对提案的实用性及可行性持怀疑态度②；而乌克兰、古巴、日本、肯尼亚和新加坡对提案的可操作性表示怀疑，但认为可以继续完善，尽力形成一份可行性文本。需要指出的是，尽管罗马外交谈判反应出了各国对公司责任的不同国内法规定，但没有任何国家挑战法人是受国际刑法约束的。③

谈判代表认识到国家间公司刑事责任的差异性将会阻碍《罗马规约》中的补充性管辖原则（complementary principle）的有效运转。这种管辖的设立将不能真正适用于那些国内刑法还未惩处公司的国家。国家法律体制与国际

---

① UN Doc. A/CONF. 183/2/Add. 1, p. 49.

② 这些国家包括：澳大利亚、中国、阿根廷、瑞典、黎巴嫩、墨西哥、泰国、委内瑞拉、丹麦、叙利亚、希腊、葡萄牙、埃及、波兰、斯洛文尼亚、萨尔瓦多及也门。

③ Andrew Clapham, "The Question of Jurisdiction Under International Criminal Law Over Legal Persons" in Menno T. Kamminga and Saman Zia - Zarifi Eds. Liability of Multinational Corporations under International Law, Kluwen Law International: The Hague, London, Boston, 2000, p. 147.

刑事法院之间的差异性，再加上对法人制裁措施的多样性，使得问题太过复杂而不能在1998年7月17日会议结束之前达成最后一致文本。①正如工作组主席Per Saland在该主题的总结发言中所讲，“关于法人的刑事责任，所有的代表已经认识到公司刑事责任提案的重要价值，但是一些代表也觉得引入这提案的时机或许还不成熟，因此，删除了那些段落。”② Per Saland在其随后的作品中进一步解释，“一个伴随我们至会议最后时刻的议题就是是否把法人的刑事责任连同自然人的刑事责任一并纳入法院的管辖范围。这一议题在与会代表间存在很大分歧……赞同纳入的意见逐渐扩大成一个较大群体，大概达到了相对大多数国家数目……时间在耗尽，法人刑事责任纳入管辖的提案，在刑罚及程序事宜部分的讨论也将会得到回应，而且这些问题也不得不予以解决。最终，与会代表认识到这一议题不能在罗马会议上达成一致。”③

综上所述，在罗马会议上，以法国为代表提出的把法人纳入法院管辖的议题未能最终通过的主要原因，一方面是各国内法对法人刑事责任规定的差异性会使得《罗马规约》中的核心原则补充性管辖难以有效实施；④ 另一方面是由于法人刑事责任议题的复杂性，以及有限的会议时间的客观现实，使得相关议题最终未能解决通过。而这种政治性谈判达成的妥协性会议成果，与法人刑事责任本身的实体性法律问题是没有关系的。所以，也不能仅以罗马外交会议上法人责任的提案未能通过，《罗马规约》最终把法人排除在管辖之外的谈判结果，因而得出公司法人对于《罗马规约》中的核心国际犯罪不能承担责任的结论。正如上文所提及的，罗马外交谈判过程中，与会代表没有就法人是受国际刑法约束的实体性法律问题讨论，也没有质疑和挑战这

---

① William Schabas, An Introduction to the International Criminal Court, Cambridge University Press: New York, 2007, p. 224 - 225.

② United Nations Diplomatic Conference of Plenipotentiarieson the Establishment of an International Criminal Court, Rome, 1998, United Nations Diplomatic Conference of Plenipotentiaries on the Establishment of an International Criminal Court VolumeII: Summary Records ofthe Plenary Meetings and of the Meetings of the Committee of the Whole, p. 275

③ Per Saland, International Criminal Law Principles, in THE INTERNATIONAL CRIMINAL COURT: THE MAKING OF THE ROME STATUTE, Kluwer Law International: Boston, 1999.

④ 补充性管辖原则是罗马外交谈判会议上，与会代表达成的最大政治妥协，被认为是促成罗马规约得以通过的基石性原则。

一问题。因此，Kiobel 案第二巡回法院多数法官意见对于罗马外交会议上的法人责任谈判及《罗马规约》把法人排除在管辖之外的问题是存在误解的，得出的结论也相应地缺乏依据。

三、公司国际法侵权责任的进路

美国第二巡回法院，在 1980 年 Filartiga 案中针对自然人被告的诉讼中历史性开启沉寂了近二百年的《法案》大门的法院，三十年后，在 Kiobel 案中针对被告为公司法人主体的诉讼，却又冷漠地关闭了《法案》的大门。美国最高法院在 2013 年 4 月 17 日的最终裁决中，就《法案》的域外适用的严格限制性解释，让追究海外公司的国际法侵权责任的救济途径严重受阻。就 Kiobel 案，美国奥巴马政府从最初支持受害人，主张公司不能免于侵犯人权的国际法责任，到改变立场，转而支持被诉方，主张不支持《法案》的域外适用,①也说明了其对外关系上的政治敏感性。Kiobel 案之前，世界范围内针对公司国际法侵权责任案件，纷纷涌向了美国法院，《法案》成为很多在本国诉求无果的外国受害人的救命稻草，然而，Kiobel 案之后，2013 年 8 月，第二巡回法院驳回了针对戴姆勒、福特及 IBM 公司参与南非种族隔离政权侵犯人权的诉讼。② 2013 年 7 月，华盛顿特区巡回法院撤销了其先前作出的一项支持印度尼西亚村民针对埃克森美孚公司参与印度尼西亚安全部队侵犯人权的诉讼主张的判决，并将案件发回重审，以决定依据美国最高法院在 Kiobel 案中的意见是否应该驳回原告的诉讼请求。③有人认为后 Kiobel 时代意味着“普遍民事管辖”（Universal Civil Jurisdiction）④ 的终结，也意味着公司国际法侵权责任的进路灰暗渺茫。下文将从国内和国际层面分别对未来公司

---

① 参见：http：//www. earthrights. org/blog/us - government - sides - shell - over - victims - crimes - against - humanity，登陆于 2013 年 12 月 5 日。

② Sakwe Balintulo et al. v. Daimler AG, Ford Motor Company, and International Business Machines Corporation, 09 - 2778 - cv（L）, NYLJ 12026116551432, at 1（2nd Cir. August 21, 2013）.

③ Doe v. Exxon Mobil Corp., 09 - 7125, 2013 WL 3970103（D. C. Cir. July 26, 2013）.

④ 普遍民事管辖是传统上刑事领域的普遍管辖应用于民事领域的一个概念，其为可行使普遍刑事管辖权的严重国际罪行的受害者提供民事上的救济。可参见魏晓红：《论普遍民事管辖：以美国〈外国侵权法案〉为视角》，载《判解研究》（总第 64 辑），人民法院出版社 2013 年版，第 84 ~ 101 页。

国际法侵权责任的进路简要分析，更进而反思后 Kiobel 时代的公司国际法责任问题。

（一）国内层面

1. 美国国内法院

美国最高院在 Kiobel 案中的裁决不会终结所有针对公司国际法侵权责任的诉讼，而且仍然可以在联邦法院及州法院继续。

在联邦法院，不仅美国的本土公司可以被诉，而且外国公司也有被诉的可能。根据美国法，美国联邦法院的对事管辖权非常有限，必须具有特定的法定授权，例如通过本文的《法案》授权获得管辖权，或者基于异籍管辖原则（Diversity Jurisdiction）①或者附带管辖原则（Supplemental Jurisdiction）②获权受理案件。因此，依据《法案》，一方面，原告可以直接起诉美国公司；另一方面，原告也可以针对公司领导个人提起诉讼，联邦法院则可以针对与侵权诉求相关的公司，基于附带管辖原则主张管辖权。③

在州法院，也可以依据《法案》或州法律提起针对公司的侵权诉求。美国州法院拥有一般管辖权，没有严格的对事管辖权。只要州法院对被告具有属人管辖权，该法院就对发生在外国的侵犯人权诉求享有管辖权。例如对于伤害源于外国的“追身侵权”（transitory torts），联邦法院和州法院均有管辖权。④事实上，自 Filartiga 案以来，《法案》的案件也在州法院进行着平行诉讼。例如，在 Unocal 公司案中，原告在联邦地区法院依据《法案》的诉求被驳回后，在州法院重新提起了诉讼。虽然该案在联邦地区法院就《法案》诉求的驳回诉讼的上诉还未裁决，原告在州法院完成了审前的证据开示，准

---

① 参见 U. S. CONST art III § 2. 异籍管辖权（Diversity Jurisdiction）案件的诉讼当事方分属不同州的美国公民或者外国公民，其中也包括公司法人当事人。

② 参见 28 U. S. C. § 1367（2006）. 附带管辖权（Supplemental Jurisdiction）指联邦法院对与联邦案件相关的但原本非属联邦管辖的诉求，可以主张管辖权。

③ See Paul Hoffman and Beth Stephens, “International Human Rights Cases Under State Law and in State Courts”, UC Irvine Law Review, Vol. 3: 9, 2013. P. 5.

④ See Burnham v. Superior Court, 495 U. S. 604, 611（1990）; Livingston v. Jefferson, 15 F. Cas. 660, 664（C. C. D. Va. 1811）（No. 8411），转引自 Paul Hoffman and Beth Stephens, “International Human Rights Cases Under State Law and in State Courts”, UC Irvine Law Review, Vol. 3: 9, 2013. P. 3.

备开庭审判。[①] 然而，就在州法院预计开庭和第九巡回法院即将举行全体法官听审的口头辩论之际，双方当事人和解结案。[②] Unicol 案的原告可以将其依据《法案》提起的全部诉求作为州普通法的侵权诉求在州法院提起。这一逻辑同样适用于每一个《法案》案件。而且，在州法院提起诉讼，虽然在程序法和实体法上也是利弊兼有，Kiobel 案中的公司是否可以被诉的问题，在州法院将不会是一个问题，因为还没有州不追究公司的责任，[③] 因此，州法院也是为公司国际法侵权责任另辟了一条进路。

2. 美国之外国内法院[④]

2013 年 1 月，荷兰海牙地区法院就皇家荷兰壳牌公司（Royal Dutch Shell，RDS）及其尼日利亚子公司 SPDC 的环境侵权案作出最终判决。该案是美国 Kiobel 案之外有关公司国际法侵权责任的另一具有历史性意义的案例，不仅因为该案被告也是 Kiobel 案被告，而且更因为该案是在荷兰国内法院提起的第一个针对外国直接责任诉求的案件，并且是西方法院判决跨国公司承担其在非西方社会造成的环境损害侵权责任的第一个案件。[⑤] 原告为四个尼日利亚人及荷兰非政府组织 Milierdefensie，起因是 SPDC 公司在尼日利亚尼日尔三角洲运营的管道发生的四起泄油事件，对邻近的农民赖以生存的

---

① 法院就法律适用问题举行了听证，裁定应适用加州法律。尽管法庭拒绝支持原告揭开被告母公司的面纱，要求母公司承担责任的主张，但却支持了原告基于母公司应对其附属公司行为负责任的理论要求审判继续的主张。See Doe v. Unocal Corp., Nos. BC 237980, BC 237679, 2002 WL 33944506 at 10 – 14 (Cal. Super. Ct. June 11, 2002).

② See Unocal Settles Rights Suit in Myanmar, N. Y. TIMES, Dec. 14, 2004, at C6.

③ See Paul Hoffman and Beth Stephens, “International Human Rights Cases Under State Law and in State Courts”, UC Irvine Law Review, Vol. 3: 9, 2013. P. 8 – 9.

④ See Liesbeth Enneking, “The Future of Foreign Direct Liability? Exploring the International Relevance f the Dutch Shell Nigeria Case”, Utrecht Law Review, Vol. 10, Issue 1 (January) 2014, p. 44 – 54.

⑤ See Cees van Dam, Shell’ s Victory and Embarrassment in the Dutch Court, at http://www.huffingtonpost.co.uk/cees-van-dam/shells-victory-and-embarrassment_b_2764258.html, 登陆于 2013 年 12 月 25 日。

土地及鱼池造成了损害。① 原告针对SPDC公司的主要控诉是，未能行使谨慎义务预防泄油发生；未能采取适当措施预防泄油及减轻后果；未能事后适当地清理受污染地带。针对其荷兰母公司的主要控诉是，未能行使谨慎业务，运用其集团环境政策，以确保尼日利亚子公司在当地石油开采活动过程中对周围居民及环境行使适当的注意义务。基于这些指控，原告要求宣告性判决，认定被告公司对他们实施了违法行为，并对造成的损害负共同连带责任；同时还要求法院命令被告对泄油的油管进行维修，并完成受污染的土地及鱼池的环境卫生清理，起草应急计划，足以应对未来的再次泄油事件。②

2009年12月，海牙地区法院裁定，就针对总部位于海牙的皇家荷兰壳牌公司及其子公司SPDC的诉求，法院拥有管辖权。③ 对于SPDC的管辖权，海牙法院是基于共同被告管辖原则，即法院对共同被告之一享有管辖权，出于效率考虑，可以将相关联的诉因合并，对相关被告行使管辖权。2011年9月，法院裁定该案的适用法为尼日利亚侵权法。2013年1月，基于所提供的证据，法院最终判决认为，石油泄漏事件是由第三方破坏活动造成的，而不是原告所主张的由于管道维护不当的原因导致。依据尼日利亚法律，石油管道的经营者，原则上不对有外部破坏活动导致的泄油损害承担责任，因此，驳回了大部分针对SPDC的诉求，但针对2006年和2007年的源于废弃井口的两次泄油，法院指令SPDC承担赔偿损失，其理由是SPDC未能采取足够预防措施，遗弃井口并未能关紧，违反了谨慎义务；④ 另外，基于尼日利亚侵权法，母公司没有法律义务预防其附属公司对第三方造成损害，除非在特

① The Hague District Court, 30 January 2013, ECLI: NL: RBDHA: 2013: BY9845 (re oil spill near Goi), ECLI: NL: RBDHA: 2013: BY9850 (re oil spill near Oruma), ECLI: NL: RBDHA: 2013: BY9854 (re oil spills near Ikot Ada Udo).

② See the website of Milieudefensie (Friends of the Earth Netherlands): http://www.milieudefensie.nl/english/shell/oil-leaks/courtcase/press，登陆于2013年12月25日。

③ The Hague District Court, 30 December 2009, ECLI: NL: RBSGR: 2009: BK8616 (re oil spill near Oruma).

④ The Hague District Court, 30 January 2013, ECLI: NL: RBDHA: 2013: BY9845 (oil spill near Goi), Paras. 4.43-4.58, ECLI: NL: RBDHA: 2013: BY9850 (oil spill near Oruma), Paras. 4.45-4.60.

定情况下，而法院认为并不存在此种情形。① 2013 年 9 月，原告向上诉法院提起一项新的请求，要求被告提供壳牌集团内部政策及运营实践的证据。②目前，该案还在进行中。

壳牌公司在荷兰海牙地区法院被诉的案件，在适用法上虽然是尼日利亚国内侵权法，而不是本文讨论的国际法，但本案与 Kiobel 案一样，也是世界范围内国际人权诉讼运动发展的一部分，同时也是在商业全球化运营趋势下，公司承担国际责任，从软法义务到硬法义务迈进的一次有效尝试，尤其是 Kiobel 案之后，在美国国内法院《法案》海外诉讼严格受限背景下，更具有积极意义。

（二）国际层面

公司国际法责任在国际层面，民事和刑事责任机制均为空白。换言之，目前，受害人寻求救济的途径只能依赖国内救济。这也是为什么，在 Kiobel 案之前，众多外国受害人会诉诸美国国内法庭，其原因即是《法案》赋予外国受害人一项国内民事救济渠道。关于国际法侵权责任的国际民事责任机制，国际学界在探讨普遍民事管辖的问题时，就曾有学者提出成立普遍性的国际民事法庭，或者世界人权法庭（World Court of Human Rights），除了追究国家人权责任以外，也要追究国际组织和跨国公司及其他非国家行为体（non - state actor）违反国际人权法的责任，向受害人提供救济。③ 关于国际刑事责任机制，所有的国际刑事法庭的管辖仅仅局限于自然人刑事责任，而把公司法人排除在外，这也是 Kiobel 案中，第二巡回法院及被告用以支持公司不承担国际法责任的辩词，但正如上文所述，纽伦堡审判的案例及《国际刑事法院罗马规约》的谈判历史，都不能否定公司承担国际法责任。关于公

---

① The Hague District Court, 30 January 2013, ECLI: NL: RBDHA: 2013: BY9845 (oil spill near Goi), Paras. 4. 30 - 4. 39, ECLI: NL: RBDHA: 2013: BY9850 (oil spill near Oruma), Paras. 4. 32 - 4. 41, ECLI: NL: RBDHA; 2013: BY9854 (oil spills near Ikot Ada Udo), Paras. 4. 26 - 4. 34.

② The Hague District Court, 30 January 2013, ECLI: NL: RBDHA: 2013: BY9854 (re oil spills near Ikot Ada Udo), Paras. 4. 38 - 4. 46.

③ “世界人权法庭”是学界近年来的一个设想，有以世界人权法庭为研究课题的博士研究人员，在维也纳大学也有专门的课题组。维也纳大学的 Manfred Nowak 教授是该项目的主要倡导者，可参见 Manfred Nowak, “The Need for a World Court of Human Rights”, Human Rights Review 7: 1, 2007。

司国际刑事责任的理论研究和国内司法实践，都在不断地推进当中。对于公司严重违反国际人道法、国际人权法及其他国际法律的罪行（例如在《法案》案件中被指控的公司参与的战争罪、危害人类罪、酷刑等），虽然民事侵权诉讼，为受害人提供民事救济，赔偿了相应的侵权损害，而且在某种程度上，可以制止公司的侵权活动，但是刑法的威慑力，尤其是对于那些公司声誉极具商业价值的公司，与一条民事侵权诉讼新闻相比，一条刑事调查或刑事指控的新闻，其影响力和威慑力是无法估量的。国际刑事法院的管辖权，虽然在罗马外交会议的谈判过程中，由于时间仓促未能达成一致，最终将公司排除在了管辖范围之外，但这并不意味着永远的排除。相反，其可以作为一个责任机制平台，追究公司的国际刑事责任。这条路任重道远，需要国际社会各界的共同努力。

四、结语

Kiobel 案作为外国公司为被告的案例，美国最高法院最终裁决虽然更多的笔墨放在了《法案》的域外适用问题，并没有对公司的国际法侵权责任问题给予详细明确的回应，但也没有完全否定《法案》对公司被告的适用，只是需要与美国建立足够的连接。然而，这样的裁决也遗留了诸多需待日后进一步解决的问题。尽管如此，需要明确 Kiobel 案的意义不仅仅在于裁决的结果本身，而是世界范围内有关 Kiobel 案的各种文献及司法参与活动。对于这些文献及活动的研究，既可以拓宽加深对公司国际法侵权的理解，反思公司责任的相关问题，也可以结合中国司法实践，反思中国的相关问题。例如，世界范围内各界提交法庭之友意见所呈现的民主化司法参与过程；在法律适用及解释问题上对外国法及国际法的考察引用；公司可否成为国际法责任主体；公司的国际民事侵权责任和国际刑事责任；本国母公司对海外子公司活动的管控和国际责任的承担以及本国法院相应的管辖权等等，这些问题都很值得思考。Kiobel 案注定成为美国《法案》历史上具有划时代意义的重要先例，同时，对我国也具有重要的借鉴参考价值。判

文化遗产保护与私人财产权博弈
——法国宪法委员会 QPC2011－207 号裁决评析

张舜玺*

案情概要[①]

2008 年 1 月 30 日被告阿尔萨斯大区的行政长官宣布基于保护文化遗产的需要将原告 Schutzenberger 啤酒公司（以下简称啤酒公司）厂房及其周边元素认定为以历史古迹名义登录的不动产[②]。要求原告自收到认定通知之日起承担相应保护责任。根据法国《文化遗产法》的相应规定该责任表现为：所有权人有义务不得对该登记不动产进行任何改变，如需改变应提前 4 个月向行政机关告知其意图和将要实施的工程。如果所有权人希望对以历史古迹名义登录的不动产所开展工程建设，则需要提交建设许可或拆除许可，并需事先取得负责历史古迹的行政机关的同意。转让以历史古迹名义登录的不动产时，卖方应告知买主该不动产存在登录的事实。对登录不动产的任何转让都应在规章规定的期限内告知行政机关并取得其同意。如果工程是为了建造或改变附属于登录不动产的不动产，也需提交建设许可或拆除许可，未经负

* 中国人民大学法学院博士研究生。

① 案件来源：斯特拉斯堡行政法院 2010 年 3 月 17 日 0801873 号判决，Strabourg，17 mars 2010 req n°0801873。

② 在法国文化遗产 monument historique 分两个等级，保护级别较高的一类是 classement 保护级别相对低的是 inscrit，转换成中文可表达为“文物”和“未达到文物级别但有保护意义的历史建筑”，但仍与法文原意有一定差别。

责历史古迹的行政机关的同意，不得签发该许可。未经负责历史古迹的行政机关的授权，为了更好地保存登录不动产，那些无须建设许可或拆除许可的针对附属于分类不动产的不动产所进行的工程不得实施。如果不动产位于以历史古迹名义登录的不动产可视范围内，无论是属于私人所有，还是属于集体或公共机构所有，未经事先授权，都不得新建、拆除任何设施，或砍伐树木以及其他任何改变或影响该不动产外观的工程。

原告认为，大区行政长官在作出登录认定时并未依照1979年7月11日N°132411判例向原告说明行政决议作出的动机、理由及其他相关详细信息，并且其厂房与周边元素并不具有充分的艺术或历史价值，该项认定不符合保护文化遗产的目的。以行政机关滥用职权为由向斯特拉斯堡初级行政法院提起诉讼，要求大区行政长官撤回对其厂房及周边以历史古迹名义登录的决定。

裁判要旨

斯特拉斯堡行政法院认为，根据最高行政法院1993年5月的判例①，大区行政长官对建筑物作出保护级别的认定是增添文化遗产目录的行为，不同于对个人的权利直接作出影响的行政行为，因此，不适用于行政机构在作出决定时需向行政相对人说明动机与理由的法律；同时法官亦根据《文化遗产法典》L621－1与L621－25条审查了啤酒厂厂房及周边元素的历史或艺术价值，认为认定对象具有工业与技术遗产的特征，地区行政长官作出的登录决定符合保护文化遗产的要求。基于以上两点初级行政法院维持了阿尔萨斯地区行政长官的认定决定，驳回原告所有诉讼请求②。

原告不服，提出上诉。在南锡上诉行政法院审理过程中，啤酒公司向最高行政法院提出与本案相关的《文化遗产法典》的四个法条（L.621－25、

---

① CE 5 mai 1993, Connoune de Mirecourt, req. n°109782.

② Strabourg, 17 mars 2010 req n°0801873.

L. 621 –26、L. 621 –27、L. 621 –29)[①] 触及了宪法对权利保障的根本性问题，违反了1789年《人权宣言》[②] 第2条、17条和第13条所确立的保护财产权、公权力的目的和限度以及公共负担面前人人平等的基本原则，要求最高行政法院提请宪法委员会对这四个法条的合宪性进行审查[③]。2010年法国宪法改革后，诉讼当事人在普通诉讼中可通过最高行政法院向宪法委员会提出违宪抗辩。违宪抗辩成立后，普通诉讼程序先予中止，在呈交宪法委员会解决合宪性问题之后继续进行。这类抗辩往往被称为“合宪性先决问题”，

---

① 原告认为有合宪性争议的四个法条笔者试译如下：

L. 621 –25，（根据2005年9月8日第2005 –1128号法令修改）“（1）公共或私人所有的不动产，无充分理由将其直接以历史古迹的名义分类，但其所具有的历史的或艺术的价值确有保存的必要时，任何时候行政机关都对其以历史古迹的名义登录，作为文化遗产保护的对象。(2) 所有位于以历史古迹名义分类或登录不动产可视范围内的其他不动产及附属成分，无论其表现形式，在同等条件下也应对其登录。”

L. 621 –26，（根据2005年9月8日第2005 –1128号法令修改）“对在发掘地范围内具有史前、历史、艺术或考古价值的土地，以及史前巨石排列、史前人类栖息地等，都应登录为文化遗产保护对象。”

L 621 –27，（根据2005年9月8日第2005 –1128号法令修改，根据2005年12月5日第2005 –1527号法令修改）“（1）在对不动产以历史古迹德名义登录后，应通知财产权人其有义务不得对该不动产做出任何改变，如需改变应提前4个月向行政机关告知其意图和将要实施的工程。(2) 如财产权人希望对已登录的不动产开展大型建设工程，则需提交建设许可或拆除许可，并需事先取得负责历史古迹的行政机关的同意。(3) 针对已登录的不动产开展的其他工程，如未经本条第一款规定的申报则不得进行。如果该工程是为了使其进入达到文物级别的程序，则行政机关不得反对该工程的实施。(4) 针对登录不动产开展的相关工程应在国家负责历史古迹的行政部门的科技控制下进行。”

L. 621 –29，（根据2005年9月8日第2005 –1128号法令修改）对于部分或全部维护、修复登录不动产的相关工程所支出的费用，行政机关可根据授权在40%的范围内予以补贴。

② 根据 lördonnance n° 58 –1067 du 7 novembre 1958，1798年《人权宣言》成为法国第五共和国宪法序言，具有宪法效力。

③ 17 octobre 2011，Ordannance n°10NCO813，

简称 QPC①。

根据2009年12月年宪法组织法的规定，宪法委员会审查违宪性问题须同时满足三个条件：（1）受质疑的必须是经过立法程序通过的法律，且在此之前没有向宪法委员会提起过违宪性问题；（2）受质疑的立法必须与该普通诉讼直接相关；（3）“不缺乏严肃性”（ne pas être dépourvu de caractère sérieux）。最高行政法院据此对啤酒公司提出的四个涉嫌违宪的法条进行初步审查。首先，最高行政法院指出L621－27的（3）、（4）款是根据2005年12月5日第2005－1527号法令修改，而这个法令并没有经过立法机关的认可，故而只是法规而非法律，不符合违宪审查的条件。进而最高行政法院对法令2005－1128和2005－1527做了比较，指出2005－1128是经过限定性的方式对法条做了替换和补充，这样一种方式经过了立法的认可，经其修改后的条款具有了法律的属性。其次，所涉及的四条法律在经过具有立法效力的修改时提诉人②并未向宪法委员会提出违宪审查的申请，符合了提起违宪审查的第二个条件。接着最高行政法院认为L621－26与本案并没有直接的联系，不适用于合宪性审查。继而最高行政法院认为L621－25、L621－27（1）、（2）、L621－29所规定的将不动产以历史古迹的名义进行登录的方式构成了对宪法所保障的权利的损害，尤其是这

① 法国自2007年启动宪法改革，2008年7月23日通过了《关于第五共和国机构现代化的第2008－724号宪法性法律》。该宪法性法律第29条在宪法中增加了一项新的规定（即宪法第61－1条）：

“在普通诉讼程序中，若认为法律之规定对宪法所保障的权利与自由构成侵害，可经最高行政法院和最高司法法院向宪法委员会层转违宪审查申请，由宪法委员会在确定期限内予以裁决。”公民得在普通诉讼中提出违宪抗辩，其基本设置是，违宪抗辩成立后，普通诉讼程序先予中止，在呈交宪法委员会解决合宪性问题之后继续进行，因此，往往被称为“合宪性先决问题”（la question prioritaire de constitutionnalité，QPC）之程序。2009年法国议会通过了《关于实施宪法第61－1条的第2009－1523号组织法》，经宪法委员会审查并裁决（2009年12月3日）符合宪法，由共和国总统在12月10日正式公布，并于2010年3月1日生效。此项改革自2010年3月实施至今宪法委员会已对324项违宪抗辩作出裁决。该数据统计来自法国宪法委员会网站，http：//www.conseil－constitutionnel.fr/conseil－constitutionnel/root/bank_ mm/QPC/dispositions_ conformes_ decision.pdf，2013年10月27日访问。

② 由四名国家最高领导人和60位联署议员在立法生效前向宪法委员会提出事先的违宪性审查。

样一种认定的方式不符合《人权宣言》第2条所规定的“任何政治结合的目的都在于保存人的自然的和不可动摇的权利”的精神。此外在作出登录的认定时缺乏对财产权人足够的解释说明，这些都使得啤酒公司提出的质疑具有了相当程度的严肃性。最后最高行政法院将L621－25、L621－27（1）、（2）、L621－29层转至宪法委员会，提请其对这三个法条进行违宪性审查。

宪法委员会并未对行政机关缺乏向行政相对人阐释理由作出回应，其认为此项事宜已有既往判例①，仅对三个法条进行了审查。宪法委员会认为：首先，对具有历史或艺术价值，有保存必要的不动产进行登录，不属于《人权宣言》第17条所指对财产权的剥夺。登录只是对财产权的一种限制，表现为登录不动产的财产权人需要遵守L621－27所规定的义务。这种限制是符合比例原则的。其次，保存具有历史或艺术价值的不动产是一项公共利益。再次，这种认定是基于不动产的本质属性，且作出认定的权力并非不受限制。行政法院的法官有权对此类行政行为进行裁决，这能够保障行政权力不被滥用。复次，认定登录不动产之后，财产权人在遵守保护义务的同时，仍保留自行选择维修企业或交由国家维修的权利。最后，财产权人在履行义务的过程中是有一定受益的，可享受不超过维护费用40%的国家补贴。因此，将具有历史或艺术价值，值得保存的不动产认定为登录不动产的行政行为并未对财产权的行使作出不合比例的限制，也就没有违反《人权宣言》第2条所规定的政治结合的目的在于保障人的权利的规定。这些条款既也没有形成不平等的公共负担，也没有对宪法保障的其他权利造成损害。最终，宪法委员会裁决《文化遗产法典》中的这三个条款符合宪法的要求。

评析

文化遗产是指人类历史发展过程中遗存下来的物质和精神财富的总和。绝大部分文化遗产具有财产权与公共利益的双重属性，这一点在建筑遗产上表现的尤为明显。早在1825年维克多·雨果在发表保护文化遗产的演说时就指出：“建筑由两部分组成，它的用途和外表。建筑的用途属于

---

① CE 7 févr 1992, Minister de la culture, de la communication, des grands travaux et du bicentenaire c/ SCI du Vieux Chateau, req. n°118488.

它的主人，而它的外表则属于每一个人，所以将它拆除是不可饶恕的。"①如果遗产保护具有国家强制力，那么公权力的行使必然会与私人财产权发生冲突。在世界范围内，文化遗产保护与私有财产权保障之间的话题至今争论不休，各国法律对此观念也不尽相同。在美国，最高法院的态度对此也反复多变，摇摆不定，有相当数量的遗产保护与私人财产权之间的诉讼案件悬而未决②；在欧洲，不断有个人为此将国家诉至人权法院③；在台湾最高行政法院自1999年起至笔者成文共受理有关文化遗产保存的案件105宗④，其中一些涉及古迹指定、历史建筑登录的案件引发了学界与行政部门的广泛探讨⑤；在香港古迹保护也多次遇到了私人的强烈反对，引发了全港讨论⑥；我国大陆地区亦不例外，建筑遗产保护中涉私人财产权问题引发了许多社会矛盾。如何在保护文化遗产与保障私人财产权之间取得平衡，成为了世界各国共同面对的问题。Schutzenberger 啤酒公司诉阿尔萨斯大区一案，由普通行政诉讼发展到宪法性案件，极具典型意义。法国宪法委员的裁决不仅为国内的文化遗产保护提供了重要的宪法支持，其所阐明的原则、理由也为其他国家和地区在处理保护文化遗产与保障私人财产权博弈关系上提供了极为宝贵的经验。

---

① Victor - Marie Hugo，《Guerre aux démolisseurs》，1832，in Revue des deux mondes。该本杂志已属馆藏珍贵文物，网络提供全文阅读，链接 http：//www. chateau - de - montmorin. fr/images/guerre - aux - demolisseurs. pdf，2013年10月27日访问。

② 参见［美］David Lisokin ，《The contributions of Historic Preservation to Housing and Economic Development 》，1998，转引自沈海虹，《"集体选择"视野下的城市遗产保护研究》，同济大学博士论文，2006年，第179页。

③ CASE OF BEYELER v. ITALY（Application no. 33202/96）.

④ 数据由笔者自台湾地区"最高行政法院"公开裁判文书统计。

⑤ 参见《文化资产保存法有关古迹历史建筑指定登录之研究》，主持人王顺治，《内政部建筑研究所自行研究报告》，2009年12月。陈雅慧：《古迹保存与财产权保障之研究》，载《玄奘法律学报》第二期2004年12月。

⑥ 参见 http：//zh. wikipedia. org/wiki/% E4% BD% 95% E6% 9D% B1% E8% 8A% B1% E5% 9C% 92，2013年10月27日访问。

一、宪法委员会裁决对法国文化遗产保护与私人财产权关系的界定

Schutzenberger 啤酒公司诉阿尔萨斯大区在法国并非第一例向法院提出以历史古迹的名义对不动产进行分类或登录会对私人财产权带来不利影响的案件。在 2010 年 QPC 制度施行之前，该类案件的当事人没有资格直接启动违宪审查，提诉人也未将此类争议上升到宪法的高度。在 2009 年之前，在相同的情况下，最高行政法院并不认为对具有历史或艺术价值的不动产登录是对财产权的一种影响。从 Consors Habrekorn① 案例中可以看出，最高行政法院并不认为对一个建筑的外立面或一个烟囱进行历史古迹登录违反了《欧洲人权公约》第 1 号议定书第一条关于财产权②的规定。但在 2009 年 Valette et autres③ 案中最高行政法院的态度开始有了转变。最高行政法院法官承认了《欧洲人权公约》第 1 号议定书关于财产权的规定在本案中的效力，认为奥弗涅大区行政长官为增添多姆山地区文化遗产名录，对一些不动产登录的行为构成了对物权行使的限制。这种限制表现为登录不动产的财产权人需要遵守一定的义务，这在一定程度上构成了公共地役，即私有土地具有了公共用物的法律性质。

在法国尽管国际公约的地位高于国内立法，但低于宪法。最高行政法院在 Valtte et autres 一案中同时指出，该案中承认了《欧洲人权公约》第 1 号议定书财产权的规定的效力并不构成国内行政机关为了公共利益的目的制定限制私人财产权行使的法规的障碍。《文化遗产法典》中 L621 - 27 对登录不动产财产权人义务的具体规定即根据 2005 - 1128 号法令修改制定。

宪法委员会在审查 Schuzenberger 啤酒公司案件中提出的三条法律时认可了最高行政法院在 Valtte et autres 案件中的意见。在此基础上宪法委员会对保护私人财产权与保护文化遗产的方法进行了比较，在宪法的框架下

---

① CE 30 juill. 1997, req. n°145494.

② 全称为欧洲保障人权和基本自由公约 Convention for the Protectio Protection of Human Rights and Fundamental Freedoms，1950 年欧盟委员会全体成员在罗马签署，1 号议定书第 1 条 - 财产权，本条规定个人能够和平的保有其财产之权利。

③ CE 8 juill. 2009, req. n°308778.

为协调二者的关系确立了三个重要原则：一是出于保护文化遗产的目的对财产权限制具有正当性；二是保护文化遗产的方式需受到法律的监督和控制的；三是在保护文化遗产的过程中需保障财产权人的利益。

（一）保护文化遗产对财产权限制具有正当性

宪法委员会认为，保护文化遗产的法律体现了19、20世纪以来形成的公共地役权的观念，尽管私人财产权在宪法中具有神圣地位，但其行使并非绝对不受限制。出于公共利益的目的和动因，行政权力可在私人所有的土地上设置一定的役权。土地财产权即应受限，不得违反公众使用的目的，排除他人的使用。公共地役法律关系中对私人财产权限制的需满足三个条件：（1）存在一个确定无疑的公共利益；（2）限制不涉及对财产权的剥夺；（3）在保留财产权的情况下，这种限制是符合一定比例原则的。在啤酒公司一案中出于保护文化遗产的目的在私有所有的土地上形成了公共地役法律关系。QPC裁决亦从上述三个方面确立了所涉法条在保护文化遗产上对财产权人限制的正当性。

1. 保护文化遗产是一项确定无疑的公共利益

文化遗产是前人创造的具有历史或艺术价值的文化财富。作为珍遗，首先是稀缺的，在现代化与全球化浪潮中，现存的文化遗产已为数不多。文化遗产的价值体现在历史、美学、经济、社会等多个层面，每一处遗产都是多类价值的综合体现，在满足人们的精神需求、保障人们的生活质量方面有着独特的作用。文化遗产真实地记录人类社会发展的时空历程，起着克服人类脆弱记忆的证明作用。文艺复兴中，人们第一次看到一个只根据美来制定规则、其他什么都不管的专门领域的出现①，此后当人们有越来越多的休闲时光，由对象引发的心灵愉悦在日常生活中的重要性愈发凸现②。回答人从哪里来到哪里去，自我与外在如何相处亦往往求助于文化

---

① Jurgen Habermas,"Modernity—An Incomplete Project" http://books.google.fr/books?hl=zh-CN&lr=&id=pX_azoDGfpAC&oi=fnd&pg=PA3&ots=xmr1EFVVTZ&sig=EGZOWo_5DNj_EED1ilgKO3zphk4#v=onepage&q&f=false，2013年10月6日访问。

② Xavier Greffe, le gestion du patrimoine culturel, Anthropos 1999 P.4.

遗产①。珍贵的文化遗址、非物质文化、知识和技能共同建构一个社会共同体。如果失去文化遗产，失去我们所熟悉的城市地标和自然景观，以及从先祖身上传承下来的传统和具体生活方式，很难想象作为个体的我们如何确定自己的存在感。随着旅游与知识经济的兴起，文化遗产的经济价值日益明显，遗产带动的服务业与文化产业逐渐成为地区与国家经济发展的推动力。②

基于文化遗产的上述特性，宪法委员会于2003年在决议中确认保存考古遗产或历史古迹是符合公共利益的目的③；2011年宪法委员会的法官再一次确认保护一般性的文化遗产也是一项特殊的公共利益④。在本案中，宪法委员会同样在QPC决定中明确表示将具有历史古迹特征的不动产进行分类或登录是保护文化遗产的必要手段，如L621－25中规定“其所具有的历史的或艺术的价值确有保存的必要”。行政机关运用权力对不动产进行登录的目的在于保存对人类社会发展有重大意义的文化遗产，这无疑是一项确定的公共利益。

2. 保护文化遗产并未剥夺财产权

私人财产权在法国法律中具有重要的地位，是人权与自然权利的组成部分，对财产权的剥夺是一项极为严肃的事宜，需要有极为充分的事由及遵循相应的法律程序。宪法委员会根据《人权宣言》第17条财产权的规定对所涉法条进行严格的审查后指出，对不动产登录的行为并不产生剥夺财产权的法律效果。首先，财产权的权利载体仍然存在，这不同于在修

---

① Philippe Poirrier, le patrimoine: un objet pour l'histoire culturelle du comtemporain? Jalons pour une perspective historiographique dans Soraya BOUDIA, Anne RASMUSSEN et Sébastien SOUBIRAN (dir.), Patrimoine et communautés savantes, Rennes, Pur, 2009, p. 47－59.

② La Documentation fran? aise, Rapport de valoriser le patrimoine culturel de la France 2011, http: //www. ladocumentationfrancaise. fr/rapports － publics/114000512/ 2013年10月日访问。

③ “objietif d' intérêt general qui s' attache ὰ la preservation des element du partimoine archéologique ” Cons. const. 31 juill. 2003, n°2003－480 DC prec.

④ 同J－F. de Montgolfier, Le Conseil constitutionnel et la propriété privée des personnes privée, Cah. Cons. Const. 2011, pp. 35－49.

路、架桥等公共利益下将不动产拆除的情形①；其次，不动产在被以历史古迹的名义登录之后财产权的权利主体并未发生变化，这不同于权利脱离本体的情形②；再次，历史古迹名义的登录对财产权带来的限制，并不构成对财产权行使的严重影响③，财产权人在行使相应权利时不必每项都需获得行政许可。

3. 对财产权的限制符合比例原则

比例原则是行政法上一个重要的原则，是指行政主体实施行政行为应兼顾行政目标的实现和保护相对人的权益。如果行政目标的实现可能对相对人的权益造成不利影响，则这种不利影响应被限制在尽可能小的范围和限度之内，二者有适当的比例。在法国，比例原则是行政法院法官裁决行政权力与私人财产权冲突时的重要依据。宪法委员会同样认为在基于公共利益对财产权进行限制的情况下，该原则是衡量限制行为是否符合《人权宣言》第2条的重要评价标准④。在本案中，经审查L621－27（1）（2）两款的规定是登录不动产的财产权人仅在需要对不动产作出改变时，才需提前四个月向古迹行政管理部门提出申请。财产权受到限制的部分是未经许可不得对不动产做出改变。在保护文化遗产的行政目的下，并未完全禁止所有人对登录不动产作任何改变，只是要求作出改变需得到行政机关的许可。在获得许可的情况下，允许财产权人在行政机关指定的目录内选择施工企业，或同意财产权人将维修事宜交由国家处理。财产权的其他功能则全部保留，保护文化遗产并不干涉财产权人对不动产的收益、使用、出让等。因此，QPC裁决指出在保护文化遗产的公共地役法律关系中受到限制的财产权和公共利益之间保持了一个适当、合理的比例。

（二）保护文化遗产的方式受到法律的监督和控制

在文化遗产保护与财产权的关系中，尽管设立公共地役限制财产权的

---

① Privation de propriété , n°85 – 162 DC, consid 22 DC du 17 juill. 1985.

② Privation du droit de propriété, n°85 – 181 DC, consid. 54; decis. n°85 – 189 DC du 17 juill. 1985.

③ Limitation presentant un un caractère gravité n°85 – 172 DC, consid. 21 et 22.

④ Cons. const. 12 nov. 2010, n°2010 – 60 QPC, D. 2011. 652, note A Cheyent de Beaupre, et 2298, obs. B. Mallet – Bricout et N. Reboul – Maupin.

行使具有正当性，但这种限制也不是任意的，也必须符合宪法所确立的基本价值观念，需要受到法律的监督和控制。QPC 合宪性裁决的第 8 个论点明确指出在行政机关对不动产进行历史古迹登录时，其行政权力是严格受到法律严格监管的，有相应的法律制度防范其越权①。

1. 认定文化遗产需符合对象本身所具有的特点

行政机关在作出登录决定前必须慎重的考量对象本身的文化属性。对不动产来说，当要被认定为登录不动产时，在属性上必须满足两个要件：首先，存在着明显的历史的或艺术的价值；其次，这种历史的或艺术的价值能够成为一项确定无疑的公共利益，符合 L621 - 25 中“有保存的必要”的要求。此外，还存在一种特殊的情形，即被认定的不动产本身不具备历史的或艺术的价值，但其与具有历史或艺术价值的分类或登录不动产共同构成了文化景观，当对其任意改变则会破坏被登记的不动产的文化价值。在这种情况下也应当将这些本身不具有文化遗产价值的不动产进行登录。在 SAS Chaine 温泉诉法国文化部②一案中，SAS 温泉认为保护十八世纪温泉的文化价值不应当将温泉所处的整个公园都认定为文物建筑。最高行政法院经审理认为，公园虽然是在二十世纪建造但其与温泉已成为不可分割的整体。

2. 认定文化遗产是可诉的行政行为

涉及文化遗产的行政认定是受到司法审查的限制和制约的，行政机关不得任意作出认定决定。当其决定作出后必须及时通知财产权人。司法对行政行为的正当性提供了有力保障。当财产权人不服地区行政长官的认定决定时，可向行政法官提起诉讼，要求法官撤销或颁布古迹认定。法官对行政行为的审查分两个层面：第一，对涉案不动产的文化遗产价值做实质性审查；第二，行政长官在行使权力的过程中有无越权或滥用权力的情形。当法官自行或根据专业机构③对涉案标的的历史、艺术价值进行评估后得出与行政长官相反的意见时，

---

① Considérant 8, que l' appreciation portée par l' autorite administrative qui prend cette decision est controlee par le juge de l' exces de pouvoir.

② CE 30 déc 2011, Minintre de la culture et de la communication c/ SAS chaine thermal du soleil, req. n°340548.

③ 通常这类专业机构是 ABF，Les architectes des batiments de France，为国家及地方政府提供保护文化遗产的专业建议。

行政法官可撤销认定或直接对该不动产作出以历史古迹名义的分类或登录。在Claude Bresso诉法国文化部①一案中，初级行政法官认为所涉建筑不具有考古价值，裁断撤销文化部的认定，最高行政法院经对不动产的文化价值审查后宣布其缺乏建筑遗产所应有的价值，维持了初审法院的判决。

(三) 保护文化遗产的过程中对保障财产权人的利益

在法国拥有以历史古迹名义分类或登录的不动产可以为财产权人带来一定的利益。首先在房屋保有的土地税和遗产税上享有一定的优惠；其次文化遗产具有经济效益，可对财产权人带来一定的收益。如开放参观可获得门票收入，分类或登录的不动产因其历史、文化价值在租赁、经营上也具有优势。根据法国税法的规定，文化遗产产生的收益也可根据实际情况享受一定程度税收优惠。宪法委员会认为在公共地役下，登录不动产财产权人的权利行使受到一定限制，但《文化遗产法典》625－29规定了对财产权人履行保护义务的花费给予不超过总费用40%的补偿。保养维护登录不动产本身就是一项有利于财产权人收益的行为。在保养维护的过程中，根据《文化遗产法典》的相关规定，可根据自身的经济状况选择不同的保护方式。如若自行选择施工单位，国家则给予货币补贴；如若自身无法一次性负担施工费用，可将工程交由国家开展，分十年无息向国家偿还工程款。故而QPC决定指出在此条规范下，财产权人依照法令保护文化遗产可对自身带来一定的利益，并不违反宪法保障权利的精神与原则。

二、QPC2011－207号裁决的意义与影响

(一) 在宪法框架下妥当处理了文化遗产保护与财产权之间冲突

在西方法律理论体系中财产权是一项基本人权。财产权的意义在于界定个人与国家的关系，确保个人在财产权领域内有一定自由空间，并能自主负责地形成其生活形态。简言之，财产权作为基本权，实质上是人类人格自由发展的实质基础，本身就是一种自由权，且更进一步能在物质的基础上确保

---

① CE 7févr. 1992, Ministre de la culture c/ Claude Bresso, req. n°110704.

人格性的自由权实现①。

财产权是制度保障的权利。人类社会制度要求立法者在法规范的核心构成部分提供足以使财产权制度存续、发挥的必要规定，包括各类主体的使用权与对应程序等。在社会秩序中为财产权确立其可靠有效的地位，并保障规范能够得到良好的遵守和实施。同时，私人财产权制度在间接上也可以对抗一般立法者对此制度的废弃，或对其本质进行变更的行为。但私人财产权制度的个别、细节的规定，则不能避免立法者通过变更或重构形成新的权限。因此，制度保障最主要的目的是透过宪法保障来约束立法者不得藉由任何立法行为来变更或废弃宪法所确立的基本制度。法国宪法委员会 QPC 制度正是对立法者的立法行为施以约束，要求其无论如何不得逾越私有财产核心内涵以及宪法保障的其他权利的界限。

进入二十世纪，便随着科技的发展和人的认识深入，基本权利的范围呈现不断扩大的趋势，文化及文化遗产的重要性得到了越来越多的认可，并被越来越多的国家纳入了基本权利的范畴。1954 年《武装冲突情况下保护文化财产公约》已经开始注意到文化遗产对于全人类重要精神价值，强调文化遗产对于人类文化、科学和艺术的发展具有重要意义。1972 年联合国教科文组织第十七届会议通过的《保护世界文化和自然遗产公约》强调，“部分文化或自然遗产具有突出的重要性，因而需作为全人类世界遗产的一部分加以保护。2001 年联合国教科文组织《世界文化多样性宣言》突出强调文化多样性的意义，把文化多样性提高到与“生物多样性对维持生物平衡”的重要意义同等的地位，认为“文化多样性是人类的共同遗产，应当从当代人和子孙后代的利益考虑予以承认和肯定”。2005 年，欧洲委员会的《文化遗产社会价值框架公约》在序言就明确提出：“作为《世界人权宣言》和《经济、社会和文化权利国际公约》所保护的文化生活权利的一个方面，在尊重他人权利和自由的情况下，人人都有权利与他们所选择的文化遗产密切结合在一起。”以立法的形式对文化遗产加以保护已成为了国际共识。

文化遗产作为一项兼具文化与财产属性的特殊物，对其保护必然涉及对传

---

① 陈爱娥：《司法院大法官会议解释中财产权概念之演变》，载李建良、刘孔中编：《宪法解释之理论与实务》，中央研究院中山人文社科社会科学研究所专书（44），1998 年 6 月，第 401 页。

统财产权的限制。其保护很大程度上也来自财产权人的支持与配合。故而如何界定保护与限制的标准、程度，化解二者的冲突成为了法律必须回应的命题。法国QPC2011－207号裁决对此作出了妥当的回应。宪法委员会根据涉案人的意见对立法者在文化遗产保护上的立法行为进行了严格的审查。在文化遗产保护与财产权之间的争议的处理上，通过严格的推理论证了当前立法对财产权限制的正当性。这对在文化遗产保护中平息财产权人的抵制，起到了良好的疏导作用，亦为文化遗产保护事业的发展营造了良好的法律环境。

（二）为其他领域的财产权限制与保障提供了解决的途径

二十世纪以来随着世界政治、经济、文化的发展，政府不再扮演消极的守夜人角色，行政权有了较大的扩张，逐渐渗入到社会生活的方方面面。在公共利益不断受到重视的当下，财产权的保障和限制之间存在紧张的对峙关系。譬如对自然环境资源的保护、文化遗产保护以及社会福利的给予，这些都势必与个人财产权保障有所冲突。因而，财产权的制度性保障逐渐引起社会的重视。从《欧洲人权公约》第一号附加议定书到人权法院在涉及公共利益与私人财产权限制的一个个判决中，都可看出这已成为当前社会发展不容回避的问题，且触及到宪法的根本属性与定位。如何确定在适当的规制下财产权对社会约束能够容忍的最大限制以及限制的方式成为了问题的关键。

宪法委员会的意见一旦构成了对该委员会在今后裁判中具有约束力的先例，它们就不可能是一个充满矛盾的集合，而必须具有基本的连贯性或有机性。同时，从法治社会所追求的合理预期的角度看，肯定宪法委员会以及法院在不同权利领域的裁判活动对一些基本法理的补充作用也是必要的，而且它们也应该成为对宪法委员会的审查活动进行质量评价的一个最基本的尺度。QPC2011－207号决定不仅仅解决了历史古迹认定对财产权带来限制的合宪性问题，其分析模式与确立的文化遗产保护与财产权的三个重要原则对其他涉及公共利益与私人财产权冲突也有着重要的指导意义。在涉及宪法性问题及个人与社会公益、个人与国家的对抗中，都可以作为宪法委员会和普通法院法官裁判的重要参考意见。

三、结语

在文化遗产保护进程中，保护要求与财产权行使发生冲突、对抗不仅仅出现在法国，这可以说是世界各国及地区文化遗产保护中共同面对的问题。如引言中所述，各国（地区）的最高法院或最高行政法院或宪法法院在保护文化遗产与保障财产权上都面临着如何界定二者关系，对具体或抽象的情形做出裁决的难题。尽管各个地区法律环境不同，但所涉及的问题实质大致相同，法国宪法委员会裁决中确立的原则不失为一种积极的借鉴。

中国大陆的文化遗产管理模式与法国有着很大的相似性：首先，两国都有着丰富的文化遗产；其次，两国均为单一制一元国家，在文化遗产保护体制上均表现为了国家在主导地位；再次，中国文化遗产保护中遇到的问题与法国也出现过，在类似问题有较多的共性，故而法国的经验更具有参照意义。文化遗产认定是保护的开始，对整个文保事业来说至关重要，中国当前在此问题上还缺乏系统的法律处理方案及一般性法理的建构。法国宪法委员会在处理文化遗产保护与财产权关系时确立的正当、合法与补偿三项原则，对中国文化遗产理论的建构与完善有着一定的借鉴意义。

运行中的交强险及其实施评估和完善建议

王德明*

交强险是风险社会多元化救济体系的重要组成部分，对于保障受害人、维护社会安定具有重要意义。我国交强险采商业化运营模式，经营主体为商业保险公司，有学者指出，因保险人的加入，书本上的侵权法在实践中发生了转变，一是被简单化，二是更自由化，三是更不公平，还有学者指出，侵权法实践的关键区域不是法院，也不是律师办公室，而是保险公司的大楼①。因此从保险人的角度，观察实际运行的交强险并评估其法律实施效果，对于完善我国交强险制度设计，乃至今后其他强制险种的推出，都具有重要的意义。

一、保险人观察：实际运行中的交强险

从保险人视角观察，交强险法律规则转化为保险公司内部业务流程，实际运作过程及结果与法律规则有明显差异。

（一）实际运行的交强险近于无过失赔偿

交强险有责任保险与无过失保险两大模式，我国交强险应属于责任保险模式，但从实践统计来看，实际运行的交强险接近于无过失补偿制度，一定

---

* 中国人民大学法学院民商法专业博士研究生，英大泰和财产保险股份有限公司法律合规与风险管理部副总经理。

① 理查德·刘易斯：《侵权法与保险的关系：来自英格兰和威尔士的报告》，载［德］格哈德·瓦格纳主编《比较法视野下的侵权法与责任保险》，中国法制出版社2012年版。

程度上具有社会保险的性质。

1. 交强险报案总是能够得到赔偿。从统计来看，除个别案件中被保险人无法提供事故经过证明而不能得到赔偿外，约99%的交强险索赔案件都能得到赔偿，其中绝大部分交强险案件直接得到赔偿，约12%的案件双方对赔偿金额有争议，但通过协商、调解及诉讼等方式，保险人最终都支付了保险赔偿金。

2. 保险人仅对损害结果进行书面审核。基于成本效率考虑，保险人核赔过程主要通过非现场的书面资料审核来进行；现场查勘总是事后查勘，不能在第一时间到达现场，且除重大人伤案件外现场查勘比例已经低于20%。总体来看，保险人仅能在事后对事故结果进行书面审核，对事故过程并无能力审查。

3. 被保险人责任总是能够成立。交强险中区分了有责和无责情形下的保险人责任①，实践来看，被保险人责任总是能够成立。道路交通管理公安部门和法院在责任认定过程中，强调风险分散和社会安定效果，在因果关系不明或侵权人缺乏赔偿能力的案件中通常倾向于受害人保护，被保险人无责任的情形基本被排除。②

4. 受害人故意或第三人原因总是难以查明。交强险中排除了在受害人与有过失、不可抗力等情形下保险人减轻或免除赔偿责任的适用，仅有受害人的故意为交强险免责条件。实践来看，交警部门事故责任认定书通常不对受害人的故意予以认定，保险人也没有调查核实能力，同样保险法第60条规定的第三人原因也总是无法查明，保险人承担的实际上为无过失赔偿责任。

---

① 《机动车交通事故责任强制保险案例》（以下简称《交强险条例》）第23条：机动车交通事故责任强制保险在全国范围内实行统一的责任限额。责任限额分为死亡伤残赔偿限额、医疗费用赔偿限额、财产损失赔偿限额以及被保险人在道路交通事故中无责任的赔偿限额。

② 如在（2013）闵民一（民）初字第5494号判决中，停靠路边的被保险车辆遭后车撞击后前移，致使车前受害人被夹死亡。事故原因难以查明，被保险车辆最终停车状态为左前轮超过非机动车道，左后轮压在机非分界线上，不排除车辆被撞击后发生位移的可能性。法院判决被保险车辆负60%责任，在交强险内全额赔偿。又如（2013）奉民二（商）初字第1709号中，被保险车辆载受害人修复路面，受害人在被保险车辆前被肇事车辆撞到后死亡，肇事车辆逃逸。交警部门认定被保险车辆开灯因此承担次要责任，法院判决在交强险内全额赔偿。

（二）交强险纠纷没有得到迅速、便捷的解决

交强险立法目的之一是迅速、快捷赔偿受害人，减少矛盾纠纷，但实际运行来看，交强险明显偏离了上述目的。

1. 交强险诉讼案件高发。近年来道路交通事故诉讼案件高速增长，其中大量涉及交强险纠纷。① 交强险纠纷集中在赔付标准上，包括是否打通分项限额、精损损害赔偿标准、城乡伤残或死亡赔偿金标准、医疗费用是否以基本医保为标准、伤残鉴定等级等方面，《最高人民法院关于审理道路交通事故损害赔偿案件适用法律若干问题的解释》之前还有大量的《交强险条例》第22条情况下垫付抢救费责任还是保险赔付责任等纠纷。诉讼案件处理期间漫长，从统计来看，仅有30%的交强险案件能在本年度内结案。

2. 交强险条款丧失了稳定性。实践来看，法院经常以交强险的目的解释、《交强险条例》与道路交通安全法第76条相冲突、保险人没有尽到说明义务等方式来否定《交强险条例》及交强险条款的部分内容，主要包括《交强险条例》第22条的垫付责任、第23条的分项限额规定，对应《交强险条款》第8条、第9条及第19条医疗赔付标准等。由于交强险条款责任范围不稳定，保险人和被保险人、受害人等各方预期差异巨大，引发大量纠纷及诉讼案件。

3. "同案不同判"十分明显。交强险法律法规体系不统一，各高级人民法院以及部分较大的中级人民法院通过审判指导意见、会议纪要等形式对所辖区域内道路交通纠纷案件进行规范，各地方规范之间差异明显，各层级法

---

① 最高人民法院民一庭负责人就《关于审理道路交通事故损害赔偿案件适用法律若干问题的解释》答记者问时说，2010年，全国公安部门接报道路交通事故案件390.6万件，2011年达到422.4万件。2010年全国法院一审受理的道路交通事故损害赔偿案件为612596件，2011年为744570件，分别比上一年上升31.83%和21.54%，2012年上半年，新受理的案件更是达到403476件，位居增幅最快的民生类案件的前列。由上述数据可推测，道路交通事故中约16%的纠纷进入诉讼程序，其中2010、2011年汽车交强险投保率约80%，由此推测涉及交强险纠纷的案件数量巨大。从实践来估算，约有3%～4%的交强险赔案进入诉讼程序。参见最高人民法院官方网站：http://www.court.gov.cn/xwzx/jdjd/sdjd/201212/t20121220_181129.htm，访问时间：2014年3月12日。

官对法律的理解差异很大，同案不同判现象十分明显。① 如对于交强险的分项限额问题，部分地区法院打通分项限额赔付，部分地区法院则执行分项赔偿限额标准。

从实际来看，交强险诉讼案件中保险公司败诉率高于90%，② 通过诉讼受害人通常可以得到高于交强险条款约定的赔付，而遵守条款的“老实人”只能得到交强险合同条款规定的赔偿，实际上造成了惩罚了“老实人”现象，也诱发了更多的交强险诉讼案件。

（三）没有平等保障被保险人和受害人

平等权是保险消费者权利的重要部分，平等保护受害人也是交强险的出发点之一。从交强险实践来看，被保险人及受害人并未受到平等对待。

1. 被保险人保障范围不平等。道路交通事故中被保险人对受害人承担侵权损害赔偿责任，交强险之外的损害赔偿责任仍由被保险人承担。实践中各地法院对交强险法律法规理解差异很大，对交强险条款有程度不同的否定，交强险条款处于不稳定状态，造成被保险人受到交强险保障的范围差异明显，实际上被保险人没有得到平等的保护。

---

① 例如董家玲与被申请人中国平安财产保险股份有限公司阜阳中心支公司财产保险合同纠纷一案中，四级法院对《交强险条例》第22条的理解和适用产生明显分歧。一审法院认为，在醉酒驾驶情况下，保险公司在交强险中的免赔范围仅限于财产损失，不包括死亡、伤残赔偿金，据此支持董家玲诉讼请求。二审法院认为，根据《交强险条例》第22条规定，对于醉酒驾车造成交通事故保险公司免除承担保险责任。原判适用法律不当，撤销一审判决，驳回董家玲诉讼请求。原告申请再审，安徽省高级人民法院审委会有两种意见，一种认为应该赔，道路交通安全法第76条规定了保险人承担无过失责任，交强险条例第22条规定的财产损害应做限制性理解。少数意见认为《交强险条例》第22条财产损害应做广义理解，保险公司不承担责任。后最高人民法院（2009）民立他字第42号复函中，支持安徽省高院审委会少数意见。但该复函之后，基层法院仍有多种理解，如安邦财产保险公司江苏分公司诉江苏丰硕酒店家具有限公司保险合同案中，法院认为《交强险条例》第22条中的财产损失应做限制性解释。参见国家法官学院案例开发研究中心编：《中国法院2012年度案例——保险纠纷》，中国法制出版社2012年版，第3页。

② 根据2012年5月保监会周延礼副主席在保险公司参与保险纠纷调处机制工作座谈会上的讲话，2012年各级法院判决的保险消费类纠纷案件中，产线公司败诉率约为61%，其中车险败诉率达到85%。由此推出，交强险败诉率高于90%。

2. 受害人赔付结果的不平等。从实践来看，相同的保险事故得到赔偿差异明显，尤其是分项限额、医疗费用标准、伤残死亡赔偿金标准方面十分明显，通过诉讼得到的赔偿额度显著高于按照交强险合同的赔偿额度，且相同类型诉讼案件中受害人得到的赔偿也差异很大。如大部分地区机动车事故中财产损失只能在交强险2000元限额内得到赔付，但在部分地区法院则判决在交强险12.2万总额内承担财产损害赔偿责任，受害人保障明显不平等。

3. 忽视了受害人总体保护。保险机制建立在大数法则之上，平等保护包括对个体被保险人、受害人的平等保护和对团体被保险人、受害人的平等保护。实践中着重强调个案中的损害赔偿和风险分担，一定程度上忽视了对全体被保险人、受害人利益的保护。

（四）没有贯彻对价平衡的原则

保险法上的对价平衡，是指保险消费者缴纳的保费和其风险应当相适应，交强险中并没有贯彻对价平衡原则。

1. 保费和个体风险不匹配。交强险实行全国统一的条款和费率，但实践来看部分地区赔付率显著高于其他地区，统一费率没有反映地区间的差异，等于地区之间交叉补贴。同时车辆分类有家庭自用车、非营业客车、营业客车、非营业货车、特种车等8大类，每类车设定统一的基础费率，从实践来看，挂车、特种车、营业客车等亏损严重，而家庭用车、非营业用车等则有盈利，不同车型之间也存在明显的交叉补贴，与实际风险状况不对称。①

2. 差异化保费机制强度不足。根据国外实证研究，责任保险模式下保险人承担赔偿责任，侵权人预防动机弱化，对事故的抑制机能这主要通过差别

---

① 根据保险行业协会数据，2012年上海、宁波、浙江、安徽、江苏、重庆6个省市亏损严重，合计收取保费是767亿，占全国总保费收入的21.3%，但承保亏损是255亿元，占总承保亏损的74%。综合成本率已经超过了130%。亏损主要集中在挂车、特种车、营业客车、拖拉机和非营业货车上。据介绍，这五大车型最近四年，合计收取保费占全部车型保费的18.2%，但合计承保亏损达到252亿，占到了总承保亏损的73%。参见《2012年交强险财务报告》，载和讯网：http://insurance.hexun.com/2013/2012jqxbg/，访问时间：2014年2月26日。

化的费率机制来实现。① 国内交强险费率浮动主要与上年度交通事故挂钩，且费率调整幅度过小，难以全面反映驾驶人及不同车型的风险程度，也难以产生足够的抑制事故发生的诱因。

3. 不盈不亏原则没有得到贯彻。截至2012年底，交强险累计承保亏损399亿，平均的综合成本率109.1%，累计经营亏损256亿，平均的经营利润率为-5.9%。② 但社会大众认为交强险定价信息不透明，对上述经营结果并不完全认可。2008年监管机构调高了交强险保障额度并降低了费率，之后再没有进行调整，由保险人承担交强险的巨额亏损。

（五）说明义务简化为投保人签字流程

保险法第17条及《最高人民法院关于适用〈中华人民共和国保险法〉若干问题的解释（二）》（以下简称《保险法司法解释（二）》）中对保险人规定了严格的说明义务，以弥补投保人信息不对称等问题。交强险中保险人同样负有严格的说明义务，③ 实践中保险人将此简化为投保人签字的流程控制。

1. 客观说明义务标准实际上不可能达到。《保险法司法解释（二）》中扩大了免责条款范围，保险人应对上述条款的概念、内容及其法律后果以书面或者口头形式向投保人作出常人能够理解的解释说明，否则不生效力。经实践调查及测验，尽管交强险合同比商业保险合同更为简略，但仍具有高度的专业性、复杂性，要求“常人”能够理解保险条款的概念、内容及法律后果，实际上设定了无法达到的标准。目前交强险以中介渠道、电网销渠道为

---

① 卡拉布雷西认为，责任保险不仅具有分散损失功能也具有抑制侵权行为发生的功能，抑制功能则主要通过保险费率差异化达成，不同危险程度之人缴纳不同保费，被保险人可能为降低保费而提高注意程度或增加为抑制事故的成本支出，尤其是抑制成本明显小于损害支出及将来保险费增加时诱因效果更为明显。参见［美］盖多·卡拉布雷西：《事故的成本——法律与经济的分析》，毕竟悦等译，北京大学出版社2008年版，第99~143页。

② 参见《2012年交强险财务报告》，载和讯网：http：//insurance.hexun.com/2013/2012jqxbg/，访问时间：2014年2月26日。

③ 中国保险行业协会印发的《交强险承保实务规程（2009版）》第1条即为保险人需履行的告知义务，要求保险人对免责条款、费率浮动、医疗费用审核标准等向投保人作出明确说明。

主，面对面的直销占比很小，也使得说明义务履行不具备条件。实践观察来看，投保人在购买保险交强险的过程中主要关注的是哪家保险公司，极少有投保人对保险条款内容进行审阅。

2. 说明义务简化为签字手续。对于保险法及《保险法司法解释（二）》中规定的严格的说明义务，保险人从保险审判实务中归纳提炼为四个要点：即附保险条款、明显印刷字体提示、进行说明以及对说明进行签字确认，上述四个要点均转化为保险人内部控制要点，其中最为关键的是投保人签字流程。① 保险人均在投保单上打印了“保险人已经向我说了免责条款的内容，我已经知晓并理解免责条款的内容”，并请投保人签字确认。从实践来看，说明义务已经简化为投保人的签字流程，双方对说明义务的实质内容并不关注。

（六）无法落实的代位追偿权利

交强险中代位追偿制度不仅可以强化受害人保护，使侵权人负最终责任，保险人还可以降低赔付支出，降低社会大众总体保费负担。实践来看代位追偿权无法落实。

1. 落空的代位追偿权。《最高人民法院关于审理道路交通事故损害赔偿案件适用法律若干的问题的解释》第18规定，对于驾驶人的故意制造事故、无证驾驶、酒驾等保险公司均需要赔偿，之后再行使代位追偿权利。实践来看，保险人代位追偿的结果低于支付赔款的15%，考虑律师费用等追偿成本后，代位追偿权利实际上落空。主要原因是交强险代位追偿对象均为个人，在被保险人醉驾等情况下往往还涉及到刑事责任，民事赔偿责任终止；同时追偿诉讼程序漫长，举证困难，即使判决后被保险人难以寻找，或者缺乏承

---

① 《保险法司法解释（二）》第13条规定：保险人对其履行了明确说明义务负举证责任。投保人对保险人履行了符合本解释第11条第2款要求的明确说明义务在相关文书上签字、盖章或者以其他形式予以确认的，应当认定保险人履行了该项义务。但另有证据证明保险人未履行明确说明义务的除外。

担能力而无法执行，台湾地区实践也遇到相同困境。①

2. 代位追偿的范围有限。最高人民法院司法解释规定在无证驾驶、未取得相应驾驶资格、醉酒驾驶、服用国家管制的精神药品和麻醉药品后驾驶、驾驶人故意制造交通事故五种情况下，保险人承担赔偿责任之后可向侵权人代位追偿。从实践来看，追偿范围过窄，如机动车肇事后逃逸后又被查获的，保险公司在交强险限额内承担责任，但没有赋予代位追偿权，相同情况下道路交通事故救助基金则有权向肇事逃逸的事故责任人追偿。同样还有从事犯罪行为、逃避合法拘役等情形，从立法目的来看，此类行为具有高度危险性，对交通安全造成潜在重大危险，交强险赔付后保险人却无代位追偿权。

（七）交强险实际成本居高不下

交强险中侵权责任易于成立，采用统一的条款费率，目的是提供高效率、低成本的损害救济机制，但实际运行的交强险成本居高不下。

1. 损害赔偿标准混乱。截至 2012 年底，交强险累计综合赔付率为 76.4%，各分项赔款均快速增长。② 人身伤害中的死亡赔偿金、残疾赔偿金等均以各地标准来计算，如死亡精神损害赔偿在 2 万元至 10 万元不等，差异十分明显。实践中的一个突出问题是事故损伤鉴定混乱，定损权属于保险人还是被保险人或受害人理解差异很大，发生事故后部分被保险人或受害人直接选择鉴定机构进行损害鉴定，由于鉴定市场良莠不齐，缺乏诚信，不同鉴

① “中央健保局”承担事故赔偿责任后向事故加害人求偿则难以开展，一方面是司法的不确定性，另一方面是基于效益之考量，相关资讯难以取得或过高之求偿成本可能高于收益，致使“中央健保局”考虑到证据难以取得、诉讼程序漫长、结果的不确定性、加害人资本力量有限等因素，已不再向加害人行使求偿权。张英磊：《论汽车交通事故成本之分配——以侵权行为、全面健康保险与强制汽车责任保险为中心》，载台湾地区《月旦法学》2002 年第 7 期。

② 根据中国保险行业协会公布数据，各项赔付额度均明显增长，2012 年死亡伤残案均赔款 24546 元，年均增长 17.6%，医疗费用案均赔款 5155 元，年均增长 8.6%，财产分项案均赔款为 1274 元，年均增长 5.6%。参见《2012 年交强险经营数据分析组》，载和讯网：http：//insurance. hexun. com/2013 - 09 - 02/157649833_ 9. html. 访问时间：2014 年 3 月 23 日。

定机构结果差异很大，通常大幅度高于保险人定损金额。① 部分赔案是通过中介机构等“重复参与者”来报案并理赔，有部分地区出现了专门购买人伤案件来牟利的“黄牛”，此类主体谙熟保险理赔规则，能有效利用法律规定和监管规则向保险人施加压力，各种因素导致赔偿成本大幅度提高。

2. 管理成本昂贵。截至2012年底，交强险累计费用支出1428亿，综合费用率为32.7%。② 综合费用率中包括销售成本、管理成本、税金等，总体管理成本和运行成本偏高。尤其是监管机构规定交强险手续费率不得超过4%，实际上由于保险市场中介机构畸形发展，交强险的手续费率远远超过了上述规定，③ 最终转嫁由全体投保人承担，实际上运行的是昂贵的交强险制度。

二、交强险实施效果评估：立法、司法与法律运行的割裂、冲突与对抗

法律创造的目的需要通过法律实施来实现，因此一定程度上说，法律实施比法律创制更为重要，既是考察法律制度的正当性、有效性和实际运行状况的重要视角，也是法学研究的基础。法律实施的效果与政治、经济、文化以及司法体系、民众的认可程度等密切相关。对交强险来说，直接影响其实施效果的因素包括三个方面：首先是法律规则本身的正当性和合理性，是否符合社会大众公平正义价值，自身体系是否严密，符合法律逻辑；其次是司法机关等执行法律规则的部门准确把握立法目的，裁判规范统一，妥当解决法律纠纷，为社会大众提供明确的指引，降低诉讼纠纷；再次是保险人等市场主体按照法律规则进行交易，保护消费者利益等。法律实施的效果可以通

① 如蔡仁祥诉中国平安财产保险股份公司潮州中心支公司财产保险合同案中，法院认为定损权不属于保险公司。广东省梅州市中级人民法院（2011）梅中法民三终字第55号民事判决书。

② 参见《2012年交强险经营数据分析组》，载和讯网：http：//insurance. hexun. com/2013－09－02/157649833_ 9. html，访问时间：2014年3月23日。

③ 针对实践中保险中介机构垄断市场、破坏市场竞争、索要高额手续费等问题，监管机构开始严厉管控政策性保险中的中介作用，如《中国保监会关于进一步加强农业保险业务监管规范农业保险市场秩序的紧急通知》中严禁从享受重要财政保费补贴的农业保险保费支付手续费和佣金，实际上禁止中介机构参与政策性农业保险业务。

过一些指标来进行观察和评价，包括社会公众对法律制度的满意程度、对受害人的赔偿金额、纠纷与诉讼案件数量、司法资源投入状况、法律规则的执行程度及社会公众对制度规则的熟悉理解程度等。①

如果按照上述指标来评价，无论如何也不能认为交强险法律制度实施效果良好。社会大众对交强险关注程度及引发的批评在其他法律制度中十分罕见，同时，大量数据及司法审判案例又使交强险成为研究法律实施效果的极佳范例。从实践来看，交强险集中反映了当前我国法律创制与实施中的几个普遍性问题：一是立法目的不清晰，法律体系设计不严谨，法律体系内部不协调；二是司法实践混乱，缺乏统一的司法裁判标准，同案不同判现象严重，司法与立法在一定程度互相冲突；三是缺乏对法律实效效果的评估，立法、司法与法律实施之间明显脱节，互相割裂。交强险实施后不同利益集团均从自身的逻辑出发对交强险制度进行改造，行业之间的力量对抗在一定程度上取代了法律制度完善的应有进路。

（一）立法体系的混乱：以挂车交强险为微观样本

交强险制度出台以来，法律体系争论从未中断，立法的混乱主要体现在以下方面：一是交强险的模式混乱，道路交通安全法第76条易使人理解为交强险采无过失保险模式，但《交强险条例》及侵权责任法中又采用了责任保险模式；② 二是交强险中保险赔偿责任性质的混乱，有人认为保险人承担的是无过失责任，有人认为承担的是法定责任，也有人认为责任保险模式下

① 参见朱景文主编：《法理学》，中国人民大学出版社2008年版，第387～405页。

② 有学者认为我国交强险混乱的根源在于道路交通安全法第76条中交强险模式的模糊，参见刘锐：《交强险基本模式问题探析——从最高法院司法解释和国务院行政法规的对抗谈起》，载《保险研究》2013年第11期。法国1985年改革道路交通事故赔偿法时两个核心问题就是采用何种模式（赔偿或补偿）以及与民事法律体系的关系，参见陈忠五：《法国交通事故赔偿法的发展趋势》，载台湾地区《台湾本土法学》，2005年第5期。有学者指出台湾地区机动车强制责任保险虽名为责任保险，但立法方式易使人误解为意欲以社会保险或无过失保险方式运作，后2005年修正时多次强调责任保险的性质。参见江朝国：《强制汽车责任保险法》，台湾地区元照出版公司2006年版，第118～149页。

侵权责任与保险责任应有明确区分;① 三是法律体系不统一,法律之间、行政法规、部门规章、部门规范性文件以及司法解释、各地法院的司法解释性质文件等之间互相冲突,体系不协调,尤其是《交强险条例》与最高人民法院司法解释的冲突最为明显。②

交强险立法体系的混乱可截取挂车投保交强险为一个微观样本来进行观察。2006年实施的《交强险条例》中规定挂车应投保交强险,2012年12月17日,国务院对《交强险条例》进行第二次修订,免除了挂车投保交强险的义务。③ 这次修订过程非常突然,对《交强险条例》实施以来社会反映强烈的焦点问题没有涉及,修改过程也没有充分征求社会意见,据说此次修改是为落实《国务院办公厅关于印发贯彻落实促进物流业健康发展政策措施意见部分分工方案的通知》要求,修改的理由为甩挂运输方式为先进的道路运输方式,要求挂车投保交强险的制度限制了甩挂运输的发展,因此取消挂车承保交强险的规定。

上述修订集中反映了几个问题:一是立法目的混乱,对交强险性质认识不清楚,没有认识到交强险在保护受害人、维护社会安定方面起到的重要基础作用,将挂车投保交强险的义务等同于收费项目,错误理解了交强险的性质和立法目的,且法规制定的思路前后明显矛盾。④ 二是修法前没有结合实

---

① 如杨立新、张新宝认为保险公司承担的是无过错责任,王胜明认为无论机动车与受害人有无过失,保险公司在限额内都进行赔付,邹海林则认为道路交通安全法第76条第1款规定混淆了机动车所有人或管理人和保险公司应当对受害人所承担的不同性质的责任。相关观点可参见《〈道路交通安全法〉专题研究》,载中国民商法律网:http://www.civillaw.com.cn/special.asp?id=311,访问时间:2014年4月1日。

② 参见刘锐《交强险基本模式问题探析——从最高法院司法解释和国务院行政法规的对抗谈起》,载《保险研究》2013年第11期。

③ 国务院决定对《机动车交通事故责任强制保险条例》作如下修改:增加一条,作为第43条:"挂车不投保机动车交通事故责任强制保险。发生道路交通事故造成人身伤亡、财产损失的,由牵引车投保的保险公司在机动车交通事故责任强制保险责任限额范围内予以赔偿;不足的部分,由牵引车方和挂车方依照法律规定承担赔偿责任。"本决定自2013年3月1日起施行。

④ 2010年1月,交通运输部和保监会等五部委还联合下发了《关于促进甩挂运输发展的通知》,要求认真做好挂车交强险承保和理赔服务工作,各公司不得拒绝或拖延承保挂车交强险;要采取有效措施简化挂车保险的承保理赔手续,促进甩挂运输发展。

践对相关问题进行法律经济分析。实践来看，挂车属于机动车中风险最高的类别，但挂车的交强险费率仅为同吨位货车的30%，① 挂车交强险亏损严重，实际上是家用车等对挂车进行补贴。② 取消挂车交强险后车主不得不投保商业车险来分散风险，实际上加重了负担。三是造成法规体系的混乱，与此次《交强险条例》修订同月发布的《最高人民法院关于审理道路交通事故损害赔偿案件适用法律若干问题解释》中却提到挂车应依法投保交强险，③ 法规体系的混乱与冲突更加加剧。四是没有充分考虑条例修订后的执行效果。上述修订发布后，各商业保险公司纷纷对商业险挂车承保政策进行修订，鉴于挂车的高风险性，保险公司普遍对挂车采取了限制承保的政策，将挂车保额限制在较小额度，或者原则上不予承保，或者显著上调了费率。因商业险并无强制承保义务，实际上造成挂车投保困难，或者保险成本显著提高，条例修订结果与促进甩挂事业发展的目标明显相背离。

（二）司法实践的混乱：以分项赔偿限额为样本

客观来讲，我国交强险存在赔偿责任额度过小、保障范围狭窄、赔偿程序繁杂等问题，尤其是在社会保障体制不健全的情况下，社会大众对交强险制度体系给予过高期望，加之法律法规体系不统一，引发了大量诉讼纠纷，矛盾集中到法院身上，法院承受了超过其自身可承受的压力。在压力之下法院不可避免的偏向受害人救济等正义价值标准，强调损害填补与社会安定，实践中的损害赔偿法律总是向有利于受害人的方向扩展。④

---

① 中国保监会《关于中国保险行业协会调整机动车交通事故责任强制保险费率的批复》（保监产险〔2008〕27号）。

② 根据保险行业协会公布，2012年挂车交强险综合成本率（包括赔付支出及费用支出）为282.1%，位列所有车型中最高，挂车四年累计承保亏损77亿元，明显为其他车型补贴挂车。参见《2012年交强险经营数据分析》，载和讯网：http：//insurance. hexun. com/2013 - 09 - 02/157649833_ 9. html. 访问时间：2014年3月23日。

③ 《最高人民法院关于审理道路交通事故损害赔偿案件适用法律若干问题解释》第21条第二项明确规定："依法分别投保交强险的牵引车和挂车连接使用时发生交通事故造成第三人损害，当事人请求由各保险公司在各自的责任限额范围内平中却均赔偿的，人民法院应予支持。"

④ 实践观察，法律总是向有利于受害人的方向扩展，包括扩展因果关系、限制抗辩理由、扩大可赔偿类型、扩展责任人等。参见［英］P. S. 阿蒂亚：《"中彩"的损害赔偿》，李利敏、李昊译，北京大学出版社2012年版，第25~65页。

实践来看，法院在处理交强险案件中通过以下方式来强化受害人保护：首先通过个案判决将精神损害赔偿纳入交强险赔偿范围，认为道路交通安全法第76条的“人身伤亡”包括精神损害，扩大保障责任，并最终通过司法解释予以确认，① 实践中精神损害赔偿已经成为交强险的法定赔偿内容。其次在法律适用中强化受害人保护，通过目的解释、法律冲突适用、条款审查等方式排除交强险条例和交强险条款，扩大赔偿金额。再次在个案中因果关系成立、侵权责任有无等方面实行倾斜保护。

值得肯定的是，上述方式在强化受害人保护、及时填补损害、维护社会安定等方法发挥了积极作用。然而法院的性质决定了其在处理案件中面临社会公平正义和效率多重目标，价值目标之间往往互有冲突，过度强调社会正义价值目标往往会损害效率目标的实现，导致制度运行总成本的提高和社会整体资源的浪费。实践来看，对受害人倾斜保护倾向明显的地区也是交强险亏损最为严重的地区。②

以交强险中分项限额为例来考察。《交强险条例》第23条规定我国交强险赔付标准实行事故分项限额制度，包括死亡伤残限额、医疗费用限额和财产损失限额三个分项。实践来看，各地法院对此问题分歧很大，部分法院坚持分项赔付标准，部分基层法院则以分项限额与道路交通安全法第76条相冲突、不符合交强险的立法目的等来否定上述限额，判决医疗费用在总赔偿

① 《最高人民法院关于审理道路交通事故损害赔偿案件适用法律若干问题解释》第14条规定：“道路交通安全法第七十六条规定的‘人身伤亡’，是指机动车发生交通事故侵害被侵权人的生命权、健康权等人身权益所造成的损害，包括侵权责任法第十六条和第二十二条规定的各项损害。”第十六条规定：“被侵权人或者其近亲属请求承保交强险的保险公司优先赔偿精神损害的，人民法院应予支持。”

② 据保险行业协会统计，2012年江苏、浙江、上海、安徽、重庆、宁波六个地区交强险分别亏损77、69、41、16、14亿元，其保费占全国同期的21.3%，但亏损占总亏损的74%。上述地区也是分项判决倾向最为明显的地区。http://insurance.hexun.com/2013-09-02/157649833_16.html。

限额内赔付，[①] 还有部分基层法院步子迈得甚至更大，将财产损害也在交强险总额内予以赔付。[②] 针对上述问题，2012 年 12 月，最高人民法院民一庭通过复函对此进行了明确，认为应在交强险分项限额范围内赔付。[③] 但紧随其后《最高人民法院关于审理道路交通事故损害赔偿案件适用法律若干问题的解释》中却没有涉及分项限额问题，最高人民法院民一庭负责人就上述司法解释答记者问中提到了分项限额，从其表述意思看应该是按照分项限额来赔付。[④] 最高人民法院复函下发后各地法院态度不一，部分法院认为该函复函不具有普遍适用效力而拒绝适用，部分法院则按照上述复函精神来裁判案件。实践来看，分项限额方面司法不统一的问题继续存在，同类案件中受害人得到赔付数额差异巨大。

（三）保险人的理性选择：努力降低赔付成本

法律体系的冲突以及司法实践的不统一，使得实际经营交强险的保险公司面临尴尬地位，一方面保险公司受到猛烈的批判，蒙受声誉损失；另一方面无法调整费率，不得不承受巨大的亏损压力。保险人通常的选择是按照市场中“理性的人”出发，努力降低赔付成本，防止更大的亏损。

---

① 如莫美凤诉人保宜州支公司道路交通事故人身损害赔偿案中，法院不区分死亡伤残赔偿限额和医疗费用赔偿限额，医疗费用在交强险总额内予以赔付。法官认为《交强险条例》是各方力量博弈的结果，带有明显的行业保护性质，与道路交通安全法的立法目的相违背，根据道路交通安全法第 76 条，保险公司承担的是法定责任。这种意见也代表了实践中大部分基础法院的意见。参见国家法官学院案例开发研究中心编：《中国法院 2012 年度案例——道路交通纠纷》，中国法制出版社 2012 年版，第 132 页。

② 如（〔2012〕魏民初字第 02494 号）及（〔2013〕邯市民一终字第 314 号）判决中，法院判决交强险总额内赔付财产损失赔偿 70928 元。

③ 最高人民法院（2012）民一他字第 17 号：“根据《中华人民共和国道路交通安全法》第十七条、《机动车交通事故责任强制保险条例》第二十三条，机动车发生交通事故后，受害人请求承保机动车第三者责任强制保险的保险公司对超出机动车第三者责任强制保险分项限额范围的损失予以赔偿的，人民法院不予支持。”

④ 最高人民法院民一庭负责人在《关于审理道路交通事故损害赔偿案件适用法律若干问题的解释》答记者问中说，发生交通事故后，应当首先由交强险在其责任限额范围内（包括分项限额）予以赔偿。http：//www. court. gov. cn/xwzx/jdjd/sdjd/201212/t20121220_ 181129. htm，2014 年 3 月 1 日查询。

1. 实际上运行的两套理赔标准。保险人方面实际上运行着行业协会制定的交强险理赔规程和法院裁判结果两套理赔标准，正常情况下按照交强险理赔规程理赔，对于诉讼到法院的，则按照法院判决结果理赔，行业协会制定的理赔规程与法院判决设定的理赔标准差异明显，其中后者明显高于前者。保险公司内部控制流程按照行业协会理赔规程制定，对于超过行业理赔规程标准的案件通常与公司内部控制流程和风险管理要求相冲突，难以协商解决，有时甚至不得不“主动要求”被保险人或受害人去法院起诉，以法院判决书作为结案的依据。

2. 无法核算清楚的交强险成本。保监会要求保险公司应对交强险进行单独核算，对相关费用要进行合理分摊。① 实践来看，交强险准确核算难以做到，一方面，监管机构规定交强险的手续费不超过4%，但实际上交强险大部分来源于中介渠道，支付的手续费远高于法定标准，保险人通常将超过4%的手续费计入商业车险成本。另一方面，《保险公司费用分摊指引》等均为原则导向，实际分摊时商业险和交强险的费用总是无法完全准确划分的。实际交强险的成本甚至比公布的数据还要高，给保险人造成了沉重的负担。

总体来看，当前我国交强险即陷入了“共输”的窘境：对保险人来说，承受巨额亏损压力，声誉受损，管理成本居高不下；对于被保险人来说，保费难以降低，保障程度没有提高，② 且受到不公平对待；对于受害人来说，赔偿金额过低，索赔程序漫长，遭受经济和心理的多重折磨；对于法院来说，大量的小额、无意义的诉讼案件涌入法院，浪费了宝贵的司法资源，法官疲于应付，精疲力竭。同为政策性保险的城乡居民大病保险，同样陷入此境地，参与此类险种的保险公司大部分是“赔本赚吆喝”，背离了风险分散、

---

① 参见《关于印发〈机动车交通事故责任强制保险业务单独核算管理暂行办法〉的通知》，保监发〔2006〕74号。

② 先进国家其强制投保金额多已经接近实际赔偿金额，因此较少在强制保险金额外，另依过失责任原则认定责任之难处。参见江朝国：《强制汽车责任保险法》，智胜出版社1999年版，第97页。我国交强险采用“事故分项限额制度”，保障程度最低。参见韩长印：《我国交强险立法定位问题研究》，载《中国法学》2012年第5期。

风险公担等基本保险原理的政策性保险制度持续性已经确确实实成为问题。①

（四）出路：社会正义价值与效率价值目标的协调

政策性保险利用商业化保险制度来实现公共政策目的，其必然要兼顾正义性价值目标和效率性价值目标，以实现及时救助受害人的公共政策目的，并能维持交强险体系健康持续运作。完善交强险需要统筹协调好正义价值目标与效率价值目标，② 从保险原理和法律原理上的双重视角来解决问题。

1. 交强险中的正义性价值目标

交强险中的正义性价值目标，应从交强险的立法目的来探讨，具体包括三点：一是保障受害人迅速、便捷获得赔偿。道路交通事故中受害人急需救治，及时赔付对于救助伤害、抚慰家属甚至社会安定均意义重大。交强险制度主要通过确保求偿权力实现及改善处理流程等来达到上述目的，包括侵权责任的严格化、严格限制免责事由、赋予受害人的直接请求权等来实现上述目标。二是保障受害人获得基本保障。从世界各主要国家和地区实践来看，交强险主要为受害人提供基本的救济保障，在此基本保障之上的赔偿责任则

---

① 大病保险收不抵支难持续 医保结余多到花不出去，载2014年03月07日？23：30??华夏时报。2012年8月30日六部委发布《关于开展城乡居民大病保险工作的指导意见》，大病医保正式启动截至目前，全国虽然已有28个省份、130多个城市开展了大病保险试点，但问题颇多。大病保险如何可持续发展，成为此次“两会”关注的焦点问题。正如全国政协委员、中国人保集团董事长吴焰在今年“两会”提案中所言：“大病保险在试点过程中存因背离‘风险共担’政策影响制度的可持续性；筹资标准过低影响财务的可持续性；统筹层次偏低影响基金的调剂与大病风险的可持续管控；诊疗信息共享程度偏低影响医疗资源可持续利用等方面的问题。”

② 事故法的目标包括：首先是正义与公平，其次是必须减少事故的成本，两者均不能忽视。[美] 盖多·卡拉布雷西：《事故的成本——法律与经济的分析》，毕竞悦等译，北京大学出版社2008年版，第22页。

通过任意商业保险或由侵权人自身来承担①。交强险采取基本保障的原因有两方面：首先，政策性的强制保险需要政府强制力来推行，需要符合必要性和比例性原则。其次，基本保障之外的则由商业保险制度来解决，不对市场及个人进行过度干预。基本保障也使得汽车所有人保险费负担不致过重，有利于强制保险制度的推行。基本保障的主要体现是总额限制、有限范围和分项限额制度。②三是减少大量、无意义的诉讼案件。诉讼过程相对漫长，对受害人来说不仅身心疲惫，而且可能面临财务窘迫、难以及时救治等困境，对其生活造成更大伤害，甚至激化矛盾。从社会公共利益角度出发，大量的小额交强险纠纷案件诉至法院，挤占宝贵的司法资源，也对社会公共利益造成巨大的浪费。四是保障受害人得到平等的赔付。平等权是保险消费者权利的重要内容，投保人应当得到平等对待，由此也自然延伸出受害人保障平等的重要目的。因侵权人需要承担交强险赔偿之外的责任，如果没有受害人的平等赔偿自然就没有被保险人的平等保护。在交强险中受害人平等保障具体包括保障责任范围的平等，保险理赔等程序方面的平等对待，发生事故后受害人得到平等的保障。

2. 交强险中的效率性价值目标

交强险的效率性价值目标包含制度本身的可持续性以及制度运作的经济性两个层级，前者要求交强险财务稳健，能长期持续良性运作，具体讲就是交强险须满足保险基本原理，主要包括：风险是确定的，保险人能够对风险进行评估；保险人收取的保费应该是充足、合理的，能弥补各项赔付支出和

---

① 如台湾地区“机动车强制责任保险法”第1条规定：“为使汽车交通事故所致伤害或死亡之受害人，迅速获得基本保障，并维护道路交通安全，特制定办法。”其“行政院”提案说明指出：“本保险仅对体伤提供基本保障，财产损失不纳入保障范围，因本保险采限额无过失主义，保险金额如订得过高，涵盖被保险人之所有损害赔偿责任，固可提供受害人更充分之保障，惟将增加汽车所有人之保险费负担。基此考虑，本法依多数国家立法例，采提供基本保障。”“实施初期为免汽车所有人负担过重且避免复杂化，参照日本及英国等国立法例，明定本法对车祸受害人所遭致之人体伤亡提供基本保障，至于超过法定限额之人体伤亡损害及财物损害，则属任意保险之范围。”参见台湾地区“立法院”秘书处编印：《强制汽车责任保险法案》，法律案专辑第196辑（上），1997年6月出版。

② 参见郭左践主编：《机动车强制责任保险制度比较研究》，中国经济出版社2008年版，第36~38页。

运行成本支出；保障范围应该明确，风险与保费相匹配；费率应该尽可能反映风险之间的差异；保费在被保险人的承受范围之内；理赔过程应该公平合理等。如果忽视了上述保险基本原理，过度强调正义性价值目标的实现，则有可能危及保险制度长期健康运作。

从法律经济学角度来看，交强险制度运作的效率性目标为减少事故的总成本，包括三个子目标：减少事故数量的预防成本、赔偿支出的损害分散成本、减少事故处理的管理成本。① 在交强险中，具体包括向受害人支付的赔付成本、保险公司处理的管理成本、社会处理纠纷案件的司法成本等总和为最低。交强险改善的方向，应当是建立高保障、低成本的强制保险制度，首先努力提升保障额度，扩大保险责任范围，提供与经济社会发展水平相适应的保障水平；同时应努力简化交强险处理流程，降低保险人管理费用成本，特别是降低诉讼案件数量，节约的成本用于提升保障范围，也避免了大量社会资源的无意义的浪费。

三、实践出发：提升交强险法律实施效果的关键问题

针对我国交强险种种问题，学者提出多种根本性的变革方案。② 从保险人实际来看，交强险推行7年来，社会大众逐步适应责任保险模式，社会资源已经大量投入，如果进行重大变革，势必会浪费社会资源，也与我国经济社会发展状况不相符，理性、务实的选择仍然在于完善现有交强险制度，改进整体运作效率。从实践出发，应重点解决以下几个问题：

（一）必须理清交强险的模式及保险责任的性质

实务中最大的混乱在于对交强险模式及保险人承担的责任性质认识混乱，必须得从原点上来开始理清法律体系。

---

① ［美］盖多·卡拉布雷西：《事故的成本——法律与经济的分析》，毕竟悦等译，北京大学出版社2008年版，第22～26页。

② 有学者提出应对我国交强险进行根本改革，提出取消法定限额制度而采用无封顶的法定保障模式、将交强险和商业三者险合二为一、改“不盈不亏”原则为“适度盈利”模式等，参见韩长印：《我国交强险立法定位问题研究》，载《中国法学》2012年第5期。

1. 我国交强险为强制责任保险模式

从世界其他国家和地区实践来看，强制汽车责任保险模式总体归纳有两种，即责任保险模式和无过失保险模式。责任保险模式为德国、法国、日本等绝大部分国家和地区所采用，其内部法律关系包括侵权责任和保险责任两个层级，社会保险模式则不问侵权责任成立与否，只要发生约定的损害事故，保险人均予以补偿，采用社会保险模式的主要有加拿大的魁北克、美国部分州及新西兰等。

责任保险模式和社会保险模式有显著区别：一是责任保险模式中涉及保险人、被保险人及受害人三者关系，为第三人保险，社会保险模式中仅涉及保险人、受害人两方当事人，为第一人保险；二是责任保险模式中，受害人向侵权人求偿，社会保险模式中受害人直接向保险人求偿；三是责任保险模式中赔偿范围由保险合同约定，无过失保险模式中赔偿范围通常限于人身伤害，不包括精神损害赔偿；四是责任保险制度中不免除被保险人的侵权责任，无过失保险模式中通常在无过失补偿范围内免除侵权人的侵权责任。① 针对责任成立不易、诉讼高发等问题，责任保险模式中侵权责任日益严格化，并增加了受害人对保险人的直接赔偿请求权，受害人保护力度逐步加强。台湾地区机动车强制责任保险则采限额无过失主义，特点在于侵权责任和责任保险两个制度的“脱钩”，即保险赔偿责任不以交通事故侵权行为发生损害赔偿责任为前提。上述制度体现了一定的无过失保险思想，但总体仍为责任保险模式。② 我国交强险包括被保险人、受害人和保险人三方主体，为第三人保险形式，包含侵权责任和保险责任两层法律关系，属于典型的责任保险模式。

我国交强险为政策性保险，其政策性主要体现在对投保和承保的强制以及对运作的行业监管上，体现了一定的社会连带思想，主要是国家对严重影响人民生活安定的重大风险予以干预，但其本质上是一种由政府给予政策支持的商业保险。③ 与社会保险相比，其采用个人风险高低对应相当保费之原

---

① 参见施文森、林建智：《强制汽车保险》，台湾地区元照出版社2009年版，第16～20页。

② 王泽鉴：《侵权行为》，北京大学出版社2009年版，第515～517页。

③ 温世扬：《保险法》，法律出版社2003年版，第16页。

则，在衡量对人民财产权的侵害以及政策性目的时，比例原则可以稍低于社会保险，但其仍然受保险原理之限制。①

2. 交强险中保险责任的性质为契约责任

在责任保险模式下，保险人承担的保险赔偿责任的性质引起了广泛的争论，主要是法律表述中对侵权责任与保险责任没有有效区分，社会大众易将交强险的性质误解为社会保险，将保险公司的契约责任理解为绝对责任，②基础法官也多持此种见解。③ 台湾地区的强制汽车责任保险中侵权责任和保险赔偿责任“脱钩”，其特色在与通过受害人的直接赔偿请求权确立了保险人的法定赔偿责任，发生保险事故后受害人可选择向侵权人或者保险人主张赔偿请求权，对保险人请求权的内容为法定保险给付项目，保险人依此给付，④ 保险人的赔偿责任最终仍回归到契约责任上来。《最高人民法院关于审理道路交通事故损害赔偿案件适用法律若干问题的解释》中也体现了上述

① 江朝国：《社会保险，商业保险在福利社会中的角色》，载台湾地区《月旦法学杂志》2010 年第 10 期。

② 有学者认为我国交强险混乱的根源在于道路交通安全法第 76 条中交强险模式的模糊，参见刘锐：《交强险基本模式问题探析——从最高法院司法解释和国务院行政法规的对抗谈起》，载《保险研究》2013 年第 11 期。法国 1985 年改革道路交通事故赔偿法时两个核心问题就是采用何种模式（赔偿或补偿）以及与民事法律体系的关系，参见陈忠五：《法国交通事故赔偿法的发展趋势》，载台湾地区《台湾本土法学》，2005 年第 2 期。有学者指出台湾地区机动车强制责任保险虽名为责任保险，但立法方式易使人误解为意欲以社会保险或无过失保险方式运作，后 2005 年修正时多次强调责任保险的性质。参见江朝国：《强制汽车责任保险法》，台湾地区元照出版公司 2006 年版，第 118 ~ 149 页。

③ 如在董正忠诉葛红刚、中国平安财产保险股份公司云南分公司一案中，有法官认为，根据道路交通安全法第 76 条，承保交强险的保险公司承担的是一种无过错赔偿责任。参见国家法官学院案例开发研究中心编：《中国法院 2013 年度案例——保险纠纷》，中国法制出版社 2013 年版，第 3 页。实践中这也是基层法官的普遍观点。

④ 王泽鉴：《侵权行为》，北京大学出版 2009 年版，第 515 ~ 517 页。

思路。①

从损害赔偿法及责任保险原理来看，认为交强险中保险人承担无过失责任的观点是值得商榷的，保险责任与侵权责任应有所区分。首先，保险责任与侵权责任明显区分，为独立的损害赔偿发生原因。保险契约与担保、保证契约相同，自始即以损害赔偿为目的，侵权责任、违约责任、保险责任和法定责任同为损害赔偿的发生原因。其次，保险责任与违约责任有明显区别，违约责任为对他人利益的侵害，具有主客观上的可责难性，但保险人承担保险赔偿责任并无任何可责难性而言。② 再次，发生保险事故后保险人基于合同约定填补损害，属于合同履行，并无契约义务的违反情形，自然也无归责原则的适用。③ 交强险中建立受害人对保险人的直接请求权，其立法目的是加强受害人保障，并未改变保险责任的性质。④ 即使说道路交通安全法第76条为保险人设定了法定责任，但也仅规定赔偿责任的成立，具体限额仍应根据交强险合同来约定。由此可见，交强险中保险责任性质为契约责任，保险金的给付种类及范围自应当依据保险契约约定，与社会保险金给付的法定责

---

① 最高人民法院民一庭负责人在《关于审理道路交通事故损害赔偿案件适用法律若干问题的解释》答记者问中说，关于交强险的功能及其与侵权责任的关系曾引起过激烈讨论，我国的交强险制度更加强调交强险的基本保障功能，更为重视对受害人损失的填补功能，相应地，交强险在其责任限额范围内与侵权责任在一定程度上相互分离。参见最高人民法院官方网站：http：//www. court. gov. cn/xwzx/jdjd/sdjd/201212/t20121220_ 181129. htm，访问时间：2014年3月12日。

② 参见王泽鉴：《损害赔偿法的体系、请求权基础、归责原则及发展趋势》，载台湾地区《月旦法学杂志》2005年第119期；曾世雄：《损害赔偿法原理》，中国政法大学出版社2001年版，第9~15页。

③ 通常认为，合同责任就是违约责任，包括实际违约、预期违约、加害给付、合同无效、缔约过失、后契约义务责任等多种形式，但均以违反合同义务为前提，为合同不履行的法律后果，合同责任的归责原则仅适用于上述情况，并未有合同履行情形下归责原则的适用。参见王利明：《违约责任论》，中国政法大学出版社1996年版；杨立新：《中国合同责任研究》，载《河南省政法管理干部学院学报》2000年第1期。

④ 被保险汽车造成他人损害应负赔偿责任，惟保险人乃基于保险契约为保险金给付，并非直接对受害人负损害赔偿责任。申言之，汽车交通事故发生，对保险人来说系保险事故之发生，而非侵权行为之构成。参见江朝国：《强制汽车责任保险法》，台湾地区智胜出版公司1999年版，第234页。

任明显不同。①

同时，道路交通安全法之后的颁布的侵权责任法第49条、50条、52条都明确区分了侵权责任和保险责任，强调发生交通事故后属于机动车一方责任的，由保险公司在交强险责任限额范围内予以赔偿。道路交通安全法第76条与侵权责任法明显不统一，今后应对道路交通安全法第76条予以修正。

（二）侵权责任与保险赔偿责任的适度分离

从实践来看，我国交强险总是能够得到赔付，但过程因责任成立问题引发大量纠纷，导致赔付过程漫长，与立法目的相悖，徒增社会成本，对整体社会实无益处。借鉴其他国家和地区交强险运作经验，结合国内实际，可将交强险中的侵权责任和保险赔偿责任适度分离。②

1. 强化无过失侵权责任法律基础

从强化保护受害人角度出发，应进一步强化侵权责任的无过失责任法律基础，只要侵权行为与损害后果之间有因果关系的，则保险公司在法定限额范围内承担赔偿责任，侵权人是否成立一般民法上的侵权责任则在所不问。③

侵权责任严格化也是其他国家和地区的主要方式。德国规定了汽车保有

---

① 郑玉波：《保险法论》，刘宗荣修订，台湾地区三民书局股份有限公司2012年修订九版，第187页。

② 在《最高人民法院关于审理道路交通事故损害赔偿案件适用法律若干问题的解释》中，最高人民法院民一庭负责人说，司法解释起草过程中，关于交强险的功能及其与侵权责任的关系曾引起过激烈讨论。在听取各方不同意见的基础上，《解释》所采纳的基本原则是，依据道路交通安全法第七十六条的规定，我国的交强险制度更加强调交强险的基本保障功能，更为重视对受害人损失的填补功能，相应地，交强险在其责任限额范围内与侵权责任在一定程度上相互分离。因此，发生交通事故后，应当首先由交强险在其责任限额范围内（包括分项限额）予以赔偿。参见最高人民法院官方网站：http://www.court.gov.cn/xwzx/jdjd/sdjd/201212/t20121220_181129.htm，访问时间：2014年3月12日。

③ 基于强化保护受害人的立法目的，交强险中的侵权责任已经与一般民法上的民事责任有了明显区别，如一般民法上对于不可抗力、受害人与有过失、第三人行为等均为免责事由，但其往往凝滞损害赔偿过程，使得保护受害人充分、快捷得到赔偿的立法目的相悖，因此，交强险中的侵权责任成立具有独立性，且具有排他性，排除一般民法上相关规定的适用。参见 陈忠五：《法国交通事故损害赔偿法的发展趋势——以1985年7月5日法律的改革为中心》，载台湾地区《台大法学论丛》第34卷第1期，第148页。

人负危险责任（无过失责任），并与强制汽车责任保险相结合，赋予被害人对保险人的直接请求权。日本先确立其过失推定之举证责任倒置，但实质上为无过失责任、严格化的责任。① 我国台湾地区交强险中创设了限额无过失责任，其主要特点是民事责任与保险赔付责任的“脱钩”，避免加害人无过失情况下是否承担赔偿责任发生纠纷，甚至引发不必要的诉讼，以使受害人尽快获得赔偿。② 有学者指出，采用了限额无过失制度是台湾地区交强险运行较好的一个主要原因。

交强险采用无过错责任也符合现代风险社会中侵权法的功能发生嬗变趋势，即更加强调损害填补功能，透过保险制度将风险分散到社会大众，增加侵权人的是损害负担能力；同时侵权法抑制预防和威慑功能进一步弱化。责任保险提供了无过失责任实际基础，而无过失责任适用范围扩大更促进责任保险制度之发达。③

强化无过失责任基础应取消我国交强险条款中有责与无责情况下的分项限额区分，这也是我国交强险法律基础矛盾的主要问题所在。交强险限额赔偿标准统一，贯彻落实无过失责任基础，减少法律理论纠纷，有利于实现交强险保护受害人的立法目的。从实践来看，涉及人身伤害的交通事故中机动车责任总是能够成立，部分法院也已经通过判决否定了无责限额。④ 从保险人角度来看，取消有责无责区分可大大简化理赔流程，降低交强险运作成本，实务中涉及财产损害赔偿责任的无责方赔偿限额也由有责任来代偿，且

① 王泽鉴：《侵权行为》，北京大学出版社2011年版，第483页。

② 林勋发：《强制汽车责任保险法主要争议与修正条文评述》，载台湾地区《台湾本土法学》2005年第69期。

③ 王泽鉴：《民法学说与判例研究》（第二册），中国政法大学出版社2005版，第161页。

④ 如在李甲等诉中国太平洋财产保险公司梧州中心支公司交强险合同案中，法院认为道路交通安全法第76条规定保险公司对第三者的赔偿责任为无过失赔偿责任，即投保交强险的机动车发生交通事故，只要造成了第三者人身伤亡、财产损失的，不论有责和无责，保险人都应在强制保险责任限额内予以赔偿，这是法定且不附其他条件的，无责限额与上述规定相抵触。载国家法官学院案例研究开发中心编：《中国法院2013年度案例——道路交通纠纷》，中国法制出版社2013年版，第221页。

没有互相清算，[①] 取消有责无责区分不会对保险公司造成很大影响。同时，交强险赔偿范围主要为人身伤害，赔偿金额相对有限，且理赔过程中需要审查实际治疗或鉴定过程，难以藉此进行保险诈骗行为，采无过失责任基础也不会引发显著的道德风险。

2. 尚不具备无过失补偿的经济法律基础

同时，鉴于我国的经济社会发展状况及实践中的法律法规体系，我国也不宜采台湾地区限额范围的无过失补偿模式，交强险中侵权责任与保险责任还不能完全“挂钩”，[②] 主要是我国交强险运作的法律基础和经济社会条件还不具备无过失补偿机制的经济法律基础：一是交强险总体投保率低，覆盖相对有限，且交强险保障额度及范围有限，被保险人不得不通过商业保险来分散风险；二是与交强险制度相搭配的道路交通事故救助基金仅承担抢救费用，保障范围与交强险差异明显，其救助基金规模小，覆盖范围相对有限，无法起到交强险的补充作用，[③] 三是我国交强险赔偿限额中包括了财产损害，司法实践中最高人民法院通过司法解释已经事实上将精神损害赔偿纳入交强险赔偿范围，而台湾地区无过失补偿机制中通常不包括这些内容，四是台湾

---

① 保险行业协会制定的《机动车交通事故责任强制保险理赔实务规程（2009 版）》规定，无责任方财产损失赔偿均由全责方代付，各公司仅进行统计但不互相清算。

② 台湾地区交强险的法律基础也有不同理解，王泽鉴认为从节省诉讼成本、加强受害人保护的角度，应理解为无过失补偿制度。参见王泽鉴：《侵权行为》，北京大学出版社 2013 年版，第 26 页。江朝国认为应为危险责任下的强制保险模式。参见江朝国：《强制汽车责任保险法》，第 137 ~ 146 页；叶启洲：《强制汽车责任保险之除外危险与代位——兼评新“强制汽车责任保险法”第二十九条之妥当性》，认为在限额无过失主义下，如加害人并无故意或过失，保险人仍负保险责任。但林勋发教授认为，“强制汽车责任保险法”所采者系限额无过失责任主义，而非限额无过失主义，其立法技术类似与“民法”第 81 条，均在法定保险金额内，将“民法”规定汽车交通事故归责原则，从推定过失责任变更为无过失责任，参见《2005 年学界回顾（三）：保险法》，载台湾地区《月旦法学杂志》2007 年第 1 辑，第 140 页。

③ 根据保险行业协会数据，2012 年汽车投保率为 84%，包含摩托车、拖拉机等总体投保率仅为 54%，与发达国家和地区近于 100% 的投保率差异明显。2010 年至 2012 年道路救助基金共提取 58 亿，而仅 2012 年交强险赔付支出就达到 821 亿，道路救助基金规模小，目前由各省财政部门管理，其运作情况不得而知。参见《2012 年交强险财务报告》，载和讯网：http：//insurance. hexun. com/2013/2012jqxbg/，访问时间：2014 年 2 月 26 日。

的交强险与全面健康保险机制相搭配，发生事故后通常受害人由社会保险性质的全民健保机制赔付，之后全民健保机构再向承保交强险的保险公司求偿，我国则不具备上述社会经济条件，无过失补偿机制难以推行。

（三）贯彻落实平衡对价原则

从法律视角来看，交强险应当符合平衡对价原则，保险人与投保人之间互负债务，互为对价，保险费应客观上等于保险人承担危险所需之代价。[①]一方面，投保人缴纳的保险费与保险人承担的保险责任相平衡，包括个体投保人和全体投保人两个层次，投保人缴纳保费与其风险程度相匹配，避免被保险人多缴纳保费，尤其是全体投保人共同缴纳的保费与整体保险责任相匹配，否则保险制度难以维系；另一方面，禁止保险人通过交强险获得不合理利润，交强险由政府强制力推行，分散全体成员可能面临的重大社会风险，保险人收取的保险费以维持保险制度的持续性为限，保险人不能通过政策性的交强险来获取不合理利润，其通过交强险可获得的社会声誉、分摊固定费用以及赢得商业保险的机会。

当前我国交强险中争议较大的保障额度低、保费高以及巨额亏损等问题，归根结底应当从贯彻对价平衡原则来解决，应从以下方面完善：

1. 确定保险责任范围

保险责任范围确定是保险人厘定费率的基本前提，如果责任范围无法确定，从保险角度看属于“承保风险模糊”，保险人原则上可以通过收取额外保费来应付“难以预计”的事故风险。明确、清晰的保险责任范围也是我国交强险法律制度设计的基本指导思想。[②]

首先放弃交强险标准合同是说明义务。交强险中说明义务引发了大量纠纷，实际上惩罚了“老实人”的效果。说明义务的主要目的是保障消费者的资讯权，改善投保人和保险人信息不对称，使投保人能决定是否订立保险契

---

① 江朝国：《对价衡平原则介入契约自由原则的界限——善意复保险危险发生后不得请求保费返还》，载台湾地区《台湾法学杂志》第165期。

② 王胜明：《道路交通事故赔偿制度的演变和立法思考》，载中国民商法律网：http：//www.civillaw.com.cn/article/default.asp？id=38477，访问时间：2014年2月31日。

约及同意保险条款、价格等。①但上述立法理由在交强险中并不适用，首先，交强险由国家强制投保，无投保人的选择权而言，其次交强险合同采用全国统一条款和基础费率，并无差异，可以通过行业公示、消费者教育等方式来达到说明的目的。课以严格的说明义务，只会徒增纠纷，增加交强险整体运行成本。

其次强调被保险人团体利益的整体保护。基于危险共同体与保险大数法则的特性，保险契约的解释、法律适用等有去个人化的特点，在个案中也通常将团体原则及保险技术原则列为优先原则来考虑。②保险责任确定之后，投保人、受害人和保险人对保险责任赔偿的预期趋于一致，不仅会大幅度降低交强险纠纷诉讼案件，更可显著降低保险公司管理成本，提高交强险整体运行效率。

再次应统一司法裁判标准。交强险同案不同判现象十分明显，这样不仅损害了保险合同的稳定性，导致受害人不公平对待，判决保险公司一边倒败诉结果也成为大量诉讼案件的诱因，法院陷入大量小额、无意义的诉讼案件之中。统一司法裁判尺度，各方当事人的预期标准才能接近或一致，才可从根本上巨大滥诉的风险。

2. 完善费率调整机制

交强险中贯彻落实平衡对价原则的核心问题是费率高低，当前费率高保障范围低是社会大众不满意的主要因素。交强险费率厘定应坚持合理、充分、公平原则，费率能补偿风险转移的成本支出，确保财务安全，民众负担不过高，且对所有人公平对待。③。根据上述原因，完善以下方面：

首先，完善费率动态调整机制。交强险经过 7 年运作已经积累了相对充分的数据来调整费率，一方面，根据赔付数据来准确测算纯保费率，使得总体风险和保费进一步匹配；另一方面，对附加保费进行一定程度的限制，细化附加保费分摊标准，参照总体交强险管理水平对分摊管理费用的比例进行

---

① 如德国保险合同法第 7 条及台湾地区“金融消费者保护法”第 10 条，其核心内容均是保护保险消费者的资讯权，使其能在是否投保、险种、保障范围及价格等方面作出更合理的决定。

② 叶启洲：《保险法实例研习》，台湾地区元照出版社 2011 年版，第 41 页。

③ 参见孟生旺主编：《非寿险定价》，中国财政经济出版社 2011 年版，第 9 页。

严格限制，防止保险公司利用交强险分摊过高费用。

其次，建立独立机构费率审查机制。法律制度获得社会大众认可的基本途径是扩大社会公众的知情权、参与权，进行充分的讨论和沟通。保险费率厘定有很强的专业性，可在费率调整中引入社会独立机构的审查机制，由与保险行业独立的社会专业人士对交强险的费率厘定过程进行审查，对定价的充分性、有效性、公允性进行审查，以增强定价的公信力，消除保险业与社会公众之间的隔阂与误解。

再次强化差别化的费率机制。国外实证研究表明，因交强险中保险公司承担赔偿责任，侵权责任的抑制功能弱化，更为严格的差别费率标准对于抑制交通事故发生有明显作用，特别是对于过去记录的不良驾驶行为人效果更为突出。① 目前的交强险制度中保费并未完全反映不同种类车辆之间、不同地区之间、不同投保人之间的风险差异，投保人互相交叉补贴不利于抑制高风险种类车辆事故的发生。目前浮动费率机制难以产出足够的激励效果来抑制危险的发生，尤其是不同车型之间的问题最为突出。在大数据时代，各类投保人的风险因子可获得渠道增多，为强化差别化的费率机制提供了条件。

（四）简化交强险理赔程序

简化交强险理赔程序、加快交强险理赔速度才能更好达到保障受害人的目的，除了取消有责无责的区分、促进保险责任成立之外，建议从以下方面改进程序：

1. 引入表格化的赔偿标准体系。赔偿标准的计算最易引发纠纷，主要集中在伤残鉴定等级、精神损害赔偿金额、医疗费用标准、农村与城镇居民残疾或死亡赔偿金标准等方面，保险人投入了大量的管理成本，管理费用居高不下。同时各地司法机关之间、不同法官之间裁判尺度标准不一，事实上造成了对受害人、投保人的不平等对待。台湾地区采标准定额给付制度，制定了《强制汽车责任保险给付标准》及配套的给付标准表，将各类人身伤害类型予以标准化，直接按照对应的赔偿标准支付保险金，不再考虑个案中受害人治疗支出等具体情况。日本、法国等均对道路交通损害制定了表格化的赔偿标准体系，标准化、定额化的赔偿体系一方面简化保险人理赔流程，有利

① 汪信君：《论动力车辆事故之侵权行为责任、责任保险与无过失补偿：以经济抑制理论为基础》，载台湾地区《台大法学论丛》第39卷第1期，2010年3月。

于降低管理成本，另一方面便于受害人迅速得到赔付，减少医疗费用核定等方面的纠纷。

2. 规范损害鉴定标准程序。依据保险法规定及保险运行原理，保险公司应有定损权，对事故的损害结果进行评估。行业监管机构应与司法行业密切合作，选择具有专业能力、公正公平的损害鉴定机构作为当事人选择，法院对于双方有争议的鉴定结果也可以提交选定的鉴定机构鉴定，确保鉴定结果的公平、公正，也防范“黄牛”等借交强险来牟利。

3. 建立先行支付流程。交通事故中涉及人身伤害，需要及时进行救治，目前的理赔流程保险人需要伤残鉴定书或根据医疗费用情况来支付保险赔偿金，往往缓不济急，尤其是我国尚未建立全面覆盖的社会保障体系，对于低收入群体来说垫付治理费用往往成为沉重负担。① 建议对于需要救治的人身伤害事故，符合赔偿条件的保险人应根据医疗机构初步诊断情况，在赔偿限额内垫付部分治疗费用。如果根据最终鉴定结果及治疗结果，先行支付的保险赔偿金超过应给付保险金的，保险人可请求返还。

四、结束语

交强险在及时救助受害人、降低被保险人赔偿负担、维持社会安定方面具有重要意义，在我国步入汽车社会阶段其尤其重要。在社会保障体系整体不完善的情况下，社会公众对交强险给予过高期望。当前交强险存在保障额度过低、诉讼案件高发、受害人未得到便捷赔付、不平等对待等诸多问题，其背后原因包括立法混乱、司法不统一、行业力量对抗等，对交强险的改造逐步偏离了应有的逻辑进路。

交强险的改进方向应当是提高保障额度、降低管理成本、提升运行效率。作为政策性保险，交强险必须得统筹协调好社会正义与效率价值目标，从保险原理和法律原则双重视角出发，理顺责任保险体系，贯彻落实对价平衡原则，稳定保险责任并完善保险费率机制，稳定各方预期，并努力简化理赔流程，为受害人便捷提供基本保障。

---

① 中国保险行业协会《交强险理赔实务规程（2009 版）》规定，收到赔偿请求和有关证明、资料之日起 20 日内，对赔偿金额不能确定的，保险人应当根据已有证据或资料可以确定的数额先予支付，但其“可以确定”的标准仍过于弹性。

——编辑后语——

将互联网以“双刃剑”为比喻，曾几何时，莫不带有几分杞人忧天的“矫情”。可时至今日，由于网络所带来的纷扰却已成为人们挥之不去的事实。以司法实践为观察，互联网技术的介入，不但令得名誉、隐私等侵权诉讼数量大增，而且还在不少诉讼中加入了许多有别于传统的因素和特点，从“量”到“质”上都给法院的裁判工作带来了不小的挑战。面对此般情势，最高人民法院副院长奚晓明大法官在本期专论中提出了人民法院须“以开放心态融入互联网，以开拓精神研究互联网，以法治手段规制互联网，提升司法裁判应对互联网社会的能力”的主张，并针对最高人民法院新近发布的《关于审理利用信息网络侵害人身权益民事纠纷案件适用法律若干问题的规定》的适用问题，分从处理好权益保护与信息自由的关系、司法手段与其他手段的关系、互联网秩序与互联网发展的关系、个人信息保护与个人信息利用的关系、诉讼机制与责任形式的适用等五个方面提出了较为具体的要求，为各级人民法院正确适用司法解释，有效地应对网络时代对司法工作提出的新挑战，提供了明确的指导。

“网络人身侵权司法解释”的出台，是我国最高司法机关继去年“信息网络传播权司法解释”和“诽谤信息解释”之后，在规制公民网络行为，构建和维护互联网新秩序方面的又一“力作”。作为牵系亿万网民切身利益和互联网行业未来发展一项规范指引，该司法解释的出台受到了社会各界的广泛关注。为了帮助广大司法实务工作者以及法学研究者更好地理解和适用该司法解释，本期《判解研究》还诚挚邀请到了最高人民法院的杨临萍、姚辉、姜强三位法官对其进行了更为具体的解读。三位法官作为此次司法解释的主要承办人，从侵权责任法的现有规定出发，结合以往的司法实践经验，围绕着司法解释具体内容，从适用范围、管辖、诉讼程序、通知规则和红旗规则的适用、转载的过错认定、个人信息的保护、权威来源作为免责事由及其例外、删帖协议的效力、网络水军的连带责任以及损害赔偿计算方法等方面对“网络人身侵权司法解释”所确定的规则作出较为详细的阐释和说明，对于深化公众对该司法解释的理解和认识，进一步推进网络侵权规制方面的理论研究和实践探索，皆大有裨益。而与上述主题相呼应，本期法学专论栏目还选载了北京化工大学岳业鹏老师的《论媒体侵权的理论基础与实践考量》一文。该文在对“媒体侵权”的概念加以分析的基础上，着重从理论层面对新媒体时代下的人格权保护和诉讼的影响进行了探讨，不仅对人格权理论体系的构建和相关司法实践的发展具有借鉴作用，对于深化对司法解释的理解也有着十分重要的启发意义。

本期“判例评析”栏目选载的五篇文章，主题横跨热点国际贸易争端和百姓寻常生活。既有关于必需品严重短缺例外规则在原材料进出口规制中适用问题的分析，也不乏就申请变更姓名权利的维度界定、工伤保险案件中的死亡认定标准等问题所作的探讨，案例选取颇具典型意义，所作剖析深入浅出、通俗易懂，甚值一读。其中，尤需特别推荐的是中国人民大学法学院杨立新教授就法定继承中继父母子女形成扶养关系认定问题所作的探讨，该文从遗产范围的确定、继承份额的认定等争议焦点出发，结合一审判决基本观点的理论依据，认为在认定法定继承人中形成扶养关系的继父母子女时，“抚养赡养说”较“抚养说”“赡养说”两种学说更符合公平原则和公序良俗，一定程度上解决了对此问题的理论争议。此外，杨教授还全面分析了各方当事人之间在法定继承关系中形成的权利义务关系，并对“房改房”的权利归属等实践热点问题提出了明确的观点，为今后类案的处理提供了一种有益的视角和具有参考价值的理论依据，具有重要的实践意义。

今年开始，本丛书正式获得 CSSCI（中国社会科学引文索引）的收录。我们深知“徒法不足以自行”之道理，深感担当沟通理论界与实务界“桥梁”责任之重大。在新的一年里，我们将以此为契机，坚持品质，做好服务，以期得到广大读者和业界同仁的继续肯定和支持。

—— 征稿启事 ——

《判解研究》系教育部人文社会科学重点研究基地——中国人民大学民商事法律科学研究中心主办、《判解研究》编辑部编辑、人民法院出版社出版的，面向海内外公开发行的全国性法律专业刊物。本刊秉持“加强判解研究，推进司法改革”的宗旨，以裁判实践以及相关法律、司法解释的研究基本关注，设有法学专论、司法解释之窗、法官论坛、判例评析、公报案例评析、焦点笔谈、调查与研究、海外判例选介等多个栏目，力图多视角、全方位地追踪和展示中国的判例、司法解释及相关研究之全貌，总结司法经验，探求法治精神，积极推动国家法制建设与法学研究的发展。

本刊恪守求实、严谨、公正的办刊理念，弘扬兼容并蓄的学术传统，诚邀法学理论及实务工作者惠赐佳作。来稿要求：

1. 来稿应属未以任何形式公开发表过的作品。本刊不接受一稿多投，因此类行为给本刊造成不良影响和损失的，将予以严肃追究。

2. 本刊对来稿的篇幅原则上不做限定，但对于全文低于八千字或超过二万字（含注释部分文字）的稿件，适用更为谨慎的编审程序。

3. 来稿应遵守本刊注释体例，注释以必要和合理为原则，不使用伪注；标点符号、数字的使用应遵守国家有关规定。

4. 案件评析的稿件应包含案情概要、裁判要旨以及学理评析三部分，且前两部分所占篇幅应限制在全文的五分之一以内；所评须为真实案例，并附注裁判文书字号。

5. 本刊用稿实行匿名评审制度，请作者将姓名、出生年月、性别、工作单位、职称、学位、职务、通讯地址、联系电话、电子邮箱等个人信息，单独放在首页，稿件正文不要体现上述信息。

6. 本刊不退来稿，稿件采用后，编辑部会及时与作者联系；稿件寄出后两个月未收到用稿通知，作者可另作处理。

7. 凡本刊所发表的文章，自发表之日起一年内，有本刊享有专有版权和使用权，任何转载、摘登、翻译或集结出版等事宜，均须事先得到本刊编辑部的书面许可。

8. 来稿请寄：北京市海淀区中关村大街59号中国人民大学明德法学楼1015室《判解研究》编辑部（100872）；或发送：panjieyanjiu@163.com

《判解研究》编辑部

附：《判解研究》注释体例

1. 文中注释一律采用脚注，每页独立注码，样式为：①②③等；

2. 非直接引用原文时，注释前加“参见”；引用非原始资料时，请注明“转引自”。

3. 请规范数字用法，其中非直接引用法条的序号用阿拉伯数字(包括正文)。

4. 注释及参考文献范例：

（1）著作类：

①《马克思恩格斯选集》第4卷上册，人民出版社1972年版，第24页。

② 佟柔：《中国民法》，法律出版社1990年版，第67页。

（2）论文类：

① 苏永钦：《私法自治中的国家强制》，载《中外法学》2001年第1期。

（3）文集类：

① 龚祥瑞：《比较宪法学的研究方法》，载《比较宪法研究论文集》（第一集），南京大学出版社1993年版。

（4）译作类：

①［古希腊］亚里士多德：《政治学》，吴寿彭译，商务印书馆1983年版，第54页。

（5）报纸类：

① 张志铭：《现代化与中国律师制度的发展》，载《光明日报》，2003年9月23日。

（6）古籍类：

①［清］沈家本：《沈寄簃先生遗书》甲编，第43卷。

（7）辞书类：

①《新英汉法律词典》，法律出版社1998年版，第24页。

（8）网络资料类：

①郑成思：《“入世”、知识产权保护与民商法的现代化》，载中国法学网http：//www. iolaw. org. cn/showNews. asp? id =243，2007年4月29日访问。

（9）英文类：

① L. Fuller, The Morality of Law, revised edition, New Haven: Yale University Press, 1969, p. 143.

② See Roscoe Pound, The Spirit of the Common Law, New Brunswick: Transaction Publishers, 1999, pp. 179 –180.

③ Joseph Raz, “Legal Principles and The Limits of Law”, 81 Yale Law Journal（1972）, p. 839.

④H. L. A. Hart, “Jhering's Heaven of Concepts and Modern Analytical Jurisprudence”, in Essays in Jurisprudence and Philosophy, London: Oxford University Press, 1983, pp. 269 –270.